WITTGENSTEIN ET LA PHILOSOPHIE AUSTRO-ALLEMANDE

DU MÊME AUTEUR

J-P. LEYVRAZ, K. MULLIGAN (éd.) *Wittgenstein analysé*, Paris, Jacqueline Chambon, 1993.

K. MULLIGAN, R. ROTH (éd.) *Regards sur Bentham et l'utilitarisme*, Genève, Droz, 1993.

J.-P. COMETTI, K. MULLIGAN (éd.) *La Philosophie autrichienne de Bolzano à Musil. Histoire et Actualité*, Paris, Vrin, 2001.

B. BAERTSCHI, K. MULLIGAN (éd.) *Les nationalismes*, Paris, P.U.F., 2001.

PROBLÈMES ET CONTROVERSES
Directeur : Jean-François COURTINE

WITTGENSTEIN ET LA PHILOSOPHIE AUSTRO-ALLEMANDE

par

Kevin MULLIGAN

PARIS
LIBRAIRIE PHILOSOPHIQUE J. VRIN
6, Place de la Sorbonne, V[e]

2012

Imprimé en France
ISSN 0249-7875
ISBN 978-2-7116-2460-7

www.vrin.fr

À Grace Mulligan

ABRÉVIATIONS UTILISÉES

LUDWIG WITTGENSTEIN

BB *The Blue and the Brown Books*, Oxford, Basil Blackwell, 1972; *Le cahier bleu et le cahier brun*, trad. fr. M. Goldberg et J. Sackur, Paris, Gallimard, 1996.

BF *Bemerkungen über die Farben*, éd. de G.E.M. Anscombe, Berkeley, University of California Press, 1997; *Remarques sur les couleurs*, trad. fr. G. Granel, Mauzevin, T.E.R., 1984.

BGM *Bemerkungen über die Grundlagen der Mathematik*, éd. de G.E.M. Anscombe, R. Rhees et G.H. von Wright, Werkausgabe, vol. 6, Francfort, Suhrkamp, 1984; *Remarques sur les fondements des mathématiques*, trad. fr. M.-A. Lescourret, Paris, Gallimard, 1983.

BPP *Bemerkungen über die Philosophie der Psychologie*, Frankfurt am Main, Suhrkamp, 2 vol., 1984; *Remarques sur la philosophie de la psychologie*, trad. fr. G. Granel, 2. vol., Mauzevin, T.E.R., 1989-1994.

LWL *Wittgenstein's Lectures. Cambridge 1930-1932*, éd. de D. Lee, Oxford, Blackwell, 1980; *Les cours de Cambridge, 1930-1932*, trad. fr. E. Rigal, Mauzevin, T.E.R., 1988.

TB *Notebooks 1914-1916*, 2e éd., éd. bilingue, Oxford, Blackwell, Chicago, The University of Chicago Press, 1979; *Carnets, 1914-1916*, trad. fr. G.-G. Granger, Paris, Gallimard, 1997.

TLP *Logisch-philosophische Abhandlung. Tractatus logico-philosophicus, Kritische Edition*, éd. de Br. McGuinness et J. Schulte, Francfort, Suhrkamp, 1998; *Tractatus logico-philosophicus*, trad. fr. G.-G. Granger, Gallimard, Paris, 2001.

PU *Philosophische Untersuchungen*, Francfort, Suhrkamp, 1971; *Philosophische Untersuchungen. Kritisch-genetische Edition*, éd. de J. Schulte, Francfort, Suhrkamp, Wissenschaftliche Buchgesellschaft, 2001; *Recherches philosophiques*, trad. fr. Fr. Dastur *et al.*, Paris, Gallimard, 2005.

PB *Philosophische Bemerkungen*, éd. de R. Rhees, Francfort, Suhrkamp, 1981; *Remarques philosophiques*, trad. fr. J. Fauve, Paris, Gallimard, 1975.

ÜG *Über Gewissheit. On Certainty*, éd. de G.E.M. Anscombe et G.H. von Wright, New York, Harper & Row Publishers, 1972; *De la certitude*, trad. fr. Danièle Moyal-Sharrock, Paris, Gallimard, 2006.

WWK *Wittgenstein und der Wiener Kreis*, Werkausgabe, vol. 3, Francfort, Suhrkamp, 1984; *Wittgenstein et le Cercle de Vienne*, trad. fr. G. Granel, Mauzevin, T.E.R., 1991.

Z *Zettel*, éd. de G.E.M. Anscombe et G.H. von Wright, Oxford, Blackwell, 1988; *Fiches*, trad. fr. J.-P. Cometti et E. Rigal, Paris, Gallimard, 2008.

EDMUND HUSSERL

LU *Logische Untersuchungen*, vol. I, *Prolegomena zur reinen Logik*, éd. d'E. Holenstein, Husserliana XVIII, La Haye, Martinus Nijhoff, 1975; *Recherches logiques*, tome I : *Prolégomènes à la logique pure*, 5ᵉ éd., trad. fr. H. Elie, A.L. Kelkel et R. Schérer, Paris, P.U.F., 2002 (1959).

Logische Untersuchungen, vol. II, part 1, éd. d'U. Panzer, Husserliana XIX, 1, La Haye, Nijhoff, 1984; *Recherches logiques*, tome II, vol. 1 : *Recherches pour la phénoménologie et la théorie de la connaissance*, 6ᵉ éd., trad. fr. H. Elie, A.L. Kelkel et R. Schérer, Paris, P.U.F., 2011 (1961).

Logische Untersuchungen, vol. II, part 2, éd. d'U. Panzer, Husserliana XIX, 2, La Haye, Nijhoff, 1984; *Recherches logiques*, tome II, vol. 1 : *Recherches pour la phénoménologie et la théorie de la connaissance*, 5ᵉ éd., trad. fr. H. Elie, A.L. Kelkel et R. Schérer, Paris, P.U.F., 2011 (1962).

KARL BÜHLER

ST *Sprachtheorie. Die Darstellungsfunktion der Sprache*, Stuttgart, Lucius & Lucius, 1999 (1934); *Théorie du langage : la fonction représentationnelle*, trad. fr. D. Samain, Marseille, Agone, 2009.

INTRODUCTION

Der tiefe Brunnen weiß es wohl
Hugo von Hofmannsthal, Weltgeheimnis

La contribution à la philosophie de Ludwig Wittgenstein est normalement considérée comme une partie intégrante de la philosophie analytique ou comme inséparable de celle-ci. Pour comprendre Wittgenstein, on examine les rapports entre ses écrits et les philosophies de Frege, Russell, Moore, Ramsey et du positivisme logique. Ici et là, on s'efforce également de confronter les résultats de Wittgenstein au mentalisme d'un Descartes ou d'un Locke. Mais si l'on énumère quelques-uns des sujets de prédilection qui sont au centre des écrits de Wittgenstein au sujet de l'esprit et du langage – la nature du fait de vouloir dire quelque chose avec une expression, de vouloir faire, des capacités, de la compréhension d'une culture (*Weltanschauung*, forme de vie) nouvelle, le rapport entre les règles et les significations, la signification secondaire et les pensées musicales, le voir comme et son rapport à la perception visuelle et à l'imagination, le rapport entre le brun et le solide des couleurs, les distinctions entre concepts formels et matériels, entre relations internes et externes, entre causes, raisons et motifs, entre critères et symptômes, entre le mouvement de mon bras et mon acte de lever mon bras, entre les démonstratifs et les noms propres, entre les certitudes critiques et primitives – on est aisément conduit aux constatations suivantes. D'abord, ces sujets ne constituent, de loin, pas le cœur des réflexions de Frege, Russell et Moore (à quelques exceptions près – par exemple la philosophie mooréenne des relations internes) et sont encore plus éloignés des centres d'intérêt d'un Descartes, d'un Locke ou d'un Mach. Ils figurent cependant au centre des réflexions des philosophes qui forment la tradition philosophique austro-allemande[1]. Cette tradition, ou plutôt cette famille de traditions, s'inspire des philosophies de deux prêtres et logiciens : Bolzano et Brentano. Elle comprend non seulement les six élèves les plus influents de Brentano (Anton Marty, Carl Stumpf, Christian von Ehrenfels, Edmund Husserl, Alexius von Meinong et Kazimierz Twardowski), mais également leurs élèves et un grand nombre des élèves de ceux-ci. Elle regroupe en outre de nombreux philosophes et psychologues fortement marqués par *l'effet Brentano*, comme Theodor Lipps, Nicolai Hartmann, José Ortega y Gasset et les premiers phénoménologues (Alexander Pfänder, Adolf Reinach, Moritz Geiger, Edith Stein, Max Scheler, Roman Ingarden), ainsi que les différentes traditions de la psychologie de la *Gestalt*, à Prague, Graz, Vienne et Berlin[2]. Ces traditions ne se limitent pas aux courants de la psychologie expérimentale. La psychologie de la forme à Vienne, par exemple, est surtout associée au nom de Karl Bühler, psychologue et philosophe de l'Allemagne méridionale, qui fut collègue de Moritz Schlick, l'un des membres importants du Cercle de Vienne, à l'Université de Vienne.

Toutes ces traditions philosophiques austro-allemandes accordent à la description des phénomènes mentaux et psychologiques, de leurs objets, et du langage une place centrale et (selon leurs dires) relativement nouvelle par rapport à la tradition philosophique. Wittgenstein veut lui aussi, dès ses débuts, décrire. La philosophie, écrit-il en 1913, est « purement descriptive » (*TB*, p. 106).

Quels rapports y a-t-il entre les descriptions de l'esprit et du langage données par Wittgenstein et par les philosophes de la tradition austro-allemande, ses prédécesseurs et contemporains ? Voilà la question à laquelle répond ce livre.

Cette question est en réalité double. D'abord, sur quels points les descriptions de Wittgenstein et des héritiers de Brentano s'accordent-elles et sur quels points divergent-elles ? La réponse à cette question relève de l'histoire de la philosophie. Une tout autre question, celle-ci philosophique, est la suivante : les descriptions de Wittgenstein sont-elles préférables à celles de ses prédécesseurs et contemporains austro-allemands ? Les désaccords entre les philosophies des héritiers de Brentano et la pensée de Wittgenstein sont en effet nombreux. J'en énumère quelques-uns pour mieux isoler ceux dont il sera question par la suite.

1. *Cf.* Smith 1994 ; Simons 1992 ; Cometti & Mulligan (éds.) 2001 et Woleński 2012.
2. *Cf.* Smith (éd.) 1988.

Les héritiers de Brentano, de même que Russell par exemple, sont des philosophes convaincus en ce sens qu'ils prennent au sérieux l'idée de la philosophie comme entreprise théorique. Wittgenstein, en revanche, et en particulier le Wittgenstein d'après 1929, est l'anti-philosophe par excellence. S'il s'agit bien d'un penseur autrichien, ce n'est pas pour autant un philosophe autrichien : les descriptions de Wittgenstein sont subordonnées à une thérapie dont la finalité est de mettre un terme à la tentation philosophique (*PU*, § 133).

Qui dit entreprise théorique dit entreprise systématique, et les héritiers de Brentano s'accordent à penser que la description de l'esprit et du langage peut aboutir à des descriptions systématiques. Certes, nous aurons l'occasion de constater que ces systèmes ne s'écartent souvent pas de la mise en place d'une taxinomie. Mais, si l'on en croit Wittgenstein, ses propres descriptions, même lorsqu'elles sont vraies, ne forment pas des systèmes de vérités, et encore moins des systèmes de vérités philosophiques. Une partie constitutive des thérapies de Wittgenstein est bien plutôt la célébration de la diversité qui résulte de notre histoire naturelle, une diversité à laquelle les philosophes seraient aveugles et que leurs constructions aplaniraient.

Les phrases des philosophes peuvent très fréquemment être réparties en deux catégories distinctes. Il y a les phrases qui utilisent un jargon philosophique, un quelconque terme technique. La tradition kantienne se distingue par la production d'un grand nombre de phrases de ce type. Il y a par ailleurs des phrases qui se passent des jargons philosophiques et qui n'emploient que des mots du langage ordinaire. Les héritiers de Brentano formulent très souvent des thèses philosophiques à l'aide de telles phrases. Et si le jargon est aussi présent dans certaines parties de cette tradition, par exemple dans les écrits de Husserl, Wittgenstein n'y fait que très rarement appel.

Il convient de souligner que les phrases utilisées par les héritiers de Brentano afin d'exprimer les résultats de leurs descriptions sont censées exprimer des vérités non contingentes, alors que Wittgenstein emploie souvent les mêmes phrases ou des phrases similaires afin de fournir des exemples de formulations de règles. Considérons un exemple dont il sera question par la suite :

(1) Vouloir dire quelque chose n'est pas un processus mental.

Selon les héritiers de Brentano, une telle phrase exprime une vérité ou une fausseté non contingente. Cependant, si Wittgenstein est dans le vrai, il faudrait plutôt dire que cette phrase ne possède aucune valeur de vérité et fonctionne souvent comme une règle. En admettant que le point de vue de Husserl au sujet du rapport entre normes et vérités logiques dans les Prolégomènes à ses *Recherches logiques* puisse être généralisé à certains autres types de normes, il faudrait dire au contraire que (1) peut fonctionner comme une règle, qui pourrait être formulée ainsi

(2) Il ne faut pas qualifier le vouloir dire de « processus mental ».

Selon ce point de vue, (2) a une valeur de vérité. Ceci est également le cas de la proposition suivante

(3) Si (2), alors (2) en partie parce que (1).

Les philosophies des propositions non contingentes dans les traditions bolzanienne et brentanienne sont très variées. Considérons l'une des variantes les plus baroques et les plus influentes, celle des premiers phénoménologues. Selon celle-ci, si (1) est vraie, elle est nécessairement vraie et, si elle est nécessairement vraie, elle l'est en vertu de la nature ou de l'essence de vouloir dire et des processus. Si (1) est vraie, c'est une vérité essentielle. À en croire Wittgenstein, tout dans cette philosophie essentialiste est entièrement absurde. D'abord, (1) fonctionne au mieux comme une règle. Ensuite, les phrases déontiques comme (2) n'ont pas de valeur de vérité. Enfin, la conviction qu'il existe des natures ou essences atemporelles est un symptôme de confusion mentale. Certaines des philosophies des propositions non contingentes à l'intérieur de la philosophie autro-allemande donnent raison à Wittgenstein sur quelques points. Ainsi, selon le nominalisme extrême du dernier Brentano, les platonismes de Husserl et de ses élèves sont le produit d'une mécompréhension systématique de la logique du langage, et ne sont pas nécessaires pour comprendre la vérité ou la fausseté de (1). Mais, selon ce même point de vue, (1) possède une valeur de vérité de façon non contingente. Nous verrons par la suite que si le vocabulaire de l'essence est omniprésent dans les descriptions de Wittgenstein, celui-ci l'emploie d'une façon très peu husserlienne.

Les descriptions ont une valeur de vérité. Si

(4) (1) exprime une règle

est une description, elle a une valeur de vérité. Selon quelques phénoménologues, (1) est une description vraie. Cependant, lorsque les héritiers de Brentano avancent des thèses descriptives telles que (1), ou encore

(5) Une émotion est une attitude ou prise de position (*Stellungnahme*),

(6) Une émotion a la propriété de l'intentionalité,

(notons au passage que seule (6) utilise un jargon philosophique), ils sont persuadés d'être en train de décrire des phénomènes essentiellement non linguistiques. Au contraire, selon Wittgenstein, décrire les émotions (le vouloir dire, les couleurs, etc.) revient à décrire le langage des émotions (du vouloir dire, des couleurs), un point de vue qui, depuis les réactions étonnées de Moore, n'a pas cessé de méduser le monde philosophique.

Cette différence entre les deux approches descriptivistes en cache d'autres. Tous les héritiers de Brentano, comme leur maître, sont ainsi persuadés qu'ils détiennent la clé d'une épistémologie qui convient à leurs descriptions et leur permet de les avancer. Il y aurait une panoplie d'actes mentaux, de perceptions « internes » ou « immanentes », qui, cultivés convenablement, les mettraient en position de savoir, voire même de savoir de façon évidente, que (1) est par exemple nécessairement vraie ou nécessairement fausse. Au sein de la tradition phénoménologique, cette épistémologie s'enrichit d'autres capacités, comme celle de pouvoir saisir les essences et « espèces » atemporelles, ainsi que leurs connexions non moins atemporelles (*Wesenszusammenhänge*) au travers des « intuitions d'essence ». La philosophie austro-allemande propose d'innombrables variations théoriques sur ces deux espèces d'épistémologie. Les différents « actes », perceptions non sensorielles et intuitions, pour lesquels les mots manquent dans le langage ordinaire, sont sans aucun doute autant d'exemples de mythologies mentalistes si l'on adopte un point de vue plus ou moins wittgensteinien. Wittgenstein reste en revanche bien silencieux sur la nature de la description. Il exhorte son lecteur à regarder, à scruter, à voir de près, même s'il est certain que jamais nos yeux ne nous livreront le contenu de ses descriptions.

Enfin, les positions plus ou moins métaphysiques – pour employer le vocabulaire du Cercle de Vienne – des héritiers de Brentano sont très variées. On peut mentionner, par exemple, l'opposition entre le nominalisme extrême d'un Brentano (son « réisme » d'après lequel il n'y a que des substances, et donc pas de significations, d'événements, de faits, ou de propriétés) et les platonismes de Husserl, Reinach et Scheler, ainsi que plusieurs points de vue moins extrêmes, par exemple celui de Marty. Le dualisme de l'esprit et du corps de Brentano et de Husserl en 1913 contraste également avec la neutralité par rapport à cette question adoptée par la psychologie descriptive de ce même Husserl au début du XXe siècle (*LU* V, § 7), ainsi qu'avec la position de Köhler et des autres psychologues et philosophes gestaltistes de Berlin, position souvent décrite comme une forme de « physicalisme ». Naturellement, du point de vue du Husserl transcendantal et idéaliste, presque tous les autres héritiers de Brentano sont coupables d'une forme ou l'autre de naturalisme. Aux yeux des défenseurs de la phénoménologie réaliste, comme l'étaient les premiers élèves de Husserl, et de la phénoménologie idéaliste, la philosophie du langage d'un Bühler faisait bien trop de concessions au naturalisme et au nominalisme. Wittgenstein, il va sans dire, rejette toutes ces « positions » philosophiques.

Tous ces désaccords entre les héritiers de Brentano et Wittgenstein, ainsi que les différentes dialectiques rapidement esquissées ici, possèdent sans doute un certain intérêt. Néanmoins, à une exception près et dans la mesure du possible, il en sera fait par la suite abstraction. L'évaluation des descriptions de nos penseurs austro-allemands se concentrera ainsi sur la question de savoir si les descriptions de Wittgenstein les plus plausibles ne doivent pas être considérées comme des fragments des différentes descriptions systématiques les plus plausibles offertes par ses prédécesseurs. Cette question jouit d'une certaine priorité par rapport aux autres dialectiques esquissées plus haut. En effet, si la description systématique est possible, on peut ensuite s'interroger sur son statut théorique ainsi que sur le rapport entre celui-ci et d'éventuelles utilisations thérapeutiques des descriptions. Et c'est seulement ensuite que les questions concernant la nature de l'objet des descriptions – la grammaire des phénomènes est-elle la grammaire du langage ? –, des vérifacteurs de ces descriptions et de l'épistémologie appropriée à de telles descriptions peuvent être posées. Notre question pourrait alors être formulée ainsi : Y a-t-il, comme le pensent les philosophes austro-allemands, de l'ordre là où Wittgenstein ne voit que de la diversité ? Qui veut évaluer les descriptions de Wittgenstein ne peut pas trouver de meilleur objet de comparaison que les descriptions de ses prédécesseurs. Mais, par la suite, le lecteur doit toujours garder à l'esprit que lorsque Wittgenstein affirme quelque chose tel que (1), il avance en réalité une description d'une règle linguistique[1]. Au contraire, lorsqu'un des héritiers de Brentano avance une telle thèse, il est persuadé qu'elle est en partie au moins non linguistique. Cette interprétation de Wittgenstein, qui est présupposée par la suite, peut être contestée. Si elle est erronée, les comparaisons qui suivent entre Wittgenstein et les héritiers de Brentano deviennent simplement beaucoup plus directes.

Notre projet peut à son tour être utilement comparé à un autre. Comme on sait, le descriptivisme, à la différence par exemple de la construction de théories philosophiques, n'est pas un trait saillant de la philosophie

1. *Cf.* Hacker 2012.

analytique contemporaine. Le descriptivisme sporadique d'un Moore et celui plus marqué de la philosophie oxonienne du langage ordinaire sont, avec le descriptivisme de Wittgenstein, les seuls descriptivismes majeurs dans cette tradition philosophique. Or, les descriptivismes oxoniens ne sont pas toujours dénués de prétentions systématiques et théoriques, explicites ou implicites. Un exemple bien connu est fourni par les analyses descriptives données par Austin puis par Searle de la famille de phénomènes dont les ordres, les promesses, les déclarations et les questions sont les exemples les plus connus. Il est frappant de constater combien les descriptions d'Austin concordent avec celles données par Reinach en 1913 de ce qu'il appelait, à l'instar de Thomas Reid, les actes sociaux[1]. Cet accord sur le plan descriptif s'accompagne cependant de différences théoriques substantielles. Chez Reinach, les vérités nécessaires au sujet des promesses, des ordres et des déclarations sont des vérités qui découlent de l'essence de ces actes. Il en va de même pour ses analyses des composants des actes sociaux et de leurs liens de dépendance. De tels présupposés sont entièrement absents de la pensée d'Austin. La comparaison évaluative que l'on peut faire entre les analyses descriptives du phénoménologue et du philosophe oxonien, de façon relativement indépendante de leurs philosophies[2], est analogue en plusieurs points aux comparaisons dont il sera question par la suite.

Le premier chapitre documente un certain nombre de différences et de similarités entre les fonctions, les conceptions et les tâches de la description selon Wittgenstein et d'autres penseurs austro-allemands. Les chapitres qui suivent sont consacrées aux descriptions de l'esprit, du langage et des couleurs et aux origines de ces descriptions. Le deuxième chapitre formule une série d'hypothèses exégétiques au sujet des racines tractariennes des descriptions de l'esprit que donne plus tard Wittgenstein. Il montre aussi les origines d'un certain nombre de descriptions rivales et concordantes dans la phénoménologie réaliste et introduit la distinction entre les catégories d'objets privés, d'objets publics et de « non-objets ». Les chapitres trois et huit sont quant à eux consacrés à la présentation et à l'évaluation d'une série de descriptions des émotions, du fait de vouloir dire, de la volonté, de la mémoire et de la certitude – et de leurs objets. Le chapitre sept examine les descriptions des couleurs offertes par Wittgenstein dans les années trente et vers la fin de sa vie ainsi que les descriptions rivales de la psychologie descriptive. Le chapitre quatre

1. Reinach 1989a.
2. *Cf.* Mulligan 1987.

analyse les origines des descriptions du langage que nous devons à Wittgenstein et à la psychologie descriptive dans les premières philosophies du non-sens de Husserl et de Wittgenstein. Les chapitres cinq et six considèrent les descriptions austro-allemandes des contextes et des fonctions des mots, des règles et de la signification primaire et secondaire. Le chapitre huit, consacré à la certitude, présente quelques révisions des descriptions données auparavant de la fonction des phrases psychologiques à la première personne, de nos rapports à nos états psychologiques et mentaux et à ceux d'autrui, des règles et de la façon dont elles nous guident. Il s'agit là d'une évaluation du dernier mot de Wittgenstein et de la tradition qui remonte à Brentano.

Par la suite, je parlerai souvent pour des raisons de simplicité et de déférence de la « psychologie descriptive », expression qu'utilisaient Brentano et ses premiers étudiants. Je l'utilise pour parler des investigations des héritiers de Brentano dans les domaines de la philosophie de l'esprit, de la psychologie et du langage. Il est vrai que certains d'entre eux contestent cette expression ou en modifient l'extension au motif qu'elle ne correspondrait pas à l'une ou l'autre de leurs multiples conceptions successives de la phénoménologie et de la philosophie. Les différences philosophiques entre les héritiers de Brentano jouent néanmoins dans ce qui suit un rôle mineur en comparaison avec la confrontation de leur conception théorique de la philosophie de l'esprit et du langage à un ennemi commun. J'ai donc préféré conserver l'expression « psychologie descriptive » à cause de son rôle historique plutôt que l'une ou l'autre des expressions rébarbatives imaginées par les héritiers de Brentano pour marquer leurs divers changements d'avis sans doute « très importants » à leurs yeux.

J'ai énormément profité (mais sans doute pas assez) des écrits sur Wittgenstein de Gordon Baker, Peter Hacker, Jacques Bouveresse, Herbert Hochberg, Brian McGuinness, J.C. Nyíri, Peter Simons, Barry Smith, Pasquale Frascolla, Diego Marconi, Joachim Schulte, Alberto Voltolini et Mathieu Marion. Il me faut également mentionner Laura Berchielli, Diane Brunschwig, Otto Bruun, Clotilde Calabi, Roberto Casati, Vincent Coppey, Eros Corazza, Jérôme Dokic, Sandra Froidevaux, Anita Kasabova, Stefano Manfredi, Willy Manseya, Bruno Maumené, Danièle Moyal-Sharrock, Jimmy Plourde, Bruno von Rohr, Christine Tappolet, et Anna Maria Vitale, dont j'ai pu profiter et apprécier les discussions et la lecture. Mes plus vifs remerciements vont aux collègues et amis qui m'ont permis de présenter des parties importantes de ce qui suit à Rome (1989),

Sydney (1995), Paris (2009) et Montréal (2010) – Rosaria Egidi, David Armstrong, François Récanati, Jérôme Dokic et Denis Fisette.

Enfin, je remercie les traducteurs des chapitres un, quatre, sept et huit, Sébastien Richard et Olivier Massin, ainsi que le traducteur d'une version antérieure du chapitre six, Didier Samain; sans Sébastien Richard je n'aurais pas pu terminer ce livre en 2012. Laurent Cesalli, Julien Deonna, David Furrer, Olivier Massin, Sébastien Richard et surtout Fabrice Teroni ont eu la gentillesse d'essayer de purger un français encore trop britannique, quand il n'est pas helvétique ou autrichien[1].

1. Plusieurs chapitres de ce livre sont des versions remaniées de parties des publications suivantes : Mulligan 1980; 1985; 1991 pour le chap. VII; 1993; 1997; 2006 pour le chap. VIII; 2009; et 2011.

CHAPITRE PREMIER

DESCRIPTIONS, DIFFÉRENCES ET DÉCOUVERTES

Où sont les descriptions ?
Husserl 1894 [1]

Les déclarations des psychologues descriptifs et de Wittgenstein sur la description et la philosophie partagent un nombre de traits tout à fait frappant. Ceux-ci apparaissent sous une lumière différente lorsque nous considérons ce qui est réellement décrit, les buts que sert la description et le rapport entre les déclarations programmatiques et la pratique véritable de la description. Dans ce qui suit, nous commencerons cependant par considérer les traits partagés.

ANALYSE DESCRIPTIVE *VS* EXPLICATION

La distinction entre description et explication est présentée de manière très détaillée par Brentano dans ses cours sur la *Deskriptive Psychologie* [2] donnés à Vienne entre 1890 et 1891. Dans sa *Psychologie* de 1874, les questions descriptives et génétiques sont certes traitées séparément, mais aucune distinction explicite n'est faite entre ces deux types de questions [3]. Nombre des affirmations de Brentano réapparaissent dans la philosophie de l'esprit de ses successeurs, bien qu'au vu des modifications que ceux-ci

1. Husserl 1979, p. 123.
2. Brentano 1982. Sur ces cours, *cf.* Mulligan et Smith 1985.
3. Selon Kraus, Dilthey fit une distinction similaire, mais postérieurement à Brentano. *Cf.* Kraus *in* Brentano 1929, p. 157, n 5 et p. 153, n. 40; et Kraus 1934.

introduisent par rapport aux conceptions de leur maître, et des désaccords entre eux, on puisse dire que les philosophies de la description de la tradition brentanienne ne sont que dans un rapport de ressemblance de famille générale[1].

La description des phénomènes psychiques, affirme Brentano, nous fournit des lois exactes et ne souffrant aucune exception, à la différence des explications de la psychologie génétique, qui « spécifient les conditions sous lesquelles les phénomènes individuels sont liés causalement »[2]. Bien que les lois de la psychologie descriptive « puissent présenter quelques lacunes, comme c'est également le cas en mathématiques », « elles autorisent et requièrent une formulation précise »[3]. Un exemple d'une telle loi porte sur l'identité entre l'apparence du violet et celle du rouge-bleu. Les lois causales – par exemple, selon Brentano, le fait que la stimulation d'un point sur la rétine par un rayon lumineux avec des vibrations d'une fréquence particulière produit l'apparence de bleu – sont sujettes à des exceptions, comme la cécité à la couleur, le sectionnement d'un nerf ou les hallucinations. La description diffère *toto genere* de l'explication, des hypothèses et de la construction d'une théorie empirique. Ainsi que Husserl aime à le formuler, la *Klärung* ou l'*Aufklärung*, c'est-à-dire la clarification ou élucidation propre à la description, diffère complètement de l'*Erklärung*, ou explication empirique (*LU* VI, § 65; *LU* II, § 6). Il est important, affirme-t-il, de « décrire [le phénomène] de manière honnête, plutôt que de tordre sa signification. Toutes les théories doivent s'ajuster d'elles-mêmes à ces descriptions »[4].

La description honnête signifie retourner aux « choses elles-mêmes » (*LU*, vol. II, part. 1, Intro., § 2). Contrairement à ce que pensaient bon nombre de contemporains allemands de Husserl, la philosophie n'a pas besoin d'un « Retour à Kant ». Le slogan de Wittgenstein, « Retour au sol raboteux » (*PU*, § 107), fait un pas supplémentaire en soulignant que l'absence de résistance et de friction est un signe que quelque chose ne va pas. La description honnête suppose également d'effectuer ce que Wittgenstein appelle de « tout petits pas » (*WWK* 183). « Je procède lentement, pas à pas », révélait dans le même esprit Husserl à Ortega[5]. Cela les conduit à ce que Sterne, dans *Tristram Shandy*, appelle un « *transverse*

1. Sur la description, *cf.* Hochstetter-Preyer 1916 et Schultze 1906-1908.
2. Brentano 1982, p. 1.
3. Brentano 1982, 4.
4. Husserl 1950, § 108.
5. Ortega y Gasset 1996, p. 129.

zig-zaggery». Husserl remarque que sa recherche ne peut «procéder de manière assurée» que si elle avance «pour ainsi dire en zigzag [*im Zickzack*]» (*LU*, vol. II, part. 1, Intro., § 6, appendice 2) et Wittgenstein lui fait écho lorsqu'il indique qu'il se voit contraint de «parcourir dans tous les sens [*kreuz und quer*] un vaste domaine de pensées» (*PU*, Préface). La description est ardue; pour Husserl et Wittgenstein, ce que nous voyons est «difficile à décrire»[1].

Lorsque leurs descriptions réussissent, Husserl et Wittgenstein se voient eux-mêmes comme des réalistes. Ils donnent à ce terme certaines des significations qu'il possède dans le langage ordinaire plutôt que l'une de celles que l'on peut trouver en philosophie, et cherchent à le contraster avec des positions philosophiques. «Pas l'empirique [*Empirie*] et pourtant le réalisme en philosophie», écrit Wittgenstein, «c'est la chose la plus difficile» (*BGM* VI, § 23). Husserl, quant à lui, remarque:

> Aucun «réaliste» ordinaire n'a jamais été aussi réaliste et concret que moi, l'«idéaliste» phénoménologique (un mot que, cependant, je n'utilise plus)[2].

«Description analysante» était l'étiquette donnée au type d'analyse qu'implique la description; et l'analyse comme la description s'opposent à l'explication causale ou hypothétique. La phénoménologie «analyse et décrit [...] les expériences de représentation, de jugement et de connaissance qui sont supposées recevoir leur explication génétique en psychologie»[3]. De Brentano à Musil, le psychologue descriptif se plaît à appeler cette méthode l'analyse microscopique, une méthode de vivisection ou de dissection (*sezieren*)[4]. Un développement important au sein de la psychologie descriptive fut le passage d'une «description analysante» des phénomènes et de l'expérience à l'analyse des concepts, propositions et phrases, ce que Husserl et Gallinger appellent l'«analyse de la signification» et l'«analyse grammaticale»[5]. Husserl regroupe les deux types d'analyse sous l'intitulé de «phénoménologie analytique» (*LU*, vol. II, part. 1, Intro., § 4) et parle aussi d'«analyse objective», dont son ontologie formelle des touts et des parties constitue un exemple.

1. Wittgenstein *PB*, § 208; Husserl, tiré d'un manuscrit inédit, cité in Rang 1990, p. 176; *cf.* également Husserl 1973, § 44.
2. Lettre citée par Kern (1964, p. 276n.)
3. *LU*, volume II, Partie I, Introduction, § 1 – A, *cf.* V, § 27 A.
4. Sur la «vivisection» en psychologie descriptive, *cf.* Höfler 1930, § 3. Sur la métaphore du microscope, *cf. PU*, § 645 et 646.
5. Husserl P, § 47; *LU* vol. II, part. 1, § 4; et Gallinger 1912, p. 11.

Wittgenstein souligne qu'il n'avancera

> aucune sorte de théorie. Il ne doit y avoir rien d'hypothétique dans nos considérations. Nous devons nous débarrasser de toute explication, et ne mettre à sa place que la seule description (*PU*, § 109, *cf.* RPP I, § 48; *WWK* 115-117).

« Il ne peut y avoir une seule hypothèse dans toute la phénoménologie », écrit Schapp en 1910[1].

Ainsi, la méthode de Wittgenstein est purement descriptive; ses descriptions ne sont pas des allusions à des explications (*BB*, p. 125), de même que sa grammaire « décrit seulement, et en aucune manière n'explique, l'usage des signes » (*PU*, § 496). La philosophie est réellement « purement descriptive » (*BB*, p. 18). Sa conception des rapports entre la description et l'analyse n'est cependant pas tout à fait claire. Dans les *Remarques philosophiques* et les *Recherches philosophiques*, il parle des deux procédures. Il les lie explicitement dans « Quelques remarques sur la forme logique », où est introduite l'idée d'un nouveau langage dont le point de départ doit être

> [l']inspection des phénomènes que nous voulons *décrire*. [...] Nous ne pouvons arriver à une *analyse* correcte que par ce qui peut être appelé l'investigation logique des phénomènes eux-mêmes[2].

À ses yeux, la grammaire est descriptive et peut impliquer l'analyse, si celle-ci est conçue comme le remplacement d'une forme d'expression par une autre ou comme l'analyse des concepts – plutôt que des phénomènes –, c'est-à-dire des multiples usages des signes (*PU*, § 109 et 383). Le remplacement d'une forme d'expression par une autre peut être appelé « analyse », parce que ce processus ressemble parfois à la décomposition (*zerlegen*) (*PU*, § 90). L'itinéraire qui conduit Wittgenstein à cette conception de l'analyse implique la critique de l'idée selon laquelle le langage des touts et des parties peut s'appliquer à des entités telles que les états de choses, les propriétés et les fonctions. Finalement, il implique le rejet du modèle classique de l'analyse avec lequel Wittgenstein s'était familiarisé auprès de Frege et de Russell, c'est-à-dire la formulation d'une équivalence jointe à l'indication que l'analyse explique ou élucide l'*analysandum*.

1. Schapp 1976, p. 14.
2. Wittgenstein 1993c, p. 30, nous soulignons.

Husserl oppose de son côté l'analyse authentique au remplacement purement verbal introduit par une « définition logique », dans laquelle

> des limites sont fixées aux difficultés de l'analyse qui articule et avant tout aux variations dans la signification verbale. [Il ne s'agit] bien sûr que d'un artifice logico-pratique, par lequel la signification ne peut être proprement dite démarquée ou intérieurement articulée (*LU* IV, § 3).

Dans une définition logique, une nouvelle signification articulée est « posée face à la signification » à analyser comme « une norme pour gouverner le jugement qui repose sur [elle] ». Pour Husserl, tracer les contours d'un phénomène ressemble donc au type d'analyse que nous fournit une définition uniquement au sens où l'objet authentique ressemble à son ersatz. Le scepticisme de Husserl à l'égard du modèle classique de l'analyse a presque certainement ses racines dans son étude de Bolzano (sinon de Frege), car on trouve dans les écrits de Bolzano plus d'analyses philosophiques intéressantes (dans le style classique) que chez n'importe quel autre philosophe. La croyance de Husserl selon laquelle la définition logique est souvent un « artifice » et que les analyses bolzaniennes sont souvent des exemples de tels artifices est peut-être motivée par sa conviction que les analyses logiques négligent (typiquement ou peut-être toujours) la distinction entre identité propositionnelle (et conceptuelle) et équivalence.

Décrire, pour Brentano et l'ensemble de ses héritiers, c'est avant tout remarquer (*bemerken*). Cela les conduit assez naturellement à consacrer beaucoup d'efforts à l'analyse de l'attention, du fait de remarquer, de prêter attention et de s'intéresser à quelque chose, ainsi qu'aux différences entre ces phénomènes et les cas où quelque chose frappe quelqu'un ou lui échappe. Pour Wittgenstein également, la description implique l'attention, ou plutôt : « décrire inclut "faire attention" [*Aufmerken*] » (*BPP* II, § 725.). Et bien que

> la philosophie ne soit pas une description de l'usage du langage [...], on peut cependant l'apprendre en faisant attention [*aufmerken*] à toutes les expressions de la vie dans le langage [1].

Au cours d'une description de sa méthode dans les *Recherches*, Wittgenstein écrit dans la même veine :

> Les aspects des choses qui sont les plus importants pour nous sont cachés de par leur simplicité et leur familiarité. (Nous sommes incapables de

1. Wittgenstein 1984d, § 121.

> remarquer quelque chose – parce qu'il est toujours devant nos yeux.) Un homme n'est pas du tout frappé par les fondations réelles de son enquête. À moins que ce fait l'ait déjà frappé à un certain moment. – Et cela signifie : nous échouons à être frappés par ce qui, une fois vu, est plus frappant et plus puissant. (*PU*, § 129)

Une référence très importante, sur laquelle nous reviendrons, au contraste entre ce que nous remarquons et ce que nous ne remarquons pas prend la forme suivante :

> Comment en vient-on au problème philosophique des processus et états mentaux [...] ? Le premier pas dans ce sens échappe tout à fait à l'attention (*PU*, § 308).

Le psychologue descriptif tient avant tout à remarquer ce qui est déjà présent, à attirer notre attention sur ce qui, en un sens, est tout à fait familier[1].

Reinach, Husserl et Wittgenstein sont par ailleurs tout à fait éloquents quant à ce qui empêche les philosophes de voir et de décrire. Selon le premier, c'est « l'*angoisse* [*Angst*] devant ce qui est donné, une étrange *timidité* [*Scheu*] » à le regarder en face qui conduit aux constructions extravagantes de la philosophie non phénoménologique[2]. La difficulté de la philosophie, affirme quant à lui Wittgenstein, consiste à surmonter les *résistances de la volonté* ; l'activité de clarification exige du *courage*[3], sans doute ce même courage qui, aux yeux de Husserl, est requis pour prendre ce que l'on voit tel qu'il est et le décrire[4].

DIFFÉRENCES ET DISTINCTIONS

Un but central de la description est de nous révéler des différences. Engelmann dit ainsi de Wittgenstein, Adolf Loos et Karl Kraus qu'ils s'efforcaient de séparer et de dissocier correctement[5]. Wittgenstein désirait même à un moment préfacer les *Recherches* avec une ligne du *Roi Lear* (Acte 1 scène 4) : « Je t'enseignerai des différences »[6].

1. Brentano 1982, p. 31-64 ; *cf.* Mulligan et Smith 1985 ; et Wittgenstein *BPP* II, § 438-439.
2. Reinach 1989a, p. 188.
3. Wittgenstein 2005, § 86 ; et 1984c, p. 476.
4. Husserl 1977, § 108.
5. Engelmann 1970, p. 109.
6. Drury 1984, p. 157.

Les phénoménologues réalistes aimaient à dire que « voir les différences » était « la passion de la phénoménologie »[1], que la phénoménologie était « l'art mental de séparer » (*geistige Scheidekunst*)[2]. Ainsi, « distinguer les différents "parce que" est une tâche phénoménologique importante », dit Husserl[3], et Meinong soutient que notre connaissance des différences jouit d'une position privilégiée eu égard à la connaissance de l'identité. Si une personne fait une distinction qu'une autre ne fait pas, c'est normalement parce que celui qui a effectué la distinction a vu quelque chose que l'autre n'a pas vu. C'est ce que Meinong appelle « la prérogative de la différence »[4]. Bien sûr, comme le remarque Reinach, « l'analyse de la signification conduit non seulement à faire des différences, mais également à supprimer des différences non justifiées ». Par exemple, la distinction entre nombres cardinaux et ordinaux, soutient Reinach, n'est pas du tout une différence entre des nombres[5].

Un exemple célèbre de description de différences est l'analyse par Husserl de treize sens différents du mot « *Vorstellung* » ([re]présentation) (*LU* V, § 44), une analyse qui procure, selon Bergmann, la même satisfaction qu'un concerto de Bach[6]. Comme tous les phénoménologues, Husserl aime parler de différences « essentielles » et « tranchées », par exemple entre la perception et les différents types d'imagination[7]. Wittgenstein parle lui aussi de la « différence essentielle » entre des phénomènes psychiques (*Erscheinungen*), telle celle entre désirer une pomme et la conviction que quelque chose est le cas[8]. Il y a une différence logique entre les certitudes attachées à la connaissance d'autrui et celles attachées à la connaissance d'une équation (*PU* II, XI), une « différence fondamentale, jointe à une similitude apparente, entre les rôles d'une proposition arithmétique et d'une proposition empirique » (*BGM* I, § 110; *cf. Z*, § 86). Les différences logiques, aurait dit Wittgenstein, « ne sont pas subtiles ou graduelles, mais sont de grandes différences »[9]; selon Husserl, « toute différence logique est catégorielle » (*LU* II, § 1).

1. Geiger 1933, p. 4.
2. Conrad-Martius 1951, p. 12.
3. Husserl 1952, Beilage XIV, p. 381-382.
4. Meinong 1973, § 22.
5. Reinach 1989b p. 538-541.
6. Bergmann 2003, p. 163.
7. Husserl 1977, § 43.
8. *BPP* I, § 282 ; sur ce qu'est une différence essentielle, cf. *ibid.*, § 283.
9. Geach 1981, p. 48.

Wittgenstein distingue divers types de différence – la différence entre un train, une gare et une voiture de chemins de fer n'est pas la même que celle entre un train, un accident et la législation en matière de chemins de fer (*BB*, p. 64). Cependant, tandis que Husserl pense qu'il n'y a pas de différence plus certaine ou plus sûre au monde que celle entre la couleur et le son [1], Wittgenstein pense que la proposition en question est un non-sens. Selon Moore, il aurait affirmé que

> tout comme les sons ne se distinguent pas des couleurs par le fait que quelque chose est vrai des uns et faux des autres, de même le rouge, le bleu, le vert et le jaune ne se distinguent pas des autres couleurs primaires par le fait que quelque chose soit vrai des unes et faux des autres [2].

Exemples

La description implique l'appel à des exemples tirés des phénomènes psychiques ou linguistiques examinés. Ainsi, l'analyse du désir par Ehrenfels commence par la « présentation d'un exemple concret d'émergence d'un désir comme base des recherches ultérieures » [3]. Ce type d'analyse atteint l'un de ses sommets dans le chapitre intitulé « Naïve description de la formation d'un sentiment » de *L'homme sans qualités* de Musil.

Dans la Préface à la *Philosophie de l'arithmétique*, Husserl se vante quant à lui de n'avoir introduit aucune terminologie technique, si ce n'est par le biais d'exemples ou de définitions explicites [4]. Et un refrain souvent répété tout au long de ses *Recherches logiques* est le suivant : « Des exemples soigneusement analysés sont maintenant nécessaires si nous voulons confirmer et développer ce qui vient d'être suggéré ». On pourrait illustrer ce point à l'envie : « Chaque exemple montre qu'une distinction essentielle doit être ici effectuée » ; « nos exemples nous autorisent à considérer la distinction [entre la signification et son objet] comme bien établie » [5].

La considération détaillée des exemples est en effet le seul moyen de formuler et d'atteindre des conclusions philosophiques à propos des phénomènes psychiques. De même, la considération de contre-exemples et de descriptions alternatives d'exemples constituent nos uniques ressources

1. Husserl 1965, § 55 ; *cf.* Reinach 1989b, p. 549.
2. Moore 1993, p. 109.
3. Ehrenfels 1982, § 68 (intitulé de section) ; *cf.* également Ehrenfels 1988, § 5 ; et Brentano 1973, p. 111.
4. Husserl 1970, p. 6.
5. *LU* VI, § 17 ; cf. *LU* I, § 11, 12 et 13 ; et V, § 24 et 29.

pour contrôler la vérité des affirmations avancées. Ainsi, lorsque Brentano soutient que toutes les émotions et « actes » de volonté forment une série telle qu'il est impossible de trouver une différence qualitative entre eux, que la différence est de degré et non de type – la thèse du *continuum* –, il considère tout autant des exemples qui semblent immédiatement confirmer sa thèse que des exemples qui semblent au premier abord la contredire [1]. Cette attention portée aux exemples est partagée par Ehrenfels : au cours de sa critique de la thèse du *continuum*, ou encore lorsqu'il soutient qu'il n'y a en fait rien de tel que les volontés, que ce que nous appelons des volontés sont en vérité des relations entre des occurrences et dispositions émotionnelles, il tente de justifier sa conception en montrant qu'elle peut traiter plusieurs contre-exemples simples. Le même constat vaut pour Meinong. Cherchant à défendre ce qui est aujourd'hui connu sous le nom de théorie cognitive des émotions, c'est-à-dire la conception selon laquelle chaque occurrence d'émotion dépend unilatéralement d'une représentation ou d'une pensée sous-jacente, il considère naturellement des contre-exemples flagrants tels que l'angoisse et la jubilation « sans objet » [2]. Marty souligne le même point à propos de la manière dont la psychologie descriptive devrait être pratiquée. Au cours d'un commentaire sur la facilité avec laquelle on peut négliger des distinctions nécessaires, il écrit :

> [...] pour l'abstraction et la distinction des différents côtés et moments compris dans un certain contenu concret, une condition indispensable est la comparaison d'exemples contenant la caractéristique en question avec des exemples qui ne la contiennent pas ou le contraste avec des exemples dans lesquels la caractéristique en question apparaît d'une façon plus différenciée. Là où une telle comparaison de ce que des phénomènes ont et n'ont pas en commun n'est pas simple, parce que l'opportunité de faire des comparaisons n'est pas flagrante et ne se fait pas sentir d'elle-même à l'œil non exercé, il peut facilement arriver que la distinction en question soit négligée ou ne soit pas effectuée d'une manière correcte et complète [3].

L'importance des exemples chez Wittgenstein, et dans la philosophie analytique plus généralement, est si familière qu'il vaut la peine de rappeler que leur usage par les philosophes autrichiens constituait une nouveauté au sein de la philosophie de langue allemande. En 1897, dans le compte rendu d'une monographie de l'influent néokantien Rickert sur la formation des concepts en science, Husserl soulignait que son livre

1. Brentano 1971, chap. 8, p. 83-124.
2. Ehrenfels 1982, § 5 ; et Meinong 1968a, § 11.
3. Marty 1916, p. 228.

> verse à un tel point dans les constructions générales et dans la théorie « par le haut » qu'aucun exemple ne peut être trouvé dans toute la monographie et que cette absence ne se fait aucunement sentir [*keines wird vermisst*] [1].

Husserl ne s'oppose naturellement pas ici à la construction théorique, mais à une théorie qui ne vient pas d'en-bas, « qui [n']a [pas] pris racine dans le travail des sciences naturelles » [2].

TRIVIALITÉS : QU'IL Y A DÉCOUVERTES ET DÉCOUVERTES

La philosophie, nous disent Husserl et Wittgenstein, a affaire à des trivialités. « [L]a philosophie est en fait un résumé de trivialités », affirme le second (*LWL*, p. 26; *cf.* p. 34). « Au moins dans sa forme primitive, l'*a priori* », souligne quant à lui Husserl, est

> partout « évident », même trivial, mais sa démonstration systématique, sa poursuite théorique et sa clarification phénoménologique sont du plus haut intérêt scientifique et philosophique, et ne sont en aucun cas aisées à accomplir (*LU* IV, § 14).

Le philosophe doit sûrement savoir

> que c'est précisément derrière ce qui est évident que se cachent les problèmes les plus difficiles; cela est tellement vrai en fait que, paradoxalement, mais non sans profondeur, la philosophie peut être appelée la science des trivialités (*LU* IV, § 14, n. 3) [3].

Les psychologues influencés par Husserl s'accordent sur ce point. Le domaine du philosophe « est par définition celui des soi-disant trivialités » [4], affirme ainsi Bühler. De manière similaire, Köhler considère le fait qu'une certaine conception de la perception « ne peut même pas rendre compréhensible la banalité qui consiste à voir » comme une objection décisive à son encontre [5].

Si la description ne met en lumière que des trivialités, il semble alors naturel de supposer avec Pfänder qu'elle ne conduit jamais à une quelconque découverte :

1. Husserl 1979, § 17, p. 228.
2. *Ibid.* Dans la philosophie autrichienne, exemples et méthode de la variation vont de pair. *Cf.* Mulligan 2001, § 2.
3. *Cf.* aussi *LU*, Prol., § 6 et 40.
4. Bühler 1933, p. 62.
5. Köhler 1924, p. 157.

> Le fait de la conscience s'offre à la vue de chacun; il y a peu de faits psychologiques dont tout adulte normal n'ait pas fait l'expérience à un moment ou l'autre. Il n'y a là rien de nouveau à découvrir [1].

Qu'il n'y ait pas de découvertes à faire en philosophie, c'est aussi l'opinion de Wittgenstein (*PU*, § 126). Il signale une remarque qui n'a pas été imprimée dans le *Tractatus* : « Les solutions aux questions philosophiques ne doivent jamais être surprenantes. En philosophie, vous ne pouvez découvrir quoi que ce soit » (cf. *TLP* 6.1251). Il développe alors cette idée, qu'il affirme ne pas avoir clairement comprise auparavant, comme suit :

> La conception erronée [...] est celle selon laquelle nous pouvons atteindre quelque chose que nous ne pouvons pas encore voir aujourd'hui, que nous pouvons *découvrir* quelque chose de totalement nouveau. C'est une erreur. En vérité, nous avons déjà tout, et nous l'avons de manière effectivement *présente*; nous ne devons pas attendre quoi que ce soit. Nous nous déplaçons dans le domaine [*Bereich*] de la grammaire du langage ordinaire, et cette grammaire est déjà là (*WWK*, p. 182-183).

Présentée ainsi, l'affirmation selon laquelle la description ne conduit à aucune découverte semble cependant être fausse. Husserl décrit ainsi avec un certain enthousiasme son rêve – un rêve qu'il partageait avec J.L. Austin – d'une « coopération résolue entre une génération de chercheurs conscients de leur but et dévoués à la grande affaire [de la phénoménologie] [...]. Il y a ici un domaine de découvertes à notre portée ». Il ajoute que ces découvertes sont « fondamentalement impliquées dans la possibilité d'une philosophie scientifique », mais qu'« elles n'ont rien d'éblouissant en elles-mêmes: elles sont dépourvues de toute relation d'utilité évidente à la pratique ou à la réalisation de besoins émotionnels supérieurs. Elles sont également dépourvues de l'imposant dispositif de la méthodologie expérimentale, par lequel la psychologie expérimentale a gagné tant de crédit et a réuni une si riche force de collaborateurs » (*LU*, vol, II, part. 1, Intro., § 3) [2].

En outre, plusieurs psychologues descriptifs étaient convaincus qu'ils avaient fait un certain nombre de découvertes philosophiques importantes, comme celle des *Gestalten* par Ehrenfels ou celle de la distinction acte-contenu-objet par Twardowski et Husserl. On peut également mentionner ici l'élaboration progressive de la catégorie d'états de choses (*Sachverhalt*) par Brentano, Stumpf, Husserl, Meinong, Reinach et Marty, ainsi que la

1. Pfänder 1900, p. 7.
2. *Cf.* Reinach 1989b, p. 549-550, qui n'est pas moins éloquent.

découverte presque simultanée de la catégorie d'assomptions (*Annahmen*) par Meinong et Husserl. Leur état d'esprit est bien rendu par Russell dans une remarque portant sur une découverte de Wittgenstein : ils auraient trouvé « une nouvelle sorte de chose, un nouvel animal pour [leur] zoo » [1].

Wittgenstein parle en effet régulièrement de découvertes en philosophie. Il parle de la « découverte » par Moore de son paradoxe [2] et attribue, dans ses *Carnets* (*TB* 9.11.14), ses « meilleures découvertes » à son « fort instinct [*Gefühl*] scolastique ». « Scolastique » était une épithète péjorative communément utilisée pour décrire la psychologie descriptive. Dilthey affirme ainsi de la « psychologie scolastique » de Brentano et Husserl qu'elle aurait perdu le contact avec la structure de la vie [3]. La passion pour l'isolement des différences de signification provoquait souvent des accusations de scolastique et de stérilité. Mais, comme l'a souligné Reinach, le phénoménologue *an sich* [4] (tout comme Moore est le philosophe des philosophes analytiques), l'accusation est sans fondement, puisque « une distinction petite et en elle-même évidente peut renverser des théories philosophiques entières – si le grand philosophe concerné n'a pas remarqué la différence en question » [5].

La contradiction apparente – la description implique et n'implique pas de découverte – disparaît si nous gardons à l'esprit la différence platonicienne entre les découvertes qui nous surprennent, parce qu'elles mettent en lumière quelque chose de totalement nouveau, et celles qui ne nous surprennent pas de cette manière. Une découverte dans le domaine des sciences empiriques peut bien relever de la première classe. Au contraire, une découverte philosophique ne devrait pas nous surprendre, parce que la description en philosophie met en lumière ce que nous savions déjà, mais que nous avions négligé ou n'avions pas remarqué :

> Il n'y a rien à découvrir en grammaire. Il n'y a pas de surprise. Lorsque nous formulons une règle, nous avons toujours le sentiment : voilà quelque chose que vous avez toujours su. Tout ce que nous pouvons faire, c'est formuler clairement la règle que nous avons inconsciemment appliquée (*WWK*, p. 77).

1. Russell 1990, p. 91.
2. Wittgenstein 1980b, p. 285, lettre à Moore d'octobre 1944.
3. Dilthey 1927, p. 237 ; *cf.* Husserl 1965, § 37 ; et Marty 1976, p. 76.
4. Conrad-Martius 1951, p. 7.
5. Reinach 1989b, p. 542.

La remarque d'Augustin à propos du temps – « *quid est ergo tempus ? Si nemo ex me quaerat scio; si quaerenti explicare velim, nescio* »[1] – a paru à beaucoup de psychologues descriptifs comme un exemple parfait des dilemmes auxquels ils se trouvaient confrontés[2]. Marty commente : « si on exige d'Augustin qu'il décrive à lui-même et aux autres ses pensées conceptuelles, il ne peut le faire »[3]. Funke résume quant à lui la position de la psychologie descriptive comme suit :

> [...] l'exercice habituel de dispositions et d'habitudes dont nous n'avons qu'une expérience pratique est une chose, c'en est une très différente que d'atteindre un point de vue scientifique sur celles-ci [...]. Le fait qu'il existe une différence fondamentale entre « penser un concept » et « donner un compte rendu explicite de ce concept » est une vérité admise depuis longtemps. Lorsque Augustin dit du concept de temps qu'il sait bien ce qu'il est jusqu'à ce qu'on le lui demande, la différence susmentionnée sous-tend ce qu'il dit. Ainsi, au sens strict du terme, il n'y a *rien* à *découvrir* en psychologie, mais seulement *l'exposition et le déploiement* [*darlegen, entfahlen*] de ce qui se produit dans notre psyché [...][4].

Marty remarque en outre dans sa discussion du passage d'Augustin que ce qui vaut pour le concept de temps vaut tout autant pour beaucoup d'autres concepts[5]. En un sens, souligne à son tour Reinach, nous sommes parfaitement familiers des désirs, des douleurs, de l'espace et du nombre. Mais lorsque nous tentons de saisir l'essence de ce que nous voulons dire en nous référant au désir, à la douleur, à l'espace et au nombre, lorsque nous ne nous satisfaisons pas des seules définitions, nous prenons conscience de la manière dont leur nature échappe à notre saisie, « c'est comme si nous saisissions dans le vide ». Nous prenons ainsi conscience de ce qu'il décrit comme une « distance naturelle et si difficile à surmonter par rapport aux objets », distance à laquelle Augustin faisait allusion dans sa remarque sur notre conscience du temps[6].

1. Augustin, *Confessions*, XI, 14.

2. En 1928, Husserl se réfère au passage d'Augustin dans l'introduction à ses leçons sur la conscience intime du temps ; Augustin fut le premier à être aux prises avec l'« analyse de la conscience du temps », « un problème ancestrale de la psychologie descriptive et de la théorie de la connaissance » (Husserl 1980).

3. Marty 1976, p. 633.

4. Funke 1927, p. 117 ; sur penser un concept en opposition à en donner un compte rendu, *cf.* Marty 1976, p. 472.

5. *Ibid.*, p. 634.

6. Reinach 1989b, p. 532.

Lorsque Wittgenstein cite le passage d'Augustin sur le temps, il tient lui aussi à mettre l'accent sur le fait que ses recherches ne mettent en lumière rien de nouveau. Une *Besinnung* est requise. Ce que dit Augustin

> ne pourrait être dit à propos d'une question de science naturelle (« Quel est le poids spécifique de l'hydrogène ? », par exemple). Quelque chose que nous savons lorsque personne ne nous le demande, mais que nous ne savons plus lorsque nous sommes censés l'expliquer, est quelque chose dont nous devons nous rappeler à nous-mêmes. (Et c'est évidemment quelque chose dont, pour quelque raison, il est difficile de nous rappeler) (*PU*, § 89).

Un psychologue descriptif pourrait alors avoir dit que le fait qu'Ehrenfels ait remarqué l'existence des *Gestalten* n'est pas une découverte dans le sens où l'on parle de la découverte du poids spécifique de l'hydrogène. Découvrir en psychologie descriptive, rendre compte de ce qui se passe dans notre psyché, « implique non seulement la perception interne, mais également de remarquer et de déterminer » [1]. Comme Köhler l'affirme en 1930 :

> À de nombreux égards, notre position en psychologie descriptive est assez différente de la situation dans laquelle nous nous trouvons en physique. Dans cette science, il est souvent assez difficile de découvrir les faits les plus importants, parce qu'ils sont cachés ou parce qu'ils ne peuvent être établis sans le développement de méthodes très compliquées. Il me semble qu'en psychologie le plus grand obstacle est tout à fait opposé. Bien souvent, nous n'observons pas les faits psychologiques les plus importants, précisément parce qu'ils sont par trop ordinaires, parce que leur présence à chaque instant de notre vie nous y rend aveugle [2].

Si la philosophie est ce qui « est possible *avant* toute nouvelle découverte » (*PU*, § 126), peut-être pouvons-nous opposer les nouvelles découvertes aux anciennes, aux redécouvertes. Et Wittgenstein donne une description claire de ces dernières :

> La découverte en philosophie consiste à se souvenir de ce que nous aurions dit dans des situations variées ; tu dois penser à des situations auxquelles tu ne penserais normalement pas et te souvenir de ce que tu dirais et ne dirais pas en de telles circonstances. Découvrir et prouver, c'est se rappeler. Lorsque quelqu'un suggère une réponse, celle-ci nous semble parfois,

1. Funke 1927.
2. Köhler 1971, p. 147-148.

après qu'elle ait été prononcée, tout à fait évidente. C'est, en un sens, une trivialité [1].

DESCRIPTION, VISION ET CÉCITÉ

Wittgenstein et les héritiers de Brentano adoptent fréquemment la rhétorique de la vision, de l'intuitionnisme. Husserl était persuadé, comme beaucoup d'autres, qu'il était possible de percevoir les essences, leurs liaisons essentielles et les formes logiques et Wittgenstein nous dit dans le *Tractatus* que certaines choses se montrent d'elles-mêmes. Parmi celles-ci, il y a ce que les phénoménologues appellent des faits et des liaisons essentiels. Wittgenstein affirme par ailleurs que la philosophie met toute chose devant nous, là où elle est offerte à notre vue (*PU*, § 126). Il écrit également à propos des découvertes en logique : « Ici il est essentiel que l'on voie : tant que vous ne voyez pas le nouveau système, vous ne le possédez pas » (*WWK* 123). Et : « Nous *voyons* la règle dans la relation entre jouer et marquer un point » (*LWL* 40). Wittgenstein veut changer notre manière de voir (cf. *Z*, § 461).

Ce dont nous avons besoin, souligne Husserl, c'est d'« aussi peu de compréhension que possible » et d'une « intuition aussi pure que possible » [2]. La formulation de cette idée par Wittgenstein est, comme de coutume, plus concise : « ne pense pas, regarde plutôt » (*PU*, § 66); « l'insatisfaction philosophique disparaît [...] lorsque nous voyons plus » (*BGM* IV, § 85).

À l'instar de nombreux phénoménologues, mais sans la panoplie des essences et des actes mentaux spéciaux, Wittgenstein affirme que nous voyons les relations internes (*LWL*, p. 30-32 et 57). De même que les phénoménologues étendent la notion ordinaire de perception, Wittgenstein et ses prédécesseurs autrichiens se plaisent à distinguer différents types de cécité : on peut être aveugle à l'intentionalité, à la valeur, à la *Gestalt*, à l'aspect, à l'âme, à la signification, à la structure, à l'expression, aux idées et aux possibilités [3].

1. Wittgenstein 1988a, p. 301.
2. Husserl 1973a, p. 62.
3. Husserl, par exemple, parle de la cécité de Hume à l'intentionalité (Husserl 1965, § 57). Haensel (1932, p. 268) suit les phénoménologues réalistes en affirmant qu'un être purement intellectuel devrait être « wertblind ». Celui qui est incapable de perception interne serait « *seelenblind* », dit Bühler (1908, p. 4). Ce dernier accuse Koffka et les autres psychologues berlinois de cette forme de cécité théorique qui ne voit pas tout ce qui est matériel (*stoffblind*) :

L'intuitionnisme des descriptivistes va de pair avec la tendance à accorder une grande importance à ce que l'on a soi-même vu. Ceci, à son tour, conduit à concevoir la philosophie comme étant avant tout une activité par laquelle on apprend à voir. La « phénoménologie », dit Reinach en 1914, « n'est pas un système de propositions et de vérités [...], mais une méthode pour faire de la philosophie qui est requise par les problèmes de la philosophie »[1]. Ainsi que le formule Wittgenstein, la philosophie est une activité, ses résultats ne sont pas des « propositions philosophiques », mais leur clarification (*TLP* 4.112). Il cite plus tard Augustin : « *quia plus loquitur inquisitio quam inventio* », « parce que la recherche en dit plus que la découverte » (*Z*, § 457). Les problèmes philosophiques, qui sont à l'origine de l'activité philosophique, sont peut-être les problèmes les plus concrets qui soient (*TLP* 5.5563). Mais, selon Reinach, la phénoménologie n'est pas seulement une activité, elle découvre l'existence de lois d'essence, « une des choses les plus importantes en philosophie [...] et une des choses les plus importantes au monde »[2].

La description est-elle contre nature ?

Si l'« analyse phénoménologique » en général, et la « clarification des concepts logiques de base » en particulier, est si difficile, suggère Husserl, c'est parce qu'« elle requiert une direction de pensée et d'intuition antinaturelle » (*LU*, vol. II, part. 1, Intro., § 3). Afin de décrire et d'analyser nos actes mentaux et les types auxquels ils appartiennent, nous devons aller à l'encontre « d'habitudes profondément enracinées qui ont été constamment renforcées depuis l'aube de notre développement mental » (*ibid.*). Husserl affirme ainsi de certaines des particularités « remarquables » de la justification révélées par ses analyses qu'elles n'attirent pas notre attention, parce que « nous sommes trop peu disposés à faire de ce qui fait partie de notre vie quotidienne des problèmes » (*LU* Prol., § 8). De manière similaire, Reinach insiste sur le fait que la méthode phénoménologique en philosophie est très différente de la manière dont nous regardons autour de nous et dont nous nous comportons dans la vie ordinaire, et plus différente

leur campagne contre la cécité eu égard aux formes (*Gestalten*) les rend aveugles à ce qui est sensoriel ; ils voient la forêt mais pas les arbres (Bühler 1929a, p. 153 et 150). Wittgenstein se demande si parler de cécité pour les formes ou la signification n'induit pas en erreur (*BPP* I, § 189).

1. Reinach 1989b, p. 531.

2. *Ibid.*, p. 543.

encore de la manière de travailler propre à la plupart des sciences [1]. Comme le dit Wittgenstein :

> Nous ne sommes pas du tout *préparés* à la tâche qui consiste à décrire l'usage, par exemple, du mot « penser ». (Et pourquoi devrions-nous l'être ? À quoi sert une telle description ?) (Z, § 111)

Commentant la manière dont les phénoménologues sont obligés d'inverser la signification ordinaire des mots, Scheler souligne combien les relations entre dire et montrer sont transformées lorsque nous passons du langage ordinaire à la description phénoménologique. Dans le langage ordinaire et la science, les gestes, la perception et la monstration sont au service de la compréhension, alors qu'en phénoménologie, les mots et les phrases sont un moyen pour montrer ou exhiber quelque chose. Leur fonction est d'aider le lecteur à « voir par lui-même » [2].

La méthode descriptive s'est attirée les épithètes les plus diverses. Wittgenstein lui-même pense que sa méthode est celle d'un homme d'affaires efficace, alors que Husserl, pour sa part, se compare à un fonctionnaire, en l'occurrence un fonctionnaire de l'humanité [3]. Et si un phénoménologue, Geiger, caractérisait la méthode phénoménologique comme étant aristocratique, un membre du Cercle de Vienne, Bergmann, condamnait l'attitude philosophique des wittgensteiniens (Waismann, Schlick) au sein du Cercle au moyen de la même épithète, en partie du fait de l'importance croissante qu'ils attachaient à l'intuition [4].

LA PRIORITÉ DE LA DESCRIPTION ET LE PRIX DE SA NÉGLIGENCE

Que se passe-t-il lorsque nous n'accordons pas à la description la priorité qu'elle mérite ? Brentano écrit :

> Quel lamentable état d'ignorance [...] trouvons-nous souvent chez les scientifiques qui s'engagent dans la recherche en psychologie génétique, une ignorance qui a pour résultat l'échec de tous leurs efforts. Nous recontrons par exemple un chercheur qui, alors qu'il s'enquiert des causes des phénomènes mnésiques, ignore tout des caractéristiques les plus centrales de la mémoire.

1. *Ibid.*, p. 531
2. Scheler 1957, p. 465 ; cf. *PB*, § 57.
3. Drury 1984, p. 110 ; et Husserl 1962, § 7.
4. Geiger 1976, p. 287 ; et Bergmann 1988, p. 173.

Un autre psychologue génétique, ajoute Brentano,

> s'intéresse à la genèse de l'erreur et de l'illusion, mais n'a atteint aucune sorte de clarté à l'égard de ce que sont le jugement, l'évidence d'un jugement, une inférence et sa validité manifeste [1].

Si Brentano a raison, la psychologie qui néglige la description et l'analyse est condamnée à rester une science éternellement jeune et pétrie de confusions conceptuelles [2]. Ainsi que les deux passages suivants le montrent, Husserl répète fréquemment les avertissements brentaniens :

> Ainsi, la phénoménologie est la cour d'appel des questions fondamentales de la méthodologie psychologique [...]. Ce qui entre en conflit avec elle porte la marque de l'absurdité psychologique, tout comme dans la sphère physique, tout conflit avec les vérités géométriques et les vérités de l'ontologie de la nature en général porte la marque d'une absurdité intrinsèque en science naturelle [3].

> [...] la psychologie expérimentale est une méthode pour déterminer des faits psychophysiques et des arrangements [*Regelungen*] qui peuvent être précieux, mais qui, sans une science systématique de la conscience explorant le psychique [*Psychische*] eu égard à ce qui est immanent en lui, perd toute possibilité d'être comprise plus profondément ou utilisée d'une manière scientifique ultimement valide [4].

C'est pourquoi, comme nous l'avons déjà noté, les théories doivent s'adapter aux descriptions « honnêtes ». Geiger, suivant l'exemple de tous les phénoménologues réalistes, emboîte le pas à Husserl :

> L'analyse phénoménologique doit constituer la fondation de la psychologie et de la biologie causales du plaisir; la simple et superficielle supposition que quiconque sait déjà ce qu'est le plaisir et que l'on peut prendre l'explication causale comme point de départ ne peut qu'être l'occasion d'erreurs [5].

Ainsi que nous l'avons vu, Wittgenstein soutient souvent la priorité de la description. À ses yeux, « expliquer est plus que décrire. Mais toute explication contient une description » (*PB*, § 1), de même que « la phénoménologie est la grammaire de la description des faits sur lesquels la physique construit ses théories » (*ibid.*). Bien que la description soit faite de

1. Brentano 1982, p. 9.
2. Cf. *PU* II xiv, Mulligan 2004.
3. Husserl 1977, § 79.
4. Husserl 1965, § 33.
5. Geiger 1913, p. 628.

trivialités, en un autre sens du mot, péjoratif cette fois, la trivialité est le risque qu'encourt la psychologie si elle néglige la description et n'observe pas ses limites :

> Les discussions psychologiques – triviales – de l'attente, de l'association, etc., omettent toujours ce qui est réellement remarquable, et on remarque [...] qu'elles tournent autour du sujet sans toucher le point vital (*PB*, § 31).

Husserl affirme de plus que

> la force des faits [...] s'avère si forte que des analyses de la conscience sont faites de temps en temps [en psychologie expérimentale]. Mais, en règle générale, celles-ci sont d'une naïveté phénoménologique en contraste remarquable avec le sérieux indubitable avec lequel cette psychologie aspire – et dans certaines sphères (lorsque ses ambitions sont modestes) arrive – à l'exactitude [1].

Il ajoute : « [L]'analyse phénoménologique de l'essence, aussi étrange et antipathique qu'elle puisse paraître au psychologue naturaliste, ne saurait être rien moins qu'une analyse empirique » [2]. Il aurait pu convenir que la raison en est que, comme le dit Wittgenstein, « les frontières de l'empirique » sont « la formation de concepts » (*BGM*, p. 237 ; *PU* II, XII). Mais s'il en est ainsi, aurait-il ajouté, c'est parce que la formation de concepts est contrainte par les relations entre les essences.

DESCRIPTION ERRONÉE, IMAGE TROMPEUSE ET PREMIERS PAS

La cécité déforme les descriptions. Mais qu'implique une description erronée ? Comment fonctionne-t-elle ? Les psychologues descriptifs, persuadés que la perception interne et les autres actes du même acabit fournissent toutes les vérités de la psychologie descriptive, s'inquiétaient de ce que les intuitions des élèves de Brentano semblaient différer radicalement les unes des autres. Une source fréquente de description erronée est la tendance à confondre affirmations génétiques et affirmations descriptives. Kraus donne en exemple la tendance de certains psychologues à refuser à la sensation du noir le titre de sensation positive, du fait du manque de stimuli externes correspondants [3]. Une caractérisation possible de la description erronée, neutre par rapport aux prétentions de la perception interne et à l'existence d'un troisième royaume d'entités idéales, fait référence à la

1. Husserl 1965, § 34.
2. *Ibid.*, § 39.
3. Kraus in Brentano 1929, p. 157, n. 5.

généralisation excessive. Cette dernière se produit lorsque ce qui vaut pour une série de phénomènes est considéré à tort valoir pour une série plus grande.

Une autre source d'erreur est la confusion d'un aspect avec le tout auquel il appartient. Bühler distingue ainsi différents types de ce qu'il appelle le « fourvoiement substantialiste » ou, plus littéralement, le « déraillement matériel » (*stoffliche Entgleisung*) et les descriptions erronées que celui-ci engendre. Voici trois types de déraillement de cette nature. Une personne qui ne voit dans un mot sur le tableau noir que de simples marques de craie[1]; le « nominalisme » moderne du « béhaviorisme physicaliste » (*ST*, p. 27; *cf* p. 118); un philosophe ou linguiste qui voit dans le langage uniquement des événements mentaux et physiques localisables ou qui ne voit dans le fait de signifier que des associations entre représentations[2].

Wittgenstein fait référence au « danger constant en philosophie de produire une mythologie de symbolisme ou une mythologie de processus psychologiques » et donne comme exemple de mythologie de symbolisme la conception selon laquelle les règles pour l'usage du signe de négation découlent de la signification (*Bedeutung*) ou de la nature de la négation, de ce que nous pourrions appeler son *Bedeutungskörper*[3] (PG I, § 16). Husserl et Frege acceptent tous deux certaines versions d'une telle conception, et Husserl semble avoir pensé qu'il y était arrivé sur la base de l'intuition de quelque chose comme un *Bedeutungskörper*, une *Bedeutungsspezies* (*LU* I)[4].

Nous avons déjà signalé un exemple wittgensteinien de la cécité à une différence entre deux différences. Il s'agit de l'un des meilleurs exemples de ce que nous pourrions appeler une *Entgleisung*, à savoir l'assimilation du fait que

> les données sensorielles (*sense data*) sont des types d'objets différents des objets physiques

au fait que

> les trains de chemins de fer et les gares de chemins de fer sont des types d'objets différents,

1. Bühler 1976, p. 46; et *ST*, p. 47.

2. *ST*, p. 58; *cf.* p. 272; Bühler 1929, p. 165 *sq.*; et Bühler 1933, p. 158. Mais on peut aussi dérailler logiquement (*ibid.*, p. 177).

3. Wittgenstein 1973, I, § 18, § 16.

4. *Cf.* chap. V.

plutôt qu'au fait qu'

> une gare de chemins de fer, un accident de chemins de fer et une législation en matière de chemins de fer sont des types d'objets différents (*BB*, p. 64).

Finalement, la description peut mal tourner si nous appliquons la mauvaise conception de l'analyse. Bühler souligne, en écho à Husserl, qu'il est important de distinguer l'analyse telle que la pratique le boucher (*Metzgeranalyse*, *ST*, p. 58) de l'analyse qui produit des divisions morphologiquement correctes [1]. Les exemples d'*Entgleisungen* donnés par Bühler sont des exemples d'analyse de boucherie (*ST*, p. 58).

Les différentes manières de dérailler et la confusion des questions descriptives avec les questions génétiques sont fondamentalement des tentations qui se présentent d'elles-mêmes au philosophe ou au psychologue. Ces tentations doivent être distinguées de celles inhérentes à notre simple usage du langage ordinaire – les tentations que représentent les images (*Bilder*) qui induisent en erreur.

Scheler dénonce ainsi plusieurs images qui induisent les philosophes en erreur. Il y a celles qui dérivent du monde extérieur et qui sont utilisées pour parler de la conscience comme d'une scène, d'un théâtre ou d'une boîte, ainsi que l'image du psychique comme un flux (*Strom*) d'événements dans le temps objectif [2]. Il y a aussi l'image du moi comme « un point simple », « un point qui dure » et domine ou fait face à un « flux mouvant », et cette autre image qui l'« identifie avec ce flux lui-même ». « La fausseté [*Schiefheit*] de la deuxième image, écrit Scheler, n'est que la réaction contre la fausseté de la première » [3].

Que le langage engendre sans cesse des images trompeuses est surtout une thèse centrale de la philosophie du langage de Marty, laquelle représente sans doute la forme la plus élaborée de la *Sprachkritik* autrichienne. Le philosophe suisse détruit la thèse philosophique selon laquelle les objets de pensée seraient des objets immanents, une thèse défendue, à la suite d'une longue tradition, par certains héritiers de Brentano :

> On voulait sonder le secret de la conscience et, ce faisant, on a pris plus ou moins au sérieux une image linguistique [*sprachliches Bild*] que l'on emploie en décrivant ce processus singulier. La locution plus abstraite, qui parle d'une immanence [...] de ce qui est pensé dans celui qui pense, ainsi que la locution plus concrète qui met dans la tête ce qui est pensé, ne sont

1. *ST*, p 153 ; et 1933, p. 36.
2. Scheler 1955, p. 269-270.
3. Scheler 1966, p. 421 et 415.

> justifiées que comme des fictions de la forme interne figurale du langage [*Fiktion der figürlichen inneren Sprachform*], qui [...] mènent à une falsification [*Fälschung*] si on les prend au sérieux [1].

La « tentation » à laquelle succombent les philosophes qui considèrent les possibilités et les forces comme des choses « se trouve [...] dans le langage » [2]. Prendre au sérieux de telles images est beaucoup plus grave en métaphysique qu'en science, ce en raison des conséquences potentiellement plus nombreuses des images fictives en métaphysique [3]. Un élève de Brentano et de Marty souligne :

> On n'a pas le droit d'oublier que la tâche de la description consiste surtout à éliminer les erreurs qui résultent des [...] images de la « forme linguistique intérieure » et de la philosophie qui se laisse d'abord orienter par ces images [4].

Après avoir noté que les problèmes qui naissent d'une « fausse interprétation de nos formes de langage » (*Sprachformen*) ont le caractère de la profondeur, Wittgenstein explicite la genèse de ces interprétations de la manière suivante : « Une similitude [*Gleichnis*], reçue [*aufgenommen*] dans les formes de notre langage engendre une fausse apparence [...] » (*PU*, § 111 et 112). Il nous arrive d'être « captivés » par une image, une image qui nous empêche de voir comment les mots sont vraiment employés (*PU*, § 115 et 305).

Description *vs* traitement des problèmes

Dans sa Préface au *Tractatus*, Wittgenstein écrit que son livre « traite [*behandelt*] des problèmes de la philosophie et montre [...] que la formulation de ces problèmes repose sur la mauvaise compréhension de la logique de notre langage ». Les distinctions introduites ici connaîtront dans sa pensée un long développement qui aboutira à une distinction entre la description, les problèmes (paradoxes et apories) philosophiques, leur traitement, leur solution, leur dissolution et leur disparition.

1. Marty 1976, p. 397. Marty développe un programme brentanien ; *cf.* Mayer-Hillebrand 1955.
2. Marty 1976, p. 354. Cf. *PU*, § 194 et 182.
3. Marty 1976, p. 356.
4. Kraus 1973, p. XXXV.

La distinction établie par Husserl entre les problèmes propres à la description phénoménologique et ceux propres à la métaphysique[1], connaît aussi un développement. Nicolai Hartmann écrit ainsi en 1921 :

> Dans certaines limites, chaque problème se laisse traiter [*lässt sich behandeln*]. Une toute autre question est : jusqu'à quel point un problème peut-il être résolu ? En ce qui concerne le traitement des apories, on peut adresser certaines exigences à la théorie ; on n'a pas le droit de lui adresser de telles exigences quand il s'agit de la solution des apories. Seule la théorie peut montrer jusqu'à quel point les apories peuvent être résolues. Affirmer que les questions métaphysiques ne peuvent en aucun sens être résolues, pas même de façon hypothétique, serait trop affirmer. Mais, de façon générale, la proposition suivante est valide : *on ne les résout pas, on les traite seulement* [*man löst sie nicht, man behandelt sie nur*][2].

On a pu dire de la phrase célèbre de Wittgenstein, « le philosophe traite une question ; comme une maladie » (*PU*, § 255), qu'elle contenait le point-virgule le plus profond de la littérature[3]. Quoi qu'il en soit de la littérature, le sens du deux-points dans la dernière phrase de la citation de Hartmann est clair. Ce dernier défend, comme tous les héritiers de Brentano, une conception théorique de la philosophie, mais admet qu'en dernière analyse, on en est souvent réduit au simple traitement d'un problème ou d'une aporie[4].

Lors de la description d'un phénomène et du traitement d'un problème philosophique, le risque de s'égarer est présent dès le début. Comme le dit Wittgenstein dans un passage déjà cité :

> Comment en vient-on au problème philosophique des processus et des états psychiques [...] ? – Le premier pas dans ce sens échappe tout à fait à l'attention [...] (*PU*, § 308).

1. Selon Husserl, mais aussi Scheler par exemple, les propositions de la phénoménologie, à la différence des propositions métaphysiques, ne contiennent aucune affirmation au sujet de ce qui existe de façon contingente.

2. Hartmann 1965, p. 125-126 ; *cf.* p. 316. Une discussion critique de ces affirmations se trouve dans la dissertation viennoise de Schächter (1931 p. 8-26), un élève de Schlick et disciple de Witttgenstein.

3. La remarque est attribuée à Erich Heller par St. Mulhall qui discute le point-virgule en question (Mulhall 2007, p. 89-95).

4. Comment se fait-il que, bien qu'ils se réclament d'une conception théorique de la philosophie, les héritiers de Brentano opposent la description à la théorie, approuvent la première et désapprouvent la seconde ? En insistant simplement sur le fait qu'une mauvaise théorie est celle qui n'est pas ancrée dans la description, qui n'est qu'une simple construction.

C'est aussi l'avis de Brentano [1] et de ses héritiers. Comme le dit Hartmann :

> En philosophie, la plus lourde responsabilité concerne le choix des premiers points de départ, la *sélection de ce qui est donné* [2].
>
> L'étroitesse du point de vue est le cancer de la philosophie [...]. Partout la multiplicité des phénomènes est méconnue et se trouve à tort uniformément nivelée [3].

Un autre phénoménologue ajoute que

> Même la plus légère erreur à propos des phénomènes peut avoir pour conséquence des erreurs théoriques d'une portée tout à fait considérable [4].

Nombreux sont les problèmes, paradoxes et apories que Wittgenstein veut dissoudre et traiter – et non pas résoudre – sur la base de patientes descriptions. Voici quelques-uns de ces problèmes considérés dans ses *Recherches* :

- La « question philosophique : "L'image de cet arbre est-elle composée ?" » (*PU*, § 47).
- « Le problème philosophique des processus et états psychologiques et du béhaviorisme » (*PU*, § 308).
- « Le problème philosophique des sensations » (*PU*, § 314).
- Le paradoxe de Moore (*PU*, § 301 et 303).
- Celui que l'on peut exprimer ainsi : « On peut *penser* ce qui n'est pas le cas » (*PU*, § 95).
- Le paradoxe selon lequel « aucune manière d'agir ne pourrait être déterminée par une règle, puisque chaque manière pourrait se conformer à la règle » (*PU*, § 201).
- Celui selon lequel la sensation « n'est pas un quelque chose, mais pas non plus un rien » (*PU*, § 304).
- Le paradoxe qui surgit quand, tout en dirigeant d'une certaine façon mon attention sur ma conscience, je dis : « *ceci* a dû être engendré par un processus cérébral ! » (*PU*, § 412)
- De même, il peut « nous sembler paradoxal » que « dans *un* compte rendu nous mêlions pêle-mêle des états corporels et des états de conscience » (*PU*, § 421).
- Les apories apparentes liées à la nature de la définition et de la définissabilité (*PU*, § 69-71, 75 et 78).

1. *Cf.* Mulligan & Smith 1985 ; et Mulligan 2004.
2. Hartmann 1965, p. 40.
3. Hartmann 1962, chap. 7 (a), p. 63.
4. Bassenge 1930, p. 10.

– Wittgenstein suggère également qu'il y a de nombreux paradoxes liés à notre emploi de mots tels que « pouvoir » (*können*), « convenir » et « comprendre » (*PU*, § 182).

Plusieurs de ces problèmes, questions, apories et paradoxes fascinaient également les héritiers de Brentano[1]. Mais si, d'après Wittgenstein, il est nécessaire de comprendre à fond le rôle des mots pour « dissoudre » (*auflösen*) les paradoxes philosophiques (*PU*, § 182; *cf.* § 304) – ceci pour autant, bien sûr, que cette compréhension soit ancrée dans une thérapie réussie –, l'approche de ses prédécesseurs est tout autre. La meilleure thérapie, estiment-ils, est une description exacte et systématique.

Les descriptions fournies par les héritiers de Brentano sont, comme nous l'avons déjà indiqué, présentées comme des descriptions de la complexité mentale et psychologique, comme des analyses des aspects et parties des états et épisodes mentaux et psychologiques, comme des descriptions de structures. Le scepticisme de Wittgenstein au sujet de toute tentative de ce genre est presque systématique. Il n'admet pas, à quelques exceptions près, le genre de complexité psychologique et mentale dont les brentaniens étaient friands. Sur ce point, il a un précurseur important : le philosophe et psychologue William James, un auteur admiré tant par Wittgenstein que par Husserl, Marty, Stumpf et Scheler. Dans un des premiers comptes rendus des *Principes de la psychologie*, Marty signale et critique le rejet par James de plusieurs types d'unité psychologique réelle[2]. Nous verrons par la suite que Wittgenstein les rejette également.

L'OBJET DE LA DESCRIPTION

Wittgenstein et les héritiers de Brentano veulent avant tout décrire. Tous ces philosophes, comme nous l'avons vu, s'accordent à penser que la description l'emporte sur les théories, les explications et hypothèses causales et génétiques; que la description est difficile, peu naturelle et doit rencontrer des résistances; qu'elle conduit à des trivialités et révèle des différences essentielles; que si elle conduit à des découvertes, celles-ci ne sont jamais surprenantes; qu'elle nécessite des comparaisons, des

1. Pour les réponses à la première question de la liste, *cf.* Mulligan 1995. Certaines réponses à quelques-uns de ces problèmes seront présentées par la suite. Dans la tradition phénoménologique, le modèle pour la « dissolution » (*Auflösung*) d'un certain nombre d'« antinomies » est sans doute l'analyse descriptive de la délibération donnée par Reinach en 1912 (Reinach 1989c).

2. Marty 1916.

variations; qu'elle oblige à surmonter différentes formes de cécité; qu'il faut même *voir* plutôt que *penser*.

La description chez Wittgenstein a néanmoins une fonction tout autre que chez ses prédécesseurs austro-allemands. Selon lui, la description est subordonnée à un but pratique – la thérapie (*PU*, 254; et *Z*, § 382) –, alors qu'elle est poursuivie dans un but « rigoureusement théorique » par les héritiers de Bolzano et de Brentano. Et si le point de vue auquel tendait Wittgenstein n'implique aucune aspiration à l'exactitude (*Z*, § 464), cela n'est pas vrai du point de vue de Brentano. Les propositions de la psychologie descriptive sont invariablement avancées comme des vérités analytiques ou matériellement nécessaires, leurs négations étant tenues pour absurdes ou nécessairement fausses.

La place de la thérapie dans les écrits de Wittgenstein et son rapport à ce qui semble être des contributions théoriques – négatives ou positives – à la philosophie sont méconnus de ceux qui négligent l'une des platitudes concernant la structure de l'activité en générale. Bien souvent, on fait quelque chose en faisant autre chose, en faisant encore autre chose. Et c'est en donnant et corrigeant des descriptions que Wittgenstein fait de la thérapie.

Wittgenstein est d'ailleurs tout à fait explicite sur le fait que ses descriptions ne sont pas données pour elles-mêmes. « La véritable découverte », celle qui le rend capable d'arrêter de philosopher, est composée de descriptions qui prennent la forme de rappels subordonnés à « un but particulier » (*PU*, § 126-127). « Ce que nous appelons des "descriptions" sont des instruments pour des usages particuliers » (*PU*, § 291), alors que les jeux de langage simples qu'il décrit « ne sont pas des fondations pour une théorie » (*BPP* I, § 633). « [L]a description reçoit sa lumière, c'est-à-dire son but, des problèmes philosophiques » (*PU*, § 109). La solution à une difficulté en philosophie « est une description, si nous lui donnons la bonne place dans nos considérations » (*Z*, § 314). Un synopsis de trivialités doit être un « synopsis propre », quelque chose qui est « extrêmement difficile et d'une immense importance » (*LWL*, p. 26). Comme Wittgenstein, Husserl pensait que l'un des rôles que pouvait assumer la philosophie était de combattre les tentations persistantes, par exemple « l'habitude innée de vivre et de penser en accord avec l'attitude naturaliste, et donc de fausser [*verfälschen*] le psychologique de manière naturaliste » [1]. À la différence de Wittgenstein, Husserl pensait que la bonne manière de traiter une telle tentation était de décrire et d'analyser correctement l'esprit. Le résultat est

1. Husserl 1965, § 53.

une description théorique qui utilise, comme nous l'avons noté, le langage de l'essence.

Wittgenstein ne dédaigne certes pas le langage de l'essence. Mais sa conception de l'essence après le *Tractatus* n'est pas celle de la phénoménologie. L'essence est exprimée ou énoncée par la grammaire (*PU*, § 371 et 373), c'est-à-dire par la description des règles. La grammaire ou la description réussit dans sa tâche de déconstruire les illusions des philosophes lorsqu'elle donne une représentation d'ensemble (*übersichtliche Darstellung*, *PU*, § 122), un survol qui nous permet de « "voir les connexions" », de voir *un* ordre, et non pas *l'*ordre (*PU*, § 132). L'intuition des essences des phénoménologues, note Hartmann en 1921 était trop souvent « stigmatique », l'« intuition catégorielle » d'une essence ou d'une connexion entre les essences est ponctuelle. Ils auraient donc négligé l'intuition *conspective* dans laquelle on saisit de multiples connexions et dépendances, une *Zusammenschau*, une vue d'ensemble (*konspektiv übersehen*)[1]. Mais, selon Hartmann, les connexions ainsi saisies constituent *l'*ordre des phénomènes en question : la saisie d'un théorème relève de l'intuition stigmatique, celle d'une preuve de l'intuition conspective[2]. Et si Wittgenstein admet que « l'*Übersichtlichkeit* fait partie de la preuve » (*BGM* I, § 154), il se distingue de Hartmann et des phénoménologues en considérant qu'une preuve établit mais ne découvre pas de connexions.

Comme nous l'avons noté dans l'Introduction, la différence entre Wittgenstein et ses prédécesseurs quant à la fonction de la description va de pair avec une différence concernant ce qui est censé être décrit. Alors que ses prédécesseurs conçoivent la description comme portant avant tout sur la complexité des états et des épisodes mentaux et psychologiques ainsi que sur leurs objets, Wittgenstein considère qu'il décrit le langage et la façon dont on emploie les mots. Ainsi, lorsqu'il décrit les émotions et leurs objets ou la différence entre l'objet d'une émotion et sa cause, son motif ou sa justification, il estime être en train de décrire la grammaire du langage des émotions : le jeu de langage « J'ai peur » contient déjà l'objet (de la peur) (RPP II, § 148) ; la grammaire de « penser », estime-t-il, nous montre l'essence de la pensée[3]. Cette importante différence n'est pas aussi étendue que ce qu'il pourrait sembler au premier abord. En effet, comme nous le verrons au chapitre six, Wittgenstein (comme Bühler) pense que tout ce qui est requis afin de donner de la signification aux signes fait partie du

1. Hartmann 1965, p. 521 et 543 ; *cf.* chap. 68.
2. *Ibid.*, p. 539.
3. Wittgenstein 2005, p. 178.

langage. Enfin, tout comme l'« interprétation [*Auslegung*] phénoménologique », selon Husserl, « ne fait rien si ce n'est interpréter le sens que ce monde a pour nous tous, avant toute activité philosophique [...], un sens que la philosophie peut dévoiler mais jamais altérer »[1], de même la « philosophie », selon Wittgenstein, « ne peut en aucun cas interférer avec l'usage réel du langage, elle ne peut au final que le décrire [...] Elle laisse toute chose en l'état » (*PU*, § 124).

1. Husserl 1950, § 62, p. 177.

CHAPITRE II

DE L'ESPRIT, DE L'ÂME ET DES MONDES

Plusieurs des descriptions de l'esprit les plus importantes produites par Wittgenstein et les phénoménologues trouvent leur origine dans certaines conceptions, que le positivisme logique qualifierait de « métaphysiques », concernant la personne, le sujet et le monde. Ce chapitre explore ces conceptions ainsi que leur rapport avec la triple distinction entre objets publics, objets privés et non-objets. Cette distinction est au cœur des descriptions du fait de vouloir dire quelque chose, de la volonté et des émotions qui seront l'objet du chapitre suivant.

PERSONNES, SUJETS, ÂMES ET MONDES

Le *Tractatus* est dominé par le rapport entre le sujet métaphysique et le monde. Nous y apprenons que « le moi philosophique est [...] le sujet métaphysique, la limite du monde – pas une partie du monde » (*TLP* 5.641).

Or la dernière partie de l'*Éthique* de Scheler (parue en 1916) – un solide candidat au rôle de ce que Wittgenstein perçoit comme du « bavardage » au sujet de « l'éthique » [1] – est dominée par le rapport entre la personne et le monde. À ce sujet, Scheler écrit : « La personne n'est jamais une partie d'un monde, mais toujours le corrélat d'un monde » [2].

Le sujet métaphysique de Wittgenstein n'est pas une partie du monde; la personne de Scheler n'est pas une partie d'un monde quelconque.

1. Wittgenstein 1969, p. 35-36. Vers 1949, Wittgenstein semble avoir qualifié Scheler d'« âne » (*cf.* Berger 1994, p. 352, n. 41).

2. Scheler 1966, p. 392.

L'argument que donne Scheler en faveur de cette affirmation semble être la thèse (plus ou moins kantienne ou néo-kantienne) selon laquelle « une personne [...] n'est jamais un objet [*Gegenstand*] »; « être un objet » signifie être directement connaissable; les personnes peuvent être décrites, mais il n'y a pas de « *knowledge by acquaintance* » ou de perception des personnes; tout ce qui est dans le monde est un objet[1]. La même année, Wittgenstein note: « Le moi [*Ich*] n'est pas un objet » (*TB* 7.8.16). « Je (me) confronte objectivement (à) chaque objet. Mais pas au moi » (*TB* 11.8.16).

Scheler et Wittgenstein s'accordent en outre à distinguer la catégorie du monde *simpliciter* de la catégorie du monde de quelqu'un, bien que leurs thèses au sujet du rapport entre ces deux catégories et de leurs extensions ne soient pas identiques. Scheler se demande :

> Si à chaque personne correspond un monde, et à chaque monde une personne, [...] qu'en est-il du seul monde réel[2]?

Chaque personne a *son* monde, et ce monde n'est pas *le* monde. Selon Wittgenstein, « le monde [est] *mon* monde » (*TLP* 5.62). Les deux philosophes utilisent, comme Schopenhauer et Weininger, la catégorie du microcosme pour parler des mondes. Scheler écrit :

> Appelons cette idée du seul monde réel l'idée du macrocosme [...]. S'il y a un tel macrocosme, [...] tous les microcosmes, tous les mondes individuels, personnels, sont des parties du macrocosme[3].

Wittgenstein, en revanche, suit Weininger: « Je suis mon monde (le microcosme) » (*TLP* 5.63); « C'est vrai : l'homme *est* le microcosme » (*TB* 12.10.16)[4]. Selon le personnalisme réaliste et anti-solipsiste de Scheler, chaque personne a son monde, et ces différents mondes font partie du monde. Le rapport de chaque personne à son monde, et donc au monde, est décrit par Scheler à l'aide de sa version de la distinction entre dire et montrer, entre ce qui peut être dit et ce qui se montre : « le contenu [*Gehalt*] de l'être du monde est différent pour chaque personne » et « chacune de ces

1. *Ibid.*, p. 386.
2. *Ibid.*, p. 396.
3. *Ibid.*, p. 396.
4. *Cf.* « l'âme de l'homme est le microcosme » (Weininger 1921, chap. IX, p. 234; *cf.* p. 242); « l'homme [...] est le microcosme » (chap. XII, p. 384; *cf.* la note au chap. IX, p. 541). Wittgenstein ne donne peut-être pas la même extension au concept *homme* que Weininger.

différences révèle la contingence du monde réel »[1]. Ce monde, le monde, ne peut pas être l'objet de « déterminations » dans lesquelles figurent des « concepts généraux, des propositions »[2]. C'est pourquoi « la vérité au sujet du monde est dans un sens une vérité personnelle »[3]. Wittgenstein estime également que le rapport qu'il voit entre le monde et un monde, le sien, ne peut pas être dit :

> Ce que le solipsisme *veut dire* [que le monde est mon monde] est parfaitement juste, sauf que cela ne se peut *dire*, mais se montre (*TLP* 5.62).

Les avis très étranges de Scheler et de Wittgenstein au sujet des rapports entre le(s) monde(s) et les personnes ou le moi philosophique sont employés par nos deux philosophes dans leurs déclarations au sujet de *Dieu*, de la *valeur* et des *sanctions*. Si à chaque personne correspond un monde, et si chacun de ces mondes fait partie du monde – du macrocosme – alors, suggère Scheler, « la contrepartie personnelle du macrocosme serait l'idée d'une personne parfaite, infinie et spirituelle »[4]. Une telle personne pourrait-elle se révéler ? Scheler répond : « Chaque réalité de "Dieu" [...] a son seul fondement dans une révélation possible et personnelle de Dieu dans une personne »[5]. Cependant, comme aucune personne ne fait partie d'un monde quelconque, cette révélation ne peut pas avoir lieu dans un monde, pas plus dans le monde (le macrocosme) que dans le monde d'une personne. Comme le dit Wittgenstein, « Dieu ne se révèle pas *dans* le monde » (*TLP* 6.432) et, selon lui, dans la mesure où le monde est son monde, Dieu ne peut pas s'y révéler non plus.

Quel est le porteur des valeurs éthiques ? Scheler affirme que « ce qui est originairement bon et mauvais [*böse*] [...] c'est la personne »[6], de même que, selon Wittgenstein en 1916, « ce qui est bon et mauvais [*böse*], c'est le moi [*das Ich*], pas le monde » (*TB* 5.8. 16). La valeur est-elle dans le monde ? Nos philosophes donnent apparemment des réponses opposées à cette question. D'après Scheler, « le domaine des valeurs [...] devient pleinement concret seulement comme une partie du monde, du monde d'une personne »[7]. Mais Wittgenstein nous dit que « *dans* [le monde] il n'y

1. Scheler 1966, p. 394.
2. *Ibid.*, p. 393.
3. *Ibid.*, p. 394. Scheler conçoit une vérité personnelle, une vérité pour une personne, comme analogue à la valeur relationnelle et intrinsèque : x a une valeur intrinsèque pour y.
4. *Ibid.*, p. 387.
5. *Ibid.*, p. 395.
6. *Ibid.*, p. 49.
7. *Ibid.*, p. 392.

a pas de valeur » et conclut à l'impossibilité des « propositions éthiques » (*TLP* 6.41 et 6.42). Leur désaccord n'est pourtant pas complet. En réalité, Scheler affirme en 1913 que seules *certaines* valeurs font partie du monde. Les valeurs d'une âme et d'un corps vivant (*Leib*) « peuvent nous être données comme des objets. Mais pas les valeurs pures d'une personne, c'est-à-dire la valeur de la personne elle-même » ; ces valeurs-là, dont « la valeur pure éthique [*sittlich*] » d'une personne, ne font donc pas partie du monde [1]. C'est sans doute parce que Wittgenstein croit qu'il n'y a pas de valeur dans le monde qu'il ne se croit pas coupable de bavardage au sujet de l'éthique. Il avance néanmoins une proposition qui est selon Scheler une proposition éthique, et d'ailleurs vraie :

> La première pensée qui vient à l'esprit lors de l'institution d'une loi éthique de la forme de : « Tu dois… » est celle-ci : Et qu'arriverait-il si je ne le faisais point ? Il est cependant clair que l'éthique n'a rien à voir avec la punition ou la récompense au sens ordinaire. Ainsi, la question relative aux conséquences d'un acte doit être sans intérêt. Tout au moins ces conséquences ne sauraient-elles être des événements. Car il faut bien qu'il y ait quelque chose de vrai dans cette interrogation. Il doit y avoir sans doute une sorte de récompense éthique et de punition éthique, mais celles-ci doivent résider dans l'acte même. (Et il est clair que la récompense doit être quelque chose d'agréable, et la punition quelque chose de désagréable) (*TLP* 6.422).

Il y a une différence entre la récompense agréable qui réside dans l'acte de celui qui fait ce qu'il doit faire, et la récompense au sens ordinaire. Scheler explique :

> Qu'il y ait un lien entre le bonheur [*Glückseligkeit*] et la valeur positive éthique de la personne, […] un lien qui est plus qu'une association fortuite et empirique, cela est l'avis de tous ceux qui ont réfléchi sérieusement au sujet de ce lien [2].

« Seul le bon est bienheureux » et « seul l'heureux se conduit bien » [3]. Ce lien non contingent est distingué par Scheler de tout lien contingent entre un acte et ses conséquences positives – une récompense –, ou négatives – une sanction :

1. Scheler 1913, p. 68-69.
2. Scheler 1966, p. 355.
3. *Ibid.*, p. 359 ; *cf.* p. 360. Le lien non contingent entre le bonheur et la valeur éthique de la personne dont parle Scheler n'est pas l'identité entre le bonheur et la vertu dont parle Spinoza (*Éthique*, V, XLII).

> Pourquoi avons-nous besoin d'une soi-disant « sanction » ? Quel que puisse être le nombre de graves dommages qu'une bonne action entraîne pour son auteur, quels que puissent être les états de malheur dans lesquels elle le place, jamais le déplaisir produit par son acte ne peut atteindre le niveau de profondeur du plaisir qu'il éprouve en agissant bien, ni a fortiori celui du plaisir plus profond encore qui, en tant que source de la bonne action, l'a rendue possible, et qui ne saurait être aucunement détruit par le déplaisir des couches périphériques, quelle qu'en soit l'importance quantitative. Selon une loi essentielle, aucun bien accordé en récompense [*Lohngut*] d'une action moralement bonne ne peut jamais déterminer un bonheur aussi profond que celui-là même qui est à la source de la bonne volonté et qui accompagne cette bonne volonté. Aucun mal imposé à titre de châtiment [*Strafübel*] ne peut jamais déterminer une souffrance aussi profonde que cette absence de félicité qui est la source de la mauvaise action et le sentiment de déplaisir qui l'accompagne [1].

Les affirmations de Scheler et de Wittgenstein au sujet de la personne ou du sujet métaphysique, des mondes et de la valeur sont hautement contestables et souvent obscures [2]. On se demande par exemple pourquoi Scheler a cru bon d'utiliser une thèse épistémologique – les personnes ne sont pas des objets de connaissance – pour défendre une thèse ontologique – aucune personne ne fait partie d'un monde. C'est pourtant dans ces affirmations et dans leurs développements que l'on trouve les racines d'une approche des phénomènes mentaux et psychologiques que Wittgenstein va développer bien après le *Tractatus*.

LES PRÉDICATS DES PERSONNES, DES SUJETS ET DES ÂMES

Considérons d'abord les prédicats (un mot que j'utilise dans un sens très large) de ce que Wittgenstein appelle *le sujet métaphysique* et Scheler *la personne*, ainsi que les prédicats de ce qu'ils nomment respectivement *l'âme* et *le moi*.

Entre 1911 et 1916, Scheler change d'avis à ce sujet. Mais, selon une de ses réponses, la personne veut, perçoit, sait, intuitionne (*schaut an*), veut

1. Scheler 1966, p. 360.

2. En 1926, Hartmann fait ainsi une critique sévère de la philosophie schélérienne des personnes et du monde, de ce qu'il appelle le « personnalisme transcendantal » de Scheler (Hartmann 1962, chap. 24 (e) et 25).

dire (*meint*), se souvient et s'attend à. Le moi, en revanche, juge, croit, affirme, pense, voit, entend, se représente (*stellt vor*) et éprouve[1].

La première série est celle des « actes », qui sont mentaux (*geistig*), la seconde celle des « fonctions », qui sont psychiques (*seelisch*, *psychisch*) ou psychologiques[2]. Les prédicats de la personne ne peuvent pas être des prédicats d'un moi, ni vice versa. Le moi ou l'âme n'est rien d'autre qu'une *unité* de fonctions psychologiques, d'expériences psychologiques :

> Un moi n'est qu'un objet entre d'autres objets, une *unité* d'objets, d'expériences psychologiques[3].

La personne aussi n'est qu'une *unité*, mais une unité de ses prédicats mentaux : « Une personne n'est pas un objet [mais] une *unité* d'"actes" mentaux »[4].

La terminologie schélérienne (« *geistig* » *vs* « psychique »), qui fait écho à une terminologie beaucoup plus ancienne, semble avoir comme conséquence que si un *homme* juge que *p*, et si celui qui juge que *p* veut dire que *p*, alors c'est la *personne* qui veut dire que *p*, et c'est le *moi* de cet homme qui juge.

Le sujet philosophique du *Tractatus* veut. Plus exactement, la volonté est un prédicat de ce sujet dans la mesure où il est sujet d'attributs éthiques (*TLP* 6.423 et 5.631). Mais certaines interprétations du *Tractatus* attribuent au sujet philosophique d'autres prédicats encore :

> [E]n un certain sens, [le sujet métaphysique] a de la *connaissance*, parce que comparer des propositions avec la réalité et décider si elles sont vraies ou fausses, c'est recevoir de la connaissance[5].

> La théorie ontologique de l'image présuppose l'existence d'un sujet qui ne pense pas, mais qui saisit la logique du monde dans un acte de *vision*[6].

L'âme humaine tractarienne pense, veut dire (*meint*), croit, se représente (*stellt vor*) et veut (« en tant que phénomène »). Plus précisément, là où il y a une âme humaine il y a un penser, un vouloir dire etc. Selon une interprétation scandinave du *Tractatus*, l'« âme humaine dont

1. Scheler 1955, p. 234-6, 219, 248 et 230. Pour une opinion différente, *cf.* Scheler 1966, p. 387-390.

2. Voir n'est-il pas percevoir ? Selon Scheler, la perception externe intègre différentes fonctions sensorielles et comprend la saisie de propriétés intermodales.

3. Scheler 1966, p. 375 ; *cf.* p. 414-415.

4. *Ibid.*, p. 389 ; *cf.* p. 382.

5. Favrholdt 1964, p. 102. Nous soulignons.

6. *Ibid.*, p. 167. Nous soulignons.

parle la psychologie» (*TLP* 5.641) est un moi empirique[1], une *unité* de pensées, c'est-à-dire de faits qui sont des images (*TLP* 5.631, 5.542), des «*Vorstellungen*» (*TLP* 5.631) et des croyances (*TLP* 5.542). L'âme humaine tractarienne, dont parle la psychologie, comme le moi schélérien, l'objet de la psychologie, est complexe. Le sujet philosophique tractarien en revanche, selon une interprétation populaire mais contestable, est simple, alors que la personne schélérienne est complexe[2].

OBJETS PUBLICS, OBJETS PRIVÉS ET NON-OBJETS

Trois catégories dominent la réflexion de Wittgenstein au sujet de ces prédicats qu'il appelle de façon indifférente «mentaux» ou «psychologiques»: la catégorie d'objets privés, la catégorie d'objets publics et la catégorie de non-objets. Ces trois catégories sont aussi centrales dans les publications de Scheler – entre 1911 et 1916, et en 1933 – au sujet des prédicats mentaux (les actes) et psychologiques (les fonctions), deux types de prédicats qui, nous l'avons vu, sont clairement distingués par le philosophe allemand.

Comment nos philosophes comprennent-ils ces trois catégories? Quelle extension leur donnent-ils?

Objets privés vs *objets publics*

Le scepticisme du philosophe autrichien à l'égard des objets privés s'amorce tôt: «L'expérience "privée" est une construction dégénérée de notre grammaire» et on lit ailleurs dans le même texte:

> Mais que puis-je faire de plus que de *distinguer* le cas où je dis «j'ai mal aux dents» quand j'ai vraiment mal aux dents, et le cas où l'on dit les mots sans avoir mal aux dents. Je suis en outre prêt à parler d'un *x* quelconque derrière mes mots pourvu qu'il garde son identité[3].

Est «privé» au sens épistémologique du terme ce qui ne peut pas être réidentifié. Or, selon Scheler en 1913, tout ce qui est psychologique est essentiellement réidentifiable:

1. Stenius 1960; Hintikka 1958; et Favrholdt, 1964.

2. Pour une discussion plus approfondie du rapport entre le *Tractatus* et le *Formalisme* de Scheler, *cf.* Mulligan 2009.

3. Wittgenstein 1993a, p. 283 et 256.

> Rien – me semble-t-il – n'est plus certain que la proposition selon laquelle il ne peut pas y avoir une science d'objets non identifiables. [...] Non seulement tout ce qui est psychologique et donné à un individu doit être identifiable dans différents actes de cet individu, mais il doit aussi être identifiable par des personnes différentes [1].

« L'identifiabilité suit de l'essence d'un objet », dit-il dans un texte publié en 1933 [2]. Un argument possible en faveur de l'existence d'objets privés revient à affirmer qu'il y a des objets pour lesquels la distinction entre l'apparence et la réalité ne s'applique pas. Scheler remarque à ce propos :

> Les expériences qui sont l'objet de la recherche psychologique sont des processus réels qui peuvent être visés par différents actes de différents individus. [...] Tout comme il y a une distinction dans la sphère physique entre la réalité et l'apparence, [...] il y a la même distinction dans la sphère psychologique [...] entre une douleur réelle et une douleur apparente, entre un sentiment réel et un sentiment apparent [...] [3].

Ces affirmations peuvent être comprises comme une réponse à Husserl qui, après avoir anticipé la position schélérienne en 1901, est revenu à une position plus traditionnelle en 1911 :

> L'être psychologique en tant que phénomène n'est pas en principe une unité qui peut être expérimentée comme étant individuellement identique dans des perceptions différentes, pas même dans des perceptions du même sujet. Dans la sphère psychologique, en d'autres termes, il n'y a pas de différence entre l'apparence et la réalité [4].

« Il n'y a au fond, écrit Scheler, aucune différence de principe entre la perception de soi et la perception d'autrui » [5]. Ma perception de ma tristesse et votre perception de ma tristesse jouissent de la même dignité épistémique; dans les deux cas, la tristesse en tant qu'objet psychologique est réidentifiable. Dans le chapitre suivant, nous examinerons le contenu de cette thèse radicale.

1. Scheler 1973, p. 217; *cf.* Binswanger, 1965.
2. Scheler 1957, p. 393.
3. *Ibid.*, p. 387-388.
4. Husserl 1965, § 48, p. 35.
5. Scheler 1973, p. 245.

Non-objets

Qui lit les longues et patientes descriptions que donne Wittgenstein dans les *Recherches philosophiques* (et ailleurs) du fait de vouloir dire quelque chose avec une expression (*Meinen, PU*, § 611-628 et 629-693), du fait de se souvenir, de reconnaître (*PU*, § 595-610), ou encore de la volonté et des intentions (*PU*, § 611-628 et 629-60), constate que, selon le penseur autrichien, il s'agit d'une famille de phénomènes qui partagent plusieurs propriétés négatives. Ce ne sont pas des expériences :

> Vouloir dire est aussi peu une expérience qu'avoir l'intention de [*Beabsichtigen*] (*PU* II XI ; cf. *BPP*, II, § 242).
>
> Quand je dis : « Il était là il y a une demi-heure », c'est-à-dire en me souvenant de cela – ceci n'est pas la description d'une expérience présente.
>
> Les expériences mnésiques sont les accompagnements du souvenir.
>
> Se souvenir n'a pas de contenu expérientiel (*PU* II, XIII).
>
> « J'ai l'intention de… » n'est pas l'expression [*Äusserung*] d'une expérience (*BPP* II, § 179).
>
> L'intention n'est ni une émotion, ni une humeur, ni une sensation, ni une image (*BPP* II, § 178).

Wittgenstein avance plusieurs thèses négatives au sujet du rapport entre le temps et les membres de notre famille : « L'intention […] n'est pas un état de la conscience. Elle n'a pas de durée authentique » (*BPP* II, § 178), comme un état qui peut être interrompu (ibid., § 45). Vouloir dire quelque chose avec une expression n'est ni un processus, ni un état, ni donc une activité :

> Je me souviens que c'est de *lui* que je voulais parler [ihn *gemeint zu haben*]. Est-ce que je me souviens d'un processus ou d'un état? Quand a-t-il commencé ; comment s'est-il écoulé ; etc. ? (*PU*, § 661)
>
> [I]l n'est rien de plus aberrant que d'appeler « vouloir dire » [*meinen*] une activité mentale ! À moins qu'on ne veuille créer une confusion (*PU*, § 693).
>
> « Je voulais dire… » – Vous vous souvenez de différents détails. Mais tous ensemble, ces détails ne montrent pas cette intention (*PU*, § 635).

À un endroit, il propose une lecture déflationniste des affirmations selon lesquelles se souvenir serait un processus :

> [Se souvenir] Pourquoi nierais-je qu'il y a ici un processus mental [*geistig*] ? Mais « il vient juste de se produire en moi un processus mental de

> me souvenir de » ne saurait dire plus que « je viens de me souvenir de… » (*PU*, § 306)

Quel est notre rapport épistémique au fait que nous voulons dire ceci ou cela, que nous nous souvenons de ceci ou de cela ? Wittgenstein répond :

> Mais peux-tu douter que tu aies voulu dire cela ? – Non, mais en être sûr, le savoir, non plus (*PU*, § 679).

> Il n'y a que vous qui sachiez si vous avez cette intention […] (Et ici « savoir » signifie que l'expression d'incertitude n'a pas de sens) (*PU* § 247).

Selon Scheler, nous l'avons vu, une personne n'est pas un objet. Il affirme la même chose de ce qu'il appelle, dans l'affreux – bien qu'ancien – jargon des phénoménologues, des « actes » : « un "acte" [*Akt*] n'est jamais un objet » [1] : « Un acte ne peut jamais devenir un objet grâce à un deuxième acte, par exemple un acte rétrospectif » [2].

Les actes sont toujours les actes d'une personne : seule une personne peut « accomplir » des actes. À la catégorie des actes appartiennent : vouloir dire (*meinen*), vouloir, se souvenir, s'attendre à, et vouloir faire (*Tunwollen*, *Intention*, *Absicht*). Dans sa philosophie de la nature des actes, un élément ou moment joue un rôle central : « les actes, dans lesquels quelque chose est visé [*gemeint*] » [3]. Celui qui veut, veut faire, se souvient ou s'attend à vise quelque chose. Dans ce qui semble être sa meilleure caractérisation des actes, il affirme que les termes des relations de justification sont des actes : « les actes, […] entre lesquels il y a des relations de justification » [4].

Les personnes et les actes peuvent être décrits ; Scheler croit en avoir fait une philosophie. Mais parler de, décrire, n'est pas quantifier sur des objets. Disons plutôt que l'on peut quantifier sur des entités, et que si ces entités sont des actes, elles ne sont pas ce qui peut être directement connu, ce ne sont pas des objets.

Scheler avance ainsi plusieurs thèses négatives au sujet des actes : ils « ne sont pas vécus comme remplissant le temps » [5] :

1. Scheler 1966, p. 386. *Cf.* James, 1952, chap. XVI, p. 421. Samuel Alexander, le métaphysicien australo-mancunien lu par Scheler développe la même idée avant la première guerre mondiale.
2. Scheler 1966, p. 374 ; *cf.* Weininger, 1921, chap. IX, p. 264.
3. *Ibid.*, p. 386-387.
4. *Ibid.*
5. Scheler 1916, p. 422. Si Scheler dissocie radicalement le mental et le psychologique, il lui arrive souvent de parler des deux comme d'expériences.

> Un acte ne peut pas plus être un objet qu'un processus ou un événement psychologique ne peut viser [*meinen*] quelque chose. [...] Tout comme il est incorrect de faire entrer en contrebande l'intentionalité dans la sphère psychologique, il est incorrect de nier l'intentionalité. Le premier spiritualise faussement le psychologique et corrompt la psychologie, le deuxième psychologise l'esprit et corrompt la philosophie [1].

Wittgenstein rejette quant à lui l'idée même d'un vouloir dire qui serait quelque chose de privé :

> Et le vouloir dire [*Meinen*] est quelque chose dans la sphère psychologique [*seelisch*]. Mais c'est aussi quelque chose de privé [*Privates*]. C'est l'insaisissable quelque chose [...].
>
> Comment jugerait-on cela ridicule ? C'est pour ainsi dire un rêve de notre langage (*PU*, § 358).

Et dans un passage qui semble signaler une tentation à laquelle le philosophe du vouloir dire, de la volonté, de l'intention peut facilement succomber, il écrit :

> La grande difficulté, ici, est de ne pas représenter ce dont il s'agit [*die Sache*] comme s'il y avait quelque chose que l'on ne *pourrait* pas faire. Comme s'il y avait vraiment *un objet*, dont je pouvais tirer une *description*, mais que je sois incapable de *montrer* à quelqu'un (*PU*, § 374 ; dans la dernière phrase, c'est nous qui soulignons).

Dans le chapitre suivant, nous poursuivons la description de ces non-objets que seraient le vouloir dire, le vouloir, etc.

1. Scheler 1966, p. 390.

CHAPITRE III

ÉPROUVER *VS* VOULOIR DIRE, VOULOIR, ETC.

Vouloir, vouloir dire et se souvenir sont des phénomènes qui, nous l'avons constaté, ne peuvent pas être « montrés ». Si nous cherchons à mieux comprendre ce qu'ils sont, un bon point de départ consiste alors à porter notre attention sur un type d'expérience identifiable par plusieurs personnes et qui semble être un objet tout à la fois psychologique et public.

OBJETS PUBLICS ET PSYCHOLOGIQUES

Au sujet des états affectifs d'autrui, Wittgenstein écrit :

> « Je remarquais qu'il était de mauvaise humeur. » Est-ce là une remarque au sujet d'un comportement ou d'un état d'âme ? [...] Des deux : non pas de l'un à côté de l'autre, mais de l'un à travers [*durch*] l'autre (*PU* II, v).

La même préposition serait aussi la clé de la compréhension de la perception des émotions d'autrui selon Scheler en 1911 :

> Je vois immédiatement la joie ou la prière dans et à travers [*durch sie hindurch*] ces qualités, lignes et formes [1].

Mais Wittgenstein n'est pas entièrement persuadé que la préposition « dans » soit appropriée (*BPP* II, § 552). Dans la mesure où l'on voit la mauvaise humeur ou la joie d'autrui *à travers* son expression, il n'y a aucune inférence à ces états affectifs. « Nous ne voyons pas des contorsions

1. Scheler 1911, p. 146-147.

faciales, écrit Wittgenstein, pour en inférer la joie, l'ennui, la tristesse. » (*Z*, § 225). C'est aussi l'avis de Scheler :

> Nous avons l'impression d'avoir une conscience directe de la joie d'une personne dans ses rires, de sa souffrance dans ses larmes, de sa honte dans la rougeur de son visage, de sa prière dans ses mains jointes, de son amour dans le tendre regard de ses yeux, de sa colère et de sa rage dans son poing menaçant [1].

> Si je saisis l'expérience d'autrui, alors objectivement parlant un geste ou un son doit exciter mon œil ou mon oreille. Mais c'est une illusion que de penser que je dois d'abord voir un mouvement corporel pour ensuite comprendre, sur la base de cette perception d'un mouvement corporel, la joie d'autrui [2].

Si les émotions d'autrui sont des objets publics, c'est en vertu de leurs liens avec leur expression : « une émotion [*Gemütsbewegung*] [...] a une expression *mimique* caractéristique [*mimischen Ausdruck*] », dit Wittgenstein (*BPP* I, § 836), elle possède un « comportement expressif caractéristique (expression du visage) » (*BPP* I, § 148). Mais quelle est la nature de ce lien? Le visage d'une personne peut exprimer la tristesse même si cette personne n'est pas triste. Les liens entre différentes émotions et expressions sont-ils contingents? Une émotion doit-elle nécessairement s'exprimer? Selon Scheler, le lien en question est symbolique, non causal et essentiel :

> Les qualités des phénomènes expressifs et les qualités des expériences forment des liens essentiels d'une espèce particulière [...]. [N]ous avons ici une relation symbolique, qui n'est ni causale ni identique à la relation entre un indice et ce dont il indique la présence, relation qui se réalise [*sic*] d'abord dans une inférence [3].

Scheler affirme aussi la thèse très forte selon laquelle « il n'y a rien dans l'âme qui ne s'exprime pas dans le comportement immédiatement ou médiatement » [4]. Si Wittgenstein n'affirme pas cette dernière thèse, il est aussi d'avis que le lien en question est essentiel :

> Considérez le ton de la voix, les inflexions, les gestes comme des parties *essentielles* de l'expérience, non pas comme des accompagnements inessentiels ou comme des moyens de communication (*BB* 182).

1. Scheler 1977, p. 254.
2. Scheler 1911, p. 147.
3. Scheler 1973, p. 21.
4. Scheler 1976, p. 17.

> Le chagrin, voudrait-on dire, est personnifié dans le visage. Cela est essentiel à ce que nous appelons une « émotion » [*Gemütsbewegung*] (*BPP* II, § 570; cf. *PU* II, XI).

De façon générale, comme le dit Wittgenstein vers la fin de sa vie, « l'Intérieur est lié à l'Extérieur non seulement de façon expérientielle, mais aussi logiquement » [1]. Dans le cas du lien entre les émotions et leurs expressions, s'accordent à dire nos deux philosophes, on peut même parler d'une grammaire. Selon Scheler, il y a « un champ d'expression [*Ausdrucksfeld*] pour les expériences », les relations « entre les expressions et les expériences sont une grammaire universelle » [2]. Selon Wittgenstein,

> Je ne pourrais pas comprendre un geste si je ne le voyais pas comme une possibilité à l'intérieur d'un espace spécifique. Il y ainsi une grammaire des gestes (leur géométrie) [3].

Un argument donné par Scheler en faveur de l'existence d'une grammaire des expressions des émotions fait appel à un phénomène qui intéresse aussi Wittgenstein. On peut, dit-il,

> percevoir l'inadéquation entre le geste d'une personne et son expérience, l'inadéquation du geste à l'expérience, l'incompatibilité entre ce que le geste exprime et ce que le geste devrait exprimer [4].

La perception d'une telle inadéquation est ce qui rendrait nécessaire l'inférence :

> À la suite d'un certain nombre d'actions accomplies par quelqu'un [...] et dont j'avais cru percevoir les sentiments, je puis être forcé d'arriver à la conclusion que je l'ai mal compris ou qu'il m'a trompé. Dans ce cas donc, je tire des conclusions se rapportant à ses expériences. [On infère] toutes les fois que l'on trouve que des obstacles bloquent la perception des expériences d'autrui ou qu'on est obligé d'admettre, [...] pour des raisons qui tiennent en dernière instance à la perception elle-même, une inadéquation entre l'expérience et l'expression, une séparation (automatique ou voulue) du lien symbolique [5].

1. Wittgenstein 1993, p. 88. Pour comprendre les différentes versions de cette thèse chez Wittgenstein et ses prédécesseurs, il est nécessaire de faire appel à quatre distinctions : entre critères et symptômes ou indices; entre raisons, motifs et causes; entre liens symboliques et liens causaux ; et entre relations externes et internes. *Cf.* Mulligan 1990.
2. Scheler 1973, p. 22.
3. Wittgenstein, ms. 110, p. 126, cité par Hilmy 1987, p. 130.
4. Scheler 1973, p. 22.
5. *Ibid.*, p. 254.

Wittgenstein admet également que l'on peut directement saisir la simulation: « Je peux reconnaître un authentique regard aimant, le distinguer d'un autre simulé » (*PU* II, xi), et il souligne en outre que

> la simulation [*Verstellung*] a ses propres signes externes. Comment pourrait-on parler de la simulation si cela n'était pas le cas[1] ?

Les signes de la simulation ou d'une autre inadéquation, l'absence d'univocité – ce que Scheler appelle « une séparation du lien symbolique » –, sont absents du cas normal où l'on voit la joie *à travers* l'expression; ils rendent nécessaire l'inférence et sont à l'origine de l'image d'une intériorité cachée. Comme le dit Wittgenstein :

> Quand l'expression, le geste et les circonstances sont univoques, alors l'Intérieur semble être l'Extérieur. C'est seulement quand nous ne pouvons pas lire l'Extérieur que l'Intérieur semble être caché derrière lui[2].

Mais si les émotions sont, en tant que phénomènes psychologiques, les exemples paradigmatiques d'objets publics aux yeux de Scheler, il n'en va pas de même pour les « actes » mentaux. Le lien entre l'expression et les émotions n'est pas le même qu'entre vouloir dire, vouloir, savoir, se souvenir et leurs expressions :

> Les expressions automatiques (involontaires) suffisent à fonder la connaissance du contenu du moi organique et psychologique de l'homme; ils ne fournissent cependant pas la connaissance ou la compréhension des actes d'une personne[3].

> Garder le silence est une attitude active qui permet à une personne de cacher son être-ainsi [*Sosein*] de tout regard : sans que cela implique une expression automatique quelconque[4].

Wittgenstein note par ailleurs que le savoir et l'opinion n'ont pas d'expression faciale (*BPP* I, § 928). Mais il parle de l'expression naturelle de l'intention :

> Quelle est l'expression naturelle d'une intention [*Absicht*] ? Observez un chat lorsqu'il se glisse près d'un oiseau; ou un animal lorsqu'il veut fuir (*PU*, § 647).

1. Wittgenstein, ms. 169, p. 68, cité par ter Hark 1990, p. 130-131.
2. Wittgenstein, ms. 173, p. 36, cite par ter Hark 1990, p. 143-144.
3. Scheler 1973, p. 110.
4. Scheler 1973, p. 220; *cf.* Scheler 1954, p. 331-332; et Scheler 1957, p. 186.

Scheler répondrait sans doute de la manière suivante. Une intention est un vouloir faire et la volonté, à la différence de l'effort ou de l'émotion, n'a pas d'expression naturelle. Wittgenstein confond donc ici désir et volonté : le désir, à la différence de la volonté, a bel et bien une expression naturelle. Le désir n'est cependant pas la volonté : on peut ainsi céder à un désir, mais pas à une volonté.

Notre rapport aux émotions d'autrui est une chose. Qu'en est-il du rapport que nous entretenons à nos propres émotions? La réponse de Scheler, déjà mentionnée dans le premier chapitre, est celle du réalisme naïf extrême :

> Il n'y a au fond aucune différence de principe entre perception de soi et perception d'autrui. L'une et l'autre ne se réalisent que pour autant que l'état du corps ait subi des modifications et que l'état psychologique que nous voulons percevoir se soit traduit par une expression ou autre modification du corps [1].

Le lien entre mon émotion et l'expression ou la modification du corps en fait un objet public qui peut être perçu aussi bien par autrui que par moi. Wittgenstein rejette cette dernière possibilité :

> On ne peut absolument pas dire (sauf en plaisantant) de moi que je *sais* que j'ai une douleur [...]. En fait, s'il y a un sens à dire des autres qu'ils doutent que j'ai une douleur, il n'y en a pas à le dire à mon propos (*PU*, § 246).

Mais l'idée selon laquelle les phrases psychologiques à la troisième personne du présent de l'indicatif ont une fonction communicative (*Mitteilung*), alors que les mêmes phrases à la première personne du présent de l'indicatif ont la fonction d'exprimer ou de manifester quelque chose (*Äusserung*), reste insatisfaisante aux yeux de Wittgenstein. « Ce n'est pas tout à fait ça », écrit-il (*BPP* II, § 63). Il souligne également que « les mots "J'ai peur" peuvent être très proches ou très éloignés d'un cri » (*PU* II IX). Cependant, même lorsque ces mots restent éloignés d'un cri et ont pour fonction d'affirmer ou de communiquer, ceci n'est certainement pas, selon Wittgenstein, fondé sur une prise de connaissance « interne » de la peur [2].

Les remarques citées semblent justifier l'attribution à Wittgenstein de la thèse (ou rappel) selon laquelle la joie d'autrui est un objet public, tout comme l'est une table. La joie d'autrui peut ainsi être remarquée par

1. Scheler 1973, p. 245.

2. Nous reviendrons sur les descriptions des phrases psychologiques à la première personne et au présent de l'indicatif dans les chapitres V et VIII.

plusieurs personnes grâce à son expression. Wittgenstein écrit pourtant aussi avant les *Recherches* :

> Mais « joie » désigne sans doute quelque chose qui est intérieur [*etwas Inneres*]. Non. « Joie » ne désigne rien. Ni quelque chose d'intérieur ni quelque chose d'extérieur (Z, § 487).

Veut-il simplement dire que le compte rendu « Ludwig remarque que Skinner se réjouit » est un compte rendu propositionnel, et qu'un compte rendu de la forme « Ludwig a remarqué la joie de Skinner », qui semble attribuer à Ludwig un rapport à un objet, n'est qu'une formulation abrégée d'un compte rendu du premier type ? Ou est-ce plutôt que l'affirmation selon laquelle « joie » ne désigne rien est incompatible avec le point de vue ultérieur que nous lui avons attribué d'après lequel les émotions d'autrui sont des objets publics ?

Selon les héritiers de Brentano, les émotions épisodiques – qu'elles soient comprises comme épistémiquement privées (Brentano, Husserl) ou publiques (Scheler) – possèdent une structure interne. Une émotion (un état intentionnel) possède un *mode* – il s'agit de joie, de tristesse, d'admiration – un *contenu* et un *objet*. Le contenu d'une émotion est celui de la perception, croyance, attente, (re)présentation, fantaisie, jugement, souvenir, etc., dont elle dépend. Sans une telle base ou fondement (*Grundlage, Voraussetzung*), pas d'émotion[1]. Lorsque Wittgenstein écrit que « les émotions [*Gemütsbewegungen*] colorent [*färben*] les pensées »[2], il est pourtant loin d'accepter tout ce qu'affirment les héritiers de Brentano. Il écrit par exemple :

> Si je dis : « C'est toujours avec peur que j'ai pensé à cela », la peur a-t-elle *accompagné* mes pensées ? – Comment conçoit-on la *séparation* [*Trennung*] de ce qui accompagne et de ce qui est accompagné ?
>
> On pourrait demander : Comment la peur *pénètre*-t-elle [*durchdringt*] la pensée ? Car elle ne semble pas être *seulement concomitante* [*einherzugehen*][3].

Dans ce passage, Wittgenstein accepte les thèses *négatives* avancées par Husserl en 1901 :

1. Cf. *LU* V, § 15(a) ; et Husserl 1988, p. 106 et 252 ; et Husserl, 1988, p. 106 et 252.
2. Wittgenstein 1980, I, § 836. La métaphore est également employée par Frege et les phénoménologues.
3. *Ibid.*, II, § 160. Nous soulignons.

> Si nous nous tournons avec plaisir vers un objet ou si son caractère désagréable nous repousse, un objet est (re)présenté. Mais nous n'avons pas seulement une (re)présentation avec *en plus* [*dazu*] une émotion [*Gefühl*] qui s'y *ajoute de façon associative* [*assoziativ Angeknüpftes*].

Wittgenstein ne fait cependant pas sienne la thèse *positive* qui, selon Husserl, explique la vérité des thèses négatives : « Le plaisir [*Gefallen*] ou le déplaisir [*Missfallen*] se *dirige* vers l'objet (re)présenté, sans une telle direction il ne pourrait pas exister du tout. » [1] La joie qui porte sur un état de choses que l'on a constaté « n'est pas un [...] acte pour soi et le jugement un acte à côté [*daneben liegender*], le jugement est plutôt l'acte qui fonde la joie »[2]. La distinction entre les modes et les contenus[3] et la relation de dépendance auxquelles Husserl fait ici appel n'ont aucune place dans les descriptions de Wittgenstein. Comme William James, il rejette le genre de complexité et d'unité psychologique et mentale qui est au centre des descriptions des héritiers de Brentano (cf. *BB*, p. 168-169). Wittgenstein semble pourtant penser que les thèses négatives mentionnées suffisent pour montrer que James a tort quand il identifie les émotions aux sensations :

> Il y a des pensées lourdes de souci, mais aucune qui serait lourde d'un mal de dents [*zahnschmerzvolle*] (*BPP* I, § 747).

Selon Husserl et compagnie, l'identification jamesienne est erronée : les émotions doivent colorer et donc présupposer des pensées, des perceptions, etc., dont elles héritent leur caractère intentionnel, et les sensations ne peuvent pas jouer ce rôle.

Mais Wittgenstein est néanmoins d'accord avec ses prédécesseurs phénoménologues sur deux points. On pourrait, dit-il, appeler les « émotions dirigées » (*gerichtete Gemütsbewegungen*) des « prises de position » ou « attitudes » (*Stellungnahmen*) : la « surprise et l'effroi sont des prises de position, l'admiration [*Bewunderung*] et la jouissance [*Genuss*] aussi » (*BPP* I, § 836). Von Hildebrand introduit la catégorie de prises de position affectives ainsi :

1. Husserl 1984a, p. 403.

2. *Ibid.*, p. 418.

3. Cf. *PU*, § 22, une critique d'une thèse attribuée à Frege et qui considère que l'affirmation consiste en deux « actes » : affirmer (c'est-à-dire une « force » ou mode linguistique) et entretenir ou considérer (une pensée). Contre cette critique *cf.* Dummett, 1991, p. 239. L'argument de Wittgenstein au § 22 fait partie de son rejet de l'idée selon laquelle la fonction de représenter (*darstellen*) est une fonction linguistique centrale et *sui generis*, idée qui sera discutée dans les chapitres V et VI.

> Considérons la joie au sujet de quelque chose, l'enthousiasme et la nostalgie [*Sehnsucht*] [...]: toutes ces expériences [...], malgré leurs différences qualitatives, constituent des prises de position miennes à propos du monde des objets.
>
> L'indignation [*Empörung*] [...] est une réponse [*Antwort*] à certaines qualités, une prise de position. [...] Une prise de position est une expérience spontanée, [...] dont le contenu a une [...] direction [*Richtung*] vers un objet [1].

Au contraire de ce que prétend une longue tradition, les émotions dirigées seraient donc des expériences spontanées plutôt que des expériences passives, comme des sensations. Dans le dernier passage cité, il faut souligner que Wittgenstein n'explique pas ce qu'est une prise de position. Mais il l'oppose à ce qu'il appelle les « *Erfahrungen* » (« *undergoings* » dit Miss Anscombe), par exemple les impressions. Wittgenstein et ses prédécesseurs s'opposent aussi à une longue tradition en philosophie analytique en admettant des attitudes « non propositionnelles » (comme, par exemple, l'admiration).

Wittgenstein distingue en outre la cause de la peur de son objet, c'est-à-dire la direction (*Richtung*) de la peur, distinction qui n'exclut pas que la cause d'une émotion soit son objet (*PU*, § 476; *BPP* II, § 148). Il veut surtout distinguer les deux relations, la « relation » d'être dirigé, qui relie la peur à son objet, et la relation causale (ou peut-être les concepts de ces deux relations) :

> Je hais Smith n'équivaut pas à : Je hais + Smith est la cause de ma haine (*LWL*, p. 112).

La distinction entre ces deux relations fait partie de la vulgate brentanienne. Husserl écrit par exemple :

> Nous disons [...] que l'objet excite notre plaisir, tout comme nous disons [...] qu'un état de choses inspire un doute, nous contraint à donner notre accord, stimule notre désir, etc. Mais le résultat [...] de cette causalité apparente, le plaisir, le doute ou l'accord excité possède en lui-même la

1. Hildebrand 1916, p. 134, 137 et 138. Sur la catégorie des attitudes ou prises de position, que Wittgenstein mentionne déjà dans ses *Carnets* (*TB* 4.11.16), *cf.* Mulligan 2012. – La jouissance (*Genuss*) est-elle vraiment une prise de position ? Geiger (1913, p. 608) ne partage pas l'avis de Wittgenstein à ce sujet. Si un tableau vous plaît, on peut demander : « Comment [*Wie*] le tableau vous a-t-il plu ? ». Dans le cas du *Genuss*, note Geiger (1976, p. 428), la question serait : « *Haben Sie das Bild genossen ?* ».

relation intentionnelle. [...] C'est une absurdité [...] ici et ailleurs de considérer le rapport intentionnel comme un rapport causal (*LU* V, § 15[a]).

QUEL RAPPORT PEUT-ON AVOIR À UN NON-OBJET ?

Nous avons brièvement examiné ce qu'affirme Scheler au sujet de notre rapport à nos propres émotions et à celles d'autrui, et nous avons comparé ses affirmations à celles de Wittgenstein. Qu'en est-il de mon rapport au fait que *vous* voulez dire que *p*, ainsi qu'au fait que *je* veux dire que *p* ? La réponse de Scheler à la première question est simple :

> Que signifie donc « comprendre » un mot? Lorsque quelqu'un dit en indiquant la fenêtre : « le soleil ! » ou « il fait beau dehors », alors « comprendre » signifie seulement ceci : que la personne à qui l'on s'adresse, tout en suivant l'intention du vouloir dire [*Meinungsintention*] du locuteur et son discours, co-saisit [*miterfasst*] l'*état de choses* [...] « qu'il fait beau dehors » [1].

Plus précisément, il y a un

> co-vouloir dire (co-viser, *Mitmeinen*) de l'état de choses visé dans une expression [*Äusserung*] qui présuppose une perception des unités expressives [*Ausdruckseinheiten*] d'une telle expression [...] à l'intérieur d'une communauté [*Gemeinschaft*] humaine [2].

L'appartenance à une communauté se caractérise, selon Scheler, tout autant par la perception directe des émotions d'autrui que par le co-vouloir dire. Mais si percevoir les émotions d'autrui est une forme de connaissance directe (*knowledge by acquaintance*), la compréhension propre au co-saisir ou au co-vouloir dire n'est pas une connaissance directe d'un objet quelconque. Co-vouloir dire et co-saisir constituent des exemples de ce que l'on appelle, depuis Searle, l'intentionalité collective. Supposons que parler d'« actes » doués d'« intentionalité », voire d'« intentionalité collective », relève d'une maladie philosophique. Il ne resterait alors de la thèse de Scheler que ceci : la compréhension de ce qu'autrui dit et veut dire présuppose un accord ou une conformité des hommes dans le langage,

1. Scheler 1955, p. 179.
2. Scheler 1957, p. 404.

qui est l'accord ou la conformité propre à une forme de vie partagée (*PU*, § 241)[1].

Nous savons que, selon Scheler, un « acte » tel que vouloir dire, vouloir, ou se souvenir n'est pas un objet. Il estime néanmoins qu'une forme de connaissance, qui n'est pas plus la connaissance due à la compréhension que la connaissance directe d'un objet, me relie à mes actes :

> [D]ans la réflexion, qui rend mes actes connaissables, l'acte n'est jamais un « objet ». Un acte ne peut jamais être donné dans une perception interne ou externe, pas plus que dans une observation[2].

C'est sans doute parce qu'il admet l'existence d'une connaissance par la compréhension et d'une connaissance réflexive du fait de vouloir dire que Scheler se croit capable de fournir des descriptions de ce non-objet que serait le fait de vouloir dire. La « réflexion » a tout l'air d'une invention philosophique *ad hoc*, bien que quelques philosophes aient suivi Scheler sur ce point. Sartre écrit ainsi :

> Si je compte les cigarettes qui sont dans cet étui, j'ai l'impression du dévoilement d'une propriété objective de ce groupe de cigarettes : *elles sont douze*. [...] Je puis fort bien n'avoir aucune conscience positionnelle de les compter. [...] Et pourtant au moment où ces cigarettes se dévoilent à moi comme douze, j'ai une conscience non thétique de mon activité additive[3].

De façon analogue, une élève de Wittgenstein, Miss Anscombe, parle d'un « savoir ou d'une connaissance sans observation » (*knowledge without observation*), et Stuart Hampshire appelle « *intentional knowledge* » la connaissance que je possède lorsque je sais ce que je veux maintenant[4]. Wittgenstein, nous l'avons déjà constaté, ne croit pas à une telle connaissance (*PU*, § 679 et 247).

Il n'est pas possible d'évaluer les propos de Scheler et de Wittgenstein au sujet de nos rapports au vouloir dire, au vouloir, etc., sans un examen plus détaillé des descriptions qu'ils en donnent. Commençons par les descriptions du fait de vouloir dire quelque chose.

1. Aux chapitres VI et VIII, nous considérons quelques descriptions d'une telle conformité qui ne font pas appel à l'intentionalité collective.

2. Scheler 1966, p. 374.

3. Sartre 1949, p. 19.

4. Hampshire 1960, p. 104 ; et Anscombe 2000.

VOULOIR DIRE QUELQUE CHOSE

Dans un commentaire des réflexions de Wittgenstein sur le fait de vouloir dire (*Meinen*), par exemple dans les § 661-693 des *Recherches*, Peter Hacker pose une question importante :

> [P]ourquoi accorder une place de premier plan à un sujet [le vouloir dire quelque chose] qui ne peut clairement pas prétendre à une place prééminente dans le cours de l'histoire de la philosophie [1] ?

Il me semble que le sujet en question est introduit dans la philosophie moderne par Husserl, qui tient souvent des propos tels que : « Nous voulons dire ceci ou cela avec nos signes parlés ou écrits » (*LU* I, § 21). Le vouloir dire joue en effet un rôle fondamental dans sa philosophie de la signification et du sens, ainsi que le montre le passage suivant :

> Naturellement, les expressions « un son est faible » et « un son appartient à l'ensemble des objets qui se ressemblent eu égard à la faiblesse » sont sémantiquement équivalentes. Mais l'équivalence n'est pas l'identité. Si quelqu'un dit que l'on ne pourrait pas parler de la faiblesse des sons sans avoir noté des similarités entre les sons faibles, cela peut être juste. Mais qu'est-ce que cela a à voir avec le sens de nos mots, avec ce que nous voulons dire [*meinen*] avec nos mots (*LU* II, § 39 appendice) ?

En 1908, Marty attribue l'introduction dans la philosophie « récente » d'un vouloir dire *sui generis* à Husserl. Comme Meinong, il n'estime pas que la description que Husserl en donne soit la bonne [2]. C'est une réaction typique dans la tradition brentanienne. Un élève de Brentano annonce une découverte importante – celle des états de choses, des assomptions, de l'évidence conjecturale, ou des *Gestalten*. Un autre répond que la prétendue découverte n'en est pas une. Selon Marty et Meinong, « *meinen* » signifie : opiner, penser, avoir une intention ou une (re)présentation, ou supposer. Dans la tradition en philosophie du langage qui remonte à Grice, ce qu'un locuteur « *means* » avec une expression est toujours compris comme une *intention*, le fait de *vouloir* dire ou de vouloir déclencher un changement doxastique ou conatif chez son interlocuteur [3]. Selon Husserl, le mot a aussi un tout autre sens : *meinen* n'est pas toujours vouloir, opiner ou croire.

1. Hacker 1996, p. 679.

2. Marty 1976, p. 242 ; et Meinong 1977, p. 238-246 et 268-286.

3. On a traduit « *meinen* » par *viser*, et j'utilise par la suite ici et là cette traduction. Mais on ne peut pas dire de quelqu'un qu'il vise qu'il pleut.

La question du vouloir dire acquiert très tôt une certaine importance dans la philosophie analytique à Cambridge, ainsi que le révèle l'anecdote suivante au sujet de G.E. Moore, rapportée par Susan Stebbing :

> Au début de la discussion, ce ne fut pas Russell, mais un homme que je n'avais jamais vu et prenais pour quelqu'un de très jeune, qui commença par me poser des questions avec une violente insistance qui m'alarma considérablement. « Que DIABLE voulez-vous donc dire par là ? » s'exclamait-il encore et encore, cognant sur la table en disant « diable » d'une manière qui montrait clairement qu'il croyait qu'il n'y avait rien de sensé dans ce que j'avais dit [1].

Comme nous l'avons indiqué dans le chapitre précédent, le vouloir dire a une importance considérable dans la première pensée de Wittgenstein. Dans les *Cahiers*, il écrit déjà :

> Quand je dis « le livre se trouve sur la table », cela a-t-il un sens complètement clair ? (Une question EXTRÊMEMENT importante). Mais le sens doit être clair, car nous voulons dire [*meinen*] *quelque chose* avec la phrase, et dans la mesure où nous voulons dire avec certitude, cela doit être clair [...].
> Il semble clair que ce que nous voulons dire doit être *net* [*scharf*] [...].
> Si quelqu'un m'accule pour me montrer que je ne savais pas ce que je voulais dire, je dirais : « Je sais ce que je veux dire : je veux dire exactement CECI » en indiquant avec mon doigt le complexe approprié (*TB* 20.6. 15).

Pour Husserl également, ce qui est visé doit être quelque chose de déterminé :

> La matière est donc ce qui dans un acte lui donne une relation à quelque chose d'objectif [un objet ou un état de choses], une relation si complètement déterminée qu'elle détermine fermement, non seulement l'objet que l'acte vise [*meint*], mais aussi la façon dont l'acte le vise (*LU* V, § 20).

Dans le *Tractatus*, Wittgenstein attribue un rôle important aux actes de vouloir dire (3.315, 4.062) et de penser. Hacker note qu'il est plausible de penser que Wittgenstein les identifie. Il remarque à propos de la phrase « la méthode de projection est le penser [*das Denken*] du sens de la proposition » (*TLP* 3.11) qu'elle

> pourrait avec quelque vraisemblance être interprétée comme signifiant à peu près la même chose que « vouloir dire *cet* état de chose » [...]. Lorsque nous utilisons un signe propositionnel comme une projection d'une situa-

1. Stebbing 1968, p. 530.

tion possible, c'est-à-dire lorsque nous l'utilisons « de manière pensée », lorsque nous le *visons*, celui-ci est donc une proposition, une *sinnvoller Satz*. C'est un acte de vouloir dire, de penser, qui lie les noms à leurs significations [*Bedeutungen*], insuffle la vie dans les phrases et les dote d'intentionalité [1].

Les attributions de tels rôles aux « actes » de vouloir dire et de penser vont devenir les cibles de la réflexion wittgensteinienne ultérieure. Or, ce sont ces mêmes rôles que Husserl, en 1900-1901, attribue aux actes de vouloir dire et de penser : « signifier [*bedeuten*] ou vouloir dire quelque chose [donne] un sens aux noms et aux autres expressions » (*LU* II, § 22). Par ailleurs, « la façon déterminée de viser l'objet pertinent [*die bestimmte Weise des den jeweiligen Gegenstand Meinens*] » est, selon Husserl, « l'acte de signifier [*der Akt des Bedeutens*] » (*LU* I, § 13) qui est à son tour souvent identifié à « l'intention significative [*Bedeutungsintention*] », « penser », et avec l'« acte qui donne un sens à des mots [*bedeutungsverleihende Akte*] » (*LU* I, § 9) [2].

Les descriptions du vouloir dire par Husserl sont modifiées et corrigées par Adolf Reinach, en particulier dans un article de 1911 intitulé « Sur la théorie du jugement négatif ». La relation entre la description reinachienne et les descriptions données beaucoup plus tard par Wittgenstein est complexe.

Au sens où Husserl, Reinach, d'autres phénoménologues et Wittgenstein emploient très souvent le verbe « *meinen* », celui-ci peut prendre un complément nominal ou propositionnel : on peut viser ou vouloir dire un objet avec une expression ; on peut aussi vouloir dire que *p* avec une expression. Husserl distingue aussi viser un objet temporel – une chose, sa rougeur ou sa forme spatiale – et viser un objet idéal – une couleur ou un nombre. Dans le premier cas, « le vouloir dire individuel », « nous visons [...] ce moment de rougeur dans la maison », dans le second

1. Hacker 1996, p. 684.

2. Selon Landgrebe (1936 p. 54), Husserl utilise « *meinen* » pour toutes les espèces d'intention (*sämtliche Arten von Intentionen*). Mais, dans le § 5 de la cinquième *Recherche*, par exemple, Husserl contraste clairement le vouloir dire avec un « ceci » et la perception visuelle simple : voir, ici, n'est pas vouloir dire (*cf.* chap. VI, « Les composantes non-verbales du langage »). Husserl, il est vrai, n'est pas toujours cohérent. La remarque de Landgrebe me semble s'appliquer mieux à « *Vermeinen* » qu'à « *Meinen* ». L'article de Landgrebe de 1936 est une réponse à celui de Kozák de la même année, qui donne une version des distinctions entre le vouloir dire mental et l'expérience psychologique qui se trouvent chez Melchior Palágyi, Scheler et Ludwig Klages. *Cf.* aussi Messer 1928, p. 71-3 et 113 ; et Hönigswald 1965, p. 85, 230, 247 et 256.

cas, « le vouloir dire général », « nous visons la rougeur » (*LU* II, § 1 ; et II, § 19 et 21).

Lorsqu'il discute d'exemples tels que ceux de Husserl que nous venons de mentionner, Wittgenstein observe que, dans la visée d'une forme spatiale, il se peut que des « "expériences caractéristiques" » se produisent. Mais cela n'a pas lieu dans tous les cas où je « "vise la forme" » ni quand nous « "visons la *couleur*" » (*PU*, § 35 ; *cf.* § 33-36). Son affirmation principale au sujet du vouloir dire est qu'il n'est ni un processus, ni une activité. Cette affirmation implique une série de thèses négatives. L'affirmation principale de Reinach à ce sujet implique l'affirmation de Wittgenstein, et donc la série de thèses négatives mentionnée. La voici :

> R1 Vouloir dire a une nature temporellement ponctuelle (*eine zeitliche punktuelle Natur*)[1].

Décider, appréhender (*erkennen*), prendre une résolution (*das Fassen eines Vorsatzes*) ainsi que juger sont aussi ponctuels selon Reinach[2]. Il a raison si ce que Zeno Vendler appelle le « schéma temporel »[3] des verbes « vouloir dire », « décider », « appréhender », « prendre une résolution » et « juger » (comme par exemple celui de « gagner ») est une indication fiable de leur valeur sémantique. La catégorie à laquelle appartiennent le vouloir dire, etc., n'est pas celle des *états* (à laquelle appartiennent, selon Reinach, la conviction, la croyance, la joie, la tristesse et l'état de celui qui est résolu[4]), ni celle des *processus* (pour laquelle Reinach donne l'exemple de la délibération). Un processus, à la différence d'un événement ponctuel, possède des parties temporelles. On pourrait nommer « épisodes » certains des états mentionnés qui ont une durée authentique (comme la tristesse), ainsi que le processus et les événements ponctuels.

La deuxième thèse reinachienne est :

> R2 Vouloir dire est essentiellement lié aux expressions linguistiques[5].

(R1) et (R2) constituent une correction implicite de Husserl. Si ce dernier parle normalement de l'« acte » de vouloir dire quelque chose avec une

1. Reinach 1989d, p. 102 ; *cf.* p. 105. En 1908, le philosophe hongrois Palágyi conclut de la nature ponctuelle des actes mentaux à l'impossibilité de les décrire : « Nos actes mentaux sont ponctuels [...] et pour cette raison ils ne peuvent pas être perçus de façon sensorielle » (Paláyi 1908, p. 259-260) ; l'« acte mental, quelque chose qui ne peut pas être décrit » (*ibid.*, p. 304) ; *cf.* Bergmann 1908, p. 88-92.

2. *Cf.* Reinach 1989d, p. 120 et 100 ; 1989a, p. 158 ; et 1989b, p. 549.

3. Vendler 1974.

4. Reinach 1989d, p. 99 et 295.

5. *Ibid.*, p. 108 ; *cf.* p. 102.

expression, il ne semble pas affirmer qu'une expression ou une contrepartie psychologique de celle-ci est essentielle au fait de vouloir dire. Et nous verrons par la suite que certaines affirmations de Husserl sont incompatibles avec (R1). Comme nous l'avons déjà noté, Reinach distingue en outre

R3 Vouloir dire *x* avec « e » *vs* vouloir dire que *p* avec « s ».

Il introduit le premier cas ainsi :

> Supposons que je sois en train de compter les montagnes allemandes, en train de répéter leurs noms à autrui ou en train de me les réciter [...]. En prononçant les mots, je veux dire quelque chose avec ces mots, précisément les montagnes que ces noms désignent[1].

Son introduction du vouloir dire propositionnel constitue également une formulation claire d'une version de la distinction déjà rencontrée entre *mode*, *contenu* et *état de choses* :

> Si je dis « A est-il b ? » et puis « A est b », dans les deux cas la même chose est visée, le même état de choses. Mais dans le premier cas cet état de choses est l'objet d'une question, dans le deuxième il est affirmé. On peut distinguer dans le complexe que nous appelons l'affirmation d'un état de choses le moment d'affirmation, et l'autre composante, viser quelque chose [*Meinensbestandteil*][2].

Quant à Wittgenstein, sa thèse principale est la suivante :

W1 Vouloir dire n'est ni un processus, ni une activité, ni un état.

> Il n'est rien de plus aberrant que de nommer « vouloir dire » une activité mentale [*geistige Tätigkeit*] ! (*PU*, § 693)

> Je me souviens que c'était *lui* que je visais [*gemeint*]. Est-ce que je me souviens d'un processus ou d'un état ? – Quand a-t-il commencé ; comment s'est-il écoulé ? (*PU*, § 661)

Or (W1) est une conséquence directe de (R1). Il est curieux que Wittgenstein ne mentionne pas une thèse comme (R1) (sauf lorsqu'il dénonce, dans la *Grammaire Philosophique*, l'idée que vouloir dire pourrait être une saisie instantanée de la grammaire), puisque'il admet, comme Reinach et d'autres phénoménologues, des épisodes ponctuels de compréhension, de souvenir et de décision :

1. *Ibid.*, p. 102.
2. *Ibid.*, p. 107.

> On peut se souvenir d'une situation à un moment. Le concept de souvenir ressemble aux concepts de compréhension instantanée et de décision instantanée (*BPP* I, § 837)

(Nous reviendrons sur l'attitude de Wittgenstein au sujet de (R1) à la fin de ce chapitre). La thèse selon laquelle le vouloir dire *est* un processus ou une activité, thèse rejetée explicitement par Wittgenstein et implicitement par Reinach, semble avoir été affirmée en 1914 par Karelitzki, phénoménologue munichois – comme Reinach. Karelitzki écarte explicitement la thèse reinachienne de la nature ponctuelle du vouloir dire [1] et, faisant référence à quelques exemples du vouloir dire, remarque :

> Dans tous ces cas, on peut constater en soi-même un processus mental [*geistiger Vorgang*] *sui generis* [2].

Il souligne en outre à propos d'un type de vouloir dire qu'il s'agit d'une « action mentale » [3].

Tout comme Reinach, Wittgenstein est persuadé que :

> W2 C'est seulement dans un langage que je peux vouloir dire quelque chose avec quelque chose (*PU*, § 38).

Et, comme le montrent les exemples précédents, il connaît aussi la distinction entre emploi propositionnel et non propositionnel de « *meinen* » :

> W3 Vouloir dire *x* avec « e » *vs* vouloir dire que *p* avec « s ».

Reinach et Wittgenstein s'accordent également pour avancer une série de thèses négatives au sujet du vouloir dire. Ces thèses ont toutes la particularité d'être des conséquences plus ou moins immédiates de (R1) et de (W1) : vouloir dire *n'est pas* se (re)présenter quelque chose (*sich etwas vorstellen*), penser, s'intéresser à, voir, entendre.

Vouloir dire vs *(re)présenter*

« Vouloir dire, écrit Reinach, se distingue de *Vorstellen*, puisque vouloir dire est toujours linguistiquement revêtu [*sprachlich eingekleidet*] » [4]. Wittgenstein est d'accord avec lui sur ce point :

1. Karelitzki 1914, p. 34.
2. *Ibid.*, p. 44 ; *cf.* p. 34.
3. *Ibid.*, p. 45.
4. Reinach 1989, p. 102. *Cf.* Meinong 1977, p. 238.

> C'est seulement dans un langage que je peux vouloir dire quelque chose avec quelque chose. Cela montre que la grammaire de « vouloir dire » n'est pas celle de « *sich etwas vorstellen* » (*PU*, § 38 ; *cf.* § 680).

La distinction découle aussi, selon Reinach, de la différence entre les natures temporelles des deux types d'épisodes. Si le vouloir dire est ponctuel, une (re)présentation peut durer plus ou moins longtemps ; le premier est par ailleurs « spontané », la seconde « réceptive » [1].

Vouloir dire vs *penser*

S'il arrive à Husserl d'identifier penser et vouloir dire et si, selon l'interprétation plausible de Hacker, le Wittgenstein du *Tractatus* accepte l'identification en question, celle-ci ne va pas de soi. « "Vouloir dire cela" ne signifie pas : penser à cela », leur grammaire n'est pas la même, écrit Wittgenstein (*PU*, § 692-693). Nous reviendrons par la suite sur l'argument qu'il donne en faveur de cette affirmation. Reinach affirme quant à lui que penser, comme voir et entendre, revient à se représenter quelque chose [2], et souligne que :

> Le corrélat du vouloir dire n'est en aucun sens présent [*vor-stellig*] [3].

Une conséquence de ces deux affirmations, que Reinach ne me semble pas tirer, est que vouloir dire n'est pas penser. Un autre argument en faveur de cette conclusion serait que penser n'est pas ponctuel.

Vouloir dire vs *attention et intérêt*

Husserl avait noté l'importance de la question de « la relation entre l'attention [*Aufmerken*] et le fait de signifier ou de vouloir dire » (*LU* II, § 22). Reinach suggère que « viser un objet – cela peut aussi signifier s'intéresser à cet objet » [4]. Mais :

> [L]'espèce de visée d'un objet qui implique un intérêt dans l'objet visé présuppose la présence de l'objet. Ce qui nous intéresse ici est l'espèce de

1. Reinach 1989d, p. 102 et 103.

2. *Ibid.*, p. 104. Notons que, dans la mesure où voir – à la différence, par exemple, de regarder – est ponctuel, Reinach a tort d'affirmer que voir quelque chose, c'est avoir une présentation de cette chose.

3. *Ibid.*, p. 102.

4. *Ibid.*, p. 103.

visée d'un objet dont le trait distinctif est que viser l'objet ne nous le présente pas et ne présuppose pas une telle présentation [1].

Si Wittgenstein n'affirme pas que « *meinen* » signifie parfois s'intéresser à ou prêter attention à, il donne deux bons exemples de la différence entre vouloir dire quelque chose et y prêter attention :

> Supposez que quelqu'un simule des douleurs et dise : « Ça va s'atténuer bientôt. » Ne peut-on pas dire qu'il vise la douleur ? Et cependant, ce n'est pas sur des douleurs qu'il concentre son attention (*PU*, § 667).
>
> Supposez que vous ayez des douleurs et que dans le même temps vous entendiez à côté un piano qu'on accorde. Vous dites : « Ça va bientôt cesser. » Cela fait pourtant une différence de savoir si ce sont les douleurs ou l'accordement que vous visez [*meinen*] ! Sans doute [...]. Je reconnais que dans beaucoup de cas une direction de l'attention correspondra à la visée [*Meinung*] d'une chose ou l'autre (*PU*, § 666).

Enfin on peut aussi penser que l'attention, à la différence du vouloir dire, n'est pas ponctuelle.

VOULOIR, VOULOIR FAIRE (INTENTION), SE SOUVENIR DE, ETC.

Selon les phénoménologues, *meinen* occupe une place centrale dans la vie mentale. Celui qui juge, perçoit, se souvient que *p* ou s'attend à ce que *p* doit viser quelque chose, tout comme celui qui forme une résolution, qui commence à vouloir ou à souhaiter que *p* ou commence à vouloir faire quelque chose. Vouloir dire que *p* peut donc être qualifié de façon judicative, perceptuelle, mnésique, volitive, etc. Pour Scheler, chaque « acte » est ponctuel. Qu'en est-il donc de l'état de résolution ou d'une volonté qui dure plusieurs années ? Il s'agit, semble-t-il, d'un exemple d'état seulement dans un sens impropre du mot, puisqu'un « acte » ne remplit pas le temps. Nous avons noté dans le chapitre précédent que, selon Scheler, le vouloir dire, la perception, le souvenir, l'attente et la volonté sont des « actes » mentaux, et non des expériences psychologiques ou des objets directement connaissables. Nous avons également observé que, pour le Wittgenstein du *Tractatus*, la volonté qui intéresse l'éthique, de même peut-être qu'une forme d'intuition et une forme de savoir, sont des prédicats du sujet métaphysique et que ceci les distingue du jugement, de la pensée et du vouloir dire. Mais quelle forme prennent donc les descriptions austro-

1. *Ibid.*, p. 103.

allemandes de la volonté, du souhait, du vouloir faire et du souvenir? En voici quelques échantillons.

Dans la mesure où l'on peut souhaiter beaucoup de choses qui ne peuvent pas être l'objet de la volonté, on peut être tenté d'analyser la volonté en termes de souhait, en disant par exemple que la volonté est un souhait qui porte sur un état de choses en mon pouvoir, ou dont je crois qu'il est en mon pouvoir. Ce n'est pas l'avis de Scheler, qui écrit :

> C'est un renversement des faits d'essayer de comprendre la volonté en termes de souhait. C'est la volonté, et non le souhait, qui est fondamentale [1].

Peut-être Wittgenstein exprime-t-il son accord dans le passage suivant : « Quand je lève mon bras, je n'ai pas souhaité qu'il se lève. L'action volontaire exclut ce souhait » (*PU*, § 616).

Lorsque quelqu'un lève son bras, quel rapport y a-t-il entre ses sensations, par exemple ses sensations kinesthésiques, et son intention ou sa volonté ? « Selon la théorie empiriste de la volonté, note Scheler, celle-ci est d'abord la reproduction de l'image d'un mouvement donné dans des sensations de mouvement » [2]. Scheler et Wittgenstein critiquent différentes versions de cette théorie. Ce dernier décrit ainsi l'expérience suivante :

> Lorsque nous entrelaçons nos doigts d'une manière particulière, parfois nous ne sommes pas capables de remuer tel doigt quand on nous en donne l'ordre si celui qui donne l'ordre ne fait qu'*indiquer* le doigt – ne fait que nous le montrer. Si par contre il le touche, alors nous pouvons le mouvoir (*PU*, § 617).

L'expérience peut suggérer, comme le note Hacker, que la volonté « est un faire en sorte que [*bringing about*] direct (non causal) qui dépend de la disponibilité de l'idée d'une sensation kinesthésique » [3]. Wittgenstein mentionne un point de vue plus extrême encore : « [...] les sensations kinesthésiques sont-elles mon vouloir ? » (*PU*, § 621), ainsi que le point de vue selon lequel bouger mon bras est l'addition de certaines sensations kinesthésiques au fait que mon bras bouge [4]. L'alternative proposée par Wittgenstein se trouve au § 625 des *Recherches* :

> « Comment sais-tu que tu as levé ton bras ? » – « Je le sens ». Alors ce que tu reconnais [*wiedererkennst*], c'est la sensation [*Empfindung*] ? Es-tu sûr que tu reconnais correctement la sensation ? Tu es certain que tu as levé ton

1. Scheler 1966, p. 140.
2. *Ibid.*, p. 138.
3. Hacker 1996, p. 535.
4. *PU*, § 624-626 ; *cf.* Hacker, 1996, p. 536.

> bras. Cela n'est-il pas le critère, la mesure de la reconnaissance [de la sensation]?

Hacker commente :

> Le § 624 suggère qu'on ne peut pas détacher la sensation de bouger son bras de la connaissance qu'on est en train de le bouger. Ceci implique que la capacité de dire de manière vraie qu'on est en train de bouger son bras ne s'appuie sur aucune preuve fournie par une sensation de le bouger. Le § 625 complète cette pensée : on sait qu'on a levé son bras, mais on ne le sait pas sur la base de l'*évidence* d'un sentiment particulier [1].

J'ajoute seulement que, selon le § 625, la reconnaissance de la sensation *dépend* de la certitude – qui n'est peut-être pas une connaissance ou un savoir – que l'on a levé son bras. Scheler donne l'argument suivant en faveur d'une conclusion similaire :

> Un enfant normal [...] peut copier la forme [*Gestalt*] d'une lettre que le professeur a tracée pour lui sur le tableau. En voyant la forme de la lettre, la série des intentions qui portent sur des mouvements [*Bewegungsintentionen*] et grâce à laquelle la forme sera créée est donnée à l'enfant [...] indépendamment de la suite de soi-disant « sensations de mouvement » [*Bewegungsempfindungen*]. [...] L'enfant connaît ces sensations *en réalisant* ces intentions et *grâce à* celles-ci [2].

Selon Wittgenstein, la certitude que j'ai levé mon bras est le critère de la reconnaissance des sensations kinesthésiques. Selon Scheler, la connaissance de ces sensations présuppose la réalisation d'une intention. Et ils s'accordent sur le fait que l'intention ne se réduit pas à ces sensations.

Le souvenir, d'après Scheler, est, comme la volonté, *geistig*. Il fait partie d'un trio dont les deux autres membres sont la perception et l'attente. Les rapports de ces actes entre eux et avec d'autres ne pourront pas être compris, estime-t-il, si l'on ne commence pas par considérer les différents rapports d'identité qui peuvent lier leurs contenus. Or, cette condition n'est pas remplie par les tentatives familières d'« expliquer » les identités en jeu dans des énoncés tels que :

> Je me souviens de la note Do que j'ai entendue,
>
> Je suis en train d'imaginer ce que je viens de percevoir,
>
> J'aime ce à quoi je m'attends,

1. *Ibid.*, p. 536.
2. Scheler 1955, p. 261 ; *cf.* Scheler 1966, p. 138.

au lieu de considérer chaque identité « comme un *Urphänomen* originel »[1]. Wittgenstein utilise le même terme goethéen lorsqu'il affirme son credo descriptiviste :

> Notre erreur est de chercher une explication là où nous devrions considérer les faits comme des « *Urphänomene* » (*PU*, § 654).

Selon les deux philosophes, la façon la plus répandue de prendre un mauvais point de départ réside dans l'idée que souvenir et attente renferment des images et que leur description présuppose pour cette raison une théorie des images. Wittgenstein écrit :

> « Je me souviens qu'alors je serais volontiers demeuré plus longtemps » – Quelle image [*Bild*] de ce désir [*Verlangen*] se présente à mon esprit ? Aucune (*PU*, § 651).

Comme Husserl, Scheler répète inlassablement :

> Dans la mémoire normale, aucune image [*Bild*] présente n'est donnée du tout. Malgré cela, la théorie dominante de la mémoire fait de cette image son point de départ[2].

Quel est le rapport du souvenir au passé ? Wittgenstein écrit :

> Se souvenir : voir dans le passé. On pourrait dire cela du rêve quand il nous présente un événement passé. Mais pas du souvenir, car il faut le souvenir pour nous enseigner [*lehrt*] qu'une scène appartient au passé (*Z*, § 662).

La théorie de l'image échoue à décrire correctement le rapport entre le souvenir et le passé. Comme le dit Hacker :

> Aucune image [...] ne peut porter le sceau du passé sur son visage. C'est à la mémoire de nous dire que ce qui est ainsi présenté est une représentation du passé.[3].

Scheler voit en outre dans la théorie de l'image une forme de naturalisme :

> On parle comme si [...] l'on « trouvait » d'abord une image mnésique [*Erinnerungsbild*] présente qui, grâce à diverses manipulations, nous amenait dans le passé. Tout cela est la construction vide d'une conception naturaliste de l'âme qui renverse tous les faits[4].

1. *Ibid.*, p. 425.
2. Scheler 1955, p. 259.
3. Hacker 1996, p. 490.
4. Scheler 1966, 422.

Et il objecte aux psychologues qui acceptent cette conception :

> Comment ce psychologue obtient-il la donnée « est passé » en partant d'une image mnésique [*Erinnerungsbild*] et d'un jugement? Comment la « fonction symbolique » de l'image peut-elle symboliser le passé? Cela pose à son tour la question: pourquoi ce psychologue appelle-t-il une période et pas une autre « passée » [1].

Si Wittgenstein affirme qu'il faut le souvenir pour nous enseigner qu'une scène appartient au passé, que « le concept du passé s'apprend en se souvenant » (*PU* II, XIII), il souligne aussi que « la mémoire ne nous montre [*zeigt*] pas le passé, tout comme nos sens ne nous montrent pas le présent » (*Z*, § 663). Quel est donc le rapport positif entre souvenir et passé? La réponse de Scheler (et d'autres phénoménologues) est la suivante :

> À ces qualités d'actes (perception sensorielle, souvenir, attente) correspondent le présent, le passé, le futur – qui ne se trouvent pas dans le temps objectif [2].

Il s'agit d'un cas particulier de la thèse plus générale selon laquelle il y a des rapports systématiques, des corrélations, entre certains modes ou qualités d'actes et certains objets formels ou corrélats – émotion et valeur, volonté et norme déontique, jugement et vérité, souvenir et passé, perception et présent, etc. Ces rapports ne sont pas identiques à ceux entre symptômes ou indices et ce qu'ils indiquent. Ce ne sont pas non plus des rapports entre des critères et ce dont ils sont des critères. Ces rapports présupposent l'existence d'une différence fondamentale entre les modes, les contenus et les objets ou états de choses. Nier cette différence, c'est rejeter les rapports en question [3].

Une variante de la conception du souvenir en termes d'images est la théorie, que l'on trouve par exemple chez James, en termes de (re)présentations (*Vorstellungen*) et d'un caractère (marque, *Merkmal*). Scheler la résume ainsi :

> Ce rejet [de la thèse selon laquelle la perception, le souvenir et l'attente sont des qualités d'actes, des modes] fait partie de chaque théorie qui prétend réduire le souvenir à une (re)présentation qui est un « caractère » [*Merkmal*] ou qui est accompagné par un « caractère » immanent en elle, caractère qui

1. *Ibid.*, p. 427-428.
2. *Ibid.*, p. 413.
3. Nous rencontrerons d'autres exemples de ces corrélations au chapitre V, « Signification primaire *vs* signification secondaire », et au chapitre VIII, « La certitude subjective ou pratique *vs* la certitude objective ».

> renvoie symboliquement au passé ou est lié à une fonction symbolique d'un tel contenu. Car de même que la (re)présentation existe sans le souvenir (et la simple adjonction d'un caractère [*Merkmalzusatz*] au contenu de la (re)présentation ne donne jamais la conscience mnésique de quelque chose), il peut y avoir souvenir, et même reconnaissance [*Wiedererkennen*] *à l'intérieur* de la sphère du souvenir sans aucune « (re)présentation » concomitante[1].

Scheler note que la théorie du souvenir en termes de (re)présentations + caractère ressemble à la théorie du souvenir en termes de « signe temporel » [*Zeitzeichentheorie*] dont le modèle est la théorie de la perception spatiale qui lui attribue un « signe local » (*Lokalzeichentheorie*)[2]. Lorsque Wittgenstein mentionne la première théorie du souvenir, celle qui l'analyse en termes du schéma (re)présentation + caractère et qui considère que « l'image mnésique [*Erinnerungsbild*] se distinguerait des autres images (re)présentatives [*Vorstellungsbilder*] par un caractère [*Merkmal*] spécial », c'est pour suggérer que l'erreur sur laquelle elle se fonde est similaire à celle de ceux qui pensent que la lecture est constituée d'expériences particulières des différents mots :

> [Mais] il n'y a pas de caractère local [*lokales Merkmal*] dans la sensation. Pas plus qu'il n'y a de caractère temporel dans une image mnésique (*BPP* II, § 63).

Une des affirmations les plus controversées que l'on trouve dans la philosophie de la psychologie de Wittgenstein est celle-ci :

> J'ai vu cet homme il y a des années, je l'ai revu, je le reconnais, je me souviens de son nom. Pourquoi doit-il y avoir une cause de ce souvenir dans mon système nerveux ? Pourquoi une chose quelconque devrait-elle être stockée ici ? Pourquoi une trace devrait-elle avoir été laissée derrière ? Pourquoi ne pourrait-il pas y avoir une régularité psychologique à laquelle ne correspond aucune régularité physiologique ? Si cela bouleverse nos concepts de causalité, il est grand temps qu'ils le soient (*Z*, § 610 ; *cf.* § 609).

En 1916, Scheler est allé encore plus loin :

> Tout comme la perception n'est pas une simple « image » d'un objet, il est complètement injustifié de supposer que la perception laisse derrière

1. *Ibid.*, p. 432.
2. *Ibid.*, p. 431.

> elle une disposition (psychologique ou physiologique) qui doit être « excitée »[1].

Le souvenir et, pour citer d'autres exemples, la volonté ou la connaissance ne sont pas, selon les phénoménologues réalistes, des états propres, comme l'est un état *psychologique* de tristesse, une expérience. Mais ce ne sont pas non plus de simples dispositions[2].

VOULOIR DIRE – UN MYTHE AUTRICHIEN ?

Nous avons noté que, selon Marty et Meinong, le *Meinen* à la Husserl est un mythe. Si cela est vrai, alors le *Meinen* à la Reinach, Scheler ou Bühler en est également un. Le fait que Husserl qualifie le *Meinen*, comme d'ailleurs le *juger* et l'*Absicht* (l'intention), d'*Intention*, n'est-il pas un symptôme d'une confusion au cœur de la phénoménologie ? Le « *Meinen* » *peut* signifier une intention. Mais quand on dit dans l'une ou l'autre des deux langues de travail de Wittgenstein qu'un locuteur *meint* ou *means* quelque chose au moyen d'une expression, le verbe attribue-t-il toujours une intention, une croyance ou encore un avis, comme semble le penser la tradition qui s'inspire de Grice ? *Un* emploi de « *mean* » est typiquement une attribution d'intention : *I meant to read Heidegger*, *I meant her to read Derrida*, c'est-à-dire, *J'avais l'intention de lire Heidegger*, *Je voulais qu'elle lise Derrida*. Supposons que Sam forme l'intention d'aller porter secours à Maria. Ne vise-t-il pas Maria au moyen d'une expression ou de son équivalent psychologique ? Si cela est vrai, le fait de viser Maria ne peut pas à son tour être une intention, une forme de la volonté, sans que n'apparaisse la menace d'un *regressus*. Un *regressus* vicieux puisque mental. Supposons que Sam dise à Hans que Maria est triste au moyen de l'expression « *Maria ist traurig* » et cela avec l'intention d'induire en Hans un jugement ou une croyance ayant ce contenu. Le fait de viser Maria avec « Maria » ne fait-il pas partie du contenu de son intention ? Cette visée est-elle à son tour une intention ? Le fait de vouloir dire que Maria est triste ne fait-il pas partie du contenu de l'intention de Sam ? Ce vouloir dire est-il vraiment, comme semble le suggérer l'expression française, une intention ?

1. Scheler 1966, p. 451-452. *Cf.* les critiques du parallélisme psycho-physique (physiologique) que donnent Wittgenstein, *BPP*, I, § 906 ; 1967, § 611 ; et Scheler 1955, p. 271.
2. *Cf.* p. 188 du présent ouvrage.

Wittgenstein emploie « *meinen* » avec la signification de : *croire, être d'avis que* ou avec la signification de : *vouloir, avoir l'intention de* en au moins un endroit important. Son argument en faveur de la thèse déjà mentionnée selon laquelle *meinen* n'est pas penser est le suivant :

> Est-ce juste si quelqu'un dit : Quand je t'ai donné cette règle, je croyais que dans ce cas tu devais/voulais que tu [*meinte ich, du solltest*]...? Même si, quand il donnait la règle, il ne pensait pas à ce cas-là. Bien sûr que c'est juste. « *Meinen* » cela ne signifiait point : « y penser » (*PU*, § 692).

> « Lorsque j'enseigne à quelqu'un la formation d'une série... je suis bel et bien de l'avis qu'à la centième place il doit écrire/je veux qu'à la centième place il écrive [*meine ich doch, er solle*]... ». – C'est parfaitement juste : tu veux dire cela [*meinst es*]. Et ce, évidemment, sans même y penser nécessairement. Cela montre combien différente est la grammaire du verbe « *meinen* » de celle du verbe « penser » (*PU*, § 693).

Il n'est pas nécessaire de choisir entre les deux traductions ou interprétations proposées dans chaque cas pour comprendre et accepter l'argument de Wittgenstein. Le *Meinen* doxastique et le *Meinen* conatif sont des dispositions ou des états (dans le sens d'états impropres qui ne peuvent pas être interrompus). Le contraste proposé par Wittgenstein entre *Meinen* et penser, qui est un épisode et non une disposition ou un état, n'est donc pas celui implicitement suggéré par Reinach. On peut donc se demander à propos de chacune des remarques de Wittgenstein au sujet de *Meinen* déjà considérées s'il s'agit d'un *Meinen* doxastique, conatif ou, disons, husserlien. Ainsi, lorsque Wittgenstein parle du cas où l'on vise en l'indiquant une forme spatiale ou une couleur (*PU*, § 35), s'agit-il du *Meinen* conatif ou du *Meinen* doxastique, comme c'est le cas quand on dit : « *Ich meine*, cette *pièce-là du jeu* s'appelle "roi" » (*ibid.*), ou d'autre chose ? Lorsqu'il se demande si, à l'aide du mot « bububu », l'on peut *meinen* : s'il ne pleut pas, je ferai une promenade (*PU*, § 38, note), s'agit-il du *Meinen* doxastique, conatif ou d'autre chose ? Il est curieux que Wittgenstein ne soit pas plus explicite à ce sujet. Mais s'il est d'avis, comme Meinong et Marty, que *Meinen* est doxastique ou conatif, et par ailleurs essentiellement non épisodique, alors le contraste entre sa description et celle de Reinach ne pourrait pas être plus tranché. Malgré cela, la thèse selon laquelle *Meinen* est essentiellement non épisodique – parce qu'il n'est pas plus un processus qu'un événement ponctuel – implique presque toutes les thèses négatives auxquelles, comme nous avons pu le constater, Wittgenstein et Reinach sont attachés. Par exemple, la thèse selon laquelle viser quelque chose, ce n'est pas s'y intéresser. Mais *Meinen* est-il essentiellement non épisodique ? N'est-il pas vrai que celui qui se décide à *F*-er ou appréhende que *p* doit viser un état de choses ?

Selon Wittgenstein, il n'est pas possible de *meinen* que je ferai une promenade s'il ne pleut pas à l'aide du mot « bububu ». Selon Husserl, une expression qui n'a aucun sens, comme « Abracadabra », n'est pas vraiment une expression (*LU* I, § 15) et il faut être *ferme* au sujet du non-sens : « le mot "non-sens" (*Unsinn*) doit être pris dans son acception stricte et littérale. Un amas de mots tels que "roi mais ou similaire" ne peut pas être compris comme une unité » (*LU* IV, § 14). Puisque comprendre les mots que j'utilise est, pour Husserl, identique à viser quelque chose avec ces mots (*LU* I, § 23), il accepte que nous ne puissions pas viser quoi que ce soit avec un non-sens. C'est un fait, estime Wittgenstein en employant ici (de même qu'ailleurs) une locution allemande que nous n'avons pas encore rencontrée dans ce chapitre, que l'on ne peut pas « *meinen* une série de mots qui est dépourvue de sens » (*sinnlos*, *PU*, § 358). La manière dont Husserl et Wittgenstein décrivent le non-sens est le thème que nous allons aborder au chapitre suivant.

Si le *Meinen* à la Husserl n'est pas un mythe, cela n'est pas sans conséquences pour la philosophie de l'« intentionnalité ». Selon Reinach (et Wittgenstein), le vouloir dire est essentiellement lié à des expressions linguistiques. Pour Scheler, il n'y a pas d'« acte mental » sans le concours d'un vouloir dire. S'ils ont raison, il s'ensuit que la description de l'intentionnalité de ce qui est mental, au sens de Scheler, se doit de mentionner une expression verbale. Nous sommes apparamment arrivés à une conclusion qui n'est pas très éloignée du rappel de Wittgenstein : l'harmonie entre la pensée et la réalité est à trouver dans la grammaire du langage (*Z*, § 55, cf. *PU*, § 445). Mais ce serait oublier que, selon Reinach, Scheler et les autres héritiers de Brentano, le vouloir dire doit toujours être qualifié par un mode mental, le mode de la perception, de l'attente, du souvenir, de la préférence, de la haine et ainsi de suite. S'il y a de tels modes, si le scepticisme de Wittgenstein à leur égard est injustifié, l'intentionnalité n'est jamais purement linguistique.

CHAPITRE IV

SENS, NON-SENS ET MODALITÉS

Les insurpassables murs de l'absurdité
Husserl 1988, p. 245

La contradiction... est à comprendre comme un mur...
Wittgenstein, *Z*, § 687

On ne peut pas, selon Husserl et Wittgenstein, vouloir dire que *p* sans le concours d'une proposition douée de sens. Mais que faut-il comprendre par « sens » ? La philosophie du sens et du non-sens que l'on trouve dans le *Tractatus* de Wittgenstein est à bien des égards l'arrière-plan de sa description plus tardive de la *Bedeutung*. Dans ce chapitre, nous considérerons cette philosophie du sens et du non-sens et son rapport à celle de Husserl. Dans les deux chapitres suivants, nous nous tournerons vers la philosophie de la *Bedeutung* proprement dite.

La philosophie husserlienne du sens et du non-sens doit très peu de choses aux travaux de Bolzano et de Brentano, même si la philosophie bolzanienne des concepts formels et le développement que Husserl lui apporta – le lien entre concepts formels et opérations – y joue un rôle important. Il s'agit de la première philosophie du sens et du non-sens, une philosophie qui n'a aucune contrepartie dans la philosophie kantienne ou néokantienne. La deuxième, du moins si nous mettons de côté ce que Russell dit de l'absence de signification (*meaninglessness*) dans le contexte de la théorie des types, est celle proposée par Wittgenstein quelques vingt ans plus tard. Au cœur de ces deux philosophies autrichiennes du non-sens se trouve, comme nous le verrons, une distinction entre quatre types de modalités[1] : les modalités *de dicto*, d'un côté, et trois types de modalité *de re*, de l'autre.

Husserl utilise *Bedeutung* et *Sinn* comme des synonymes (*LU* I, § 15). Il distingue le *Sinnlose* (*das Unsinnige*) ou ce qui est dépourvu de sens (*sinnlos*) du *Widersinn*, le contresens, l'absurde, ce qui va à l'encontre du sens (*widersinnig*). Ce qui est dépourvu de sens ou *sinnlos* n'est pas *sinnvoll* ou doué de sens. Mais ce qui va à l'encontre du sens, ce qui est absurde, relève de la sphère du sens. L'expression « un carré rond » est douée de sens, *sinnvoll*. Les expressions « un rond ou » et « un homme et est » n'expriment aucun sens. Bien que chaque mot de ces deux expressions exprime une signification, les deux expressions n'ont, quant à elles, pas de sens. Au contraire, bien que les significations exprimées par les mots qui composent « un carré rond » soient incompatibles, l'expression a un sens, exprime une signification. Une expression dépourvue de sens ne peut pas être le premier terme de la relation sémantique de désignation, pas plus qu'elle ne peut avoir l'une des deux propriétés sémantiques de vérité et de fausseté. Les expressions qui expriment une signification ou un sens, telles que

un carré rond

ou

Tous les carrés ont cinq côtés

sont des expressions « honnêtes » dans lesquelles « certaines significations partielles échouent à coexister en une unité de signification eu égard à l'objectualité (*Gegenständlichkeit*, dénotation) ou à la vérité de la signification totale » (*LU* IV, § 12). Ce sont les significations partielles qui excluent la possibilité que la signification totale puisse avoir une dénotation ou être vraie.

Supposons que nous sachions comment distinguer le « domaine du sens » du « domaine du non-sens ». Une théorie qui accomplirait cette tâche n'aurait rien à dire sur la question de savoir si les expressions qui possèdent une signification ont une signification objectuelle ou non (*gegenständlich* ou *gegenstandslos*, qui désigne ou échoue à désigner), pas plus que sur leur « vérité possible ». Cette théorie est ce que Husserl appelle la grammaire pure logique, dans laquelle les questions de vérité, d'objectualité (dénotation) et de possibilité objective ne sont pas encore pertinentes.

1. Sur la philosophie du non-sens chez Husserl, *cf.* Gardies 1975. Sur cette philosophie chez Husserl et Wittgenstein, *cf.* Bouveresse 1997, chap. 10; et Mulligan 1993a,

Il nous faut alors une théorie distincte pour traiter des dimensions sémantiques des significations et des expressions de ces significations. La théorie de l'« opposition entre sens et non-sens » doit être distinguée de la théorie de l'opposition entre signification ou sens consistant (*Einstimmigkeit*) et signification ou sens absurde ou allant à l'encontre du sens (*Widersinnigkeit*). Il y a, affirme Husserl, deux types distincts d'absurdité et deux types distincts de signification ou de sens consistant. L'absurdité est soit formelle et analytique, soit matérielle et synthétique. Les lois de la logique, en un sens étroit de l'expression, constituent la théorie de l'absurdité formelle et des significations formelles consistantes. Les lois de contradiction, de double négation et du *modus ponens*, par exemple, « nous montrent ce qui vaut pour les objets [*Gegenständliches*, objets au sens étroit du mot et états de choses] en général [...], ce qui peut être dit eu égard à l'objectivité des significations » (*LU* IV, § 14). Elles traitent de la vérité et de la fausseté des significations ainsi que de l'existence et de la non-existence des objets et des états de choses (*LU* Prol., § 68; et *LU* I, § 29). Ces lois sont des lois analytiques, apophantiques. « Un carré est rond » et « toutes les propositions fausses purement géométriques » (*LU* IV, § 14) constituent quant à elles deux exemples d'absurdité matérielle ou synthétique aux yeux de Husserl.

L'analyse husserlienne du sens et de ses opposés conduit d'abord à une distinction entre deux types de modalités. Il y a le type de modalité à l'œuvre lorsque Husserl observe que (ce que nous appelons) les tautologies sont nécessairement vraies, que les contradictions sont nécessairement fausses et que d'autres propositions encore sont fausses de manière contingente. Les significations propositionnelles qui sont vraies le sont de manière contingente ou de manière non contingente (*LU* Prol., § 63)[1]. En 1900-1901, ces prédications appartiennent à la philosophie de la logique de Husserl; elles ne font pas partie de ce qu'il appelle alors la logique au sens restreint[2]. Ces prédications de modalité sont des prédications *de dicto*. Leur nature *sui generis* peut être exprimée plus précisément à l'aide de la construction :

Il est vrai/faux de manière nécessaire/contingente que *p*,

1. « La nature, avec toutes ses lois physiques, est un fait, quelque chose qui pourrait être autrement » (*LU* III, § 25).

2. Plus tard, Husserl fera une distinction entre logique de la conséquence [*Konsequenzlogik*] et logique de la vérité [*Wahrheitslogik*]. Les prédications de vérité ainsi que de vérités nécessaires et contingentes font partie du deuxième type de logique, mais pas du premier (Husserl 1974, § 14-15).

qui doit être comprise comme contenant un connecteur complexe qui prend une phrase pour en produire une autre. Dans la mesure où un connecteur n'est pas un prédicat, il serait donc erroné de parler ici de modalité *de dicto*. Husserl préfère cependant la locution *de dicto*.

Le second type de modalité est *de re*. Il est employé par Husserl pour faire trois sortes d'affirmations différentes. On le rencontre tout d'abord dans sa grammaire pure logique, à savoir dans sa théorie des expressions qui possèdent une signification :

> Dans la connexion de significations avec d'autres significations, nous ne sommes pas libres, et nous ne pouvons dès lors pas jongler arbitrairement avec les éléments. Les significations ne s'assemblent que de certaines façons déterminées antérieurement, composant d'autres significations unitaires de manière significative, tandis que d'autres possibilités de combinaison sont exclues par des lois, et ne produisent qu'un amas de signification [*Bedeutungshaufen*], jamais *une* signification [...]. Ce que nous avons dit de l'impossibilité de connexions de significations vaut aussi pour leur possibilité (*LU* IV, § 10).

> Nous sommes libres [...] à condition que nous n'agglomérions pas des significations de façon non sensée [*unsinnig konglomerieren*] (*LU* VI, § 63).

> De même que des significations dépendantes ne peuvent exister que comme moments de certaines significations indépendantes, les expressions linguistiques de significations dépendantes ne peuvent fonctionner que comme constituants formels d'expressions de significations indépendantes; elles deviennent par conséquent linguistiquement dépendantes, c'est-à-dire des expressions « incomplètes » (*LU* IV, § 5).

Considérons «Cet arbre est vert». Sa forme propositionnelle, pense Husserl, est *Cet S est p* (ce qui *n'est pas* la forme logique que Frege attribuerait à cette phrase). L'« extension » de cette forme propositionnelle, que Husserl distingue soigneusement de celle d'un concept matériel, tel le concept d'arbre, comprend un nombre infini de significations propositionnelles :

> La matérialisation [*Materialisierung*] de cette forme, sa particularisation [*Besonderung*] dans des propositions déterminées, est possible d'un nombre infini de façons. [...] [M]ais nous ne sommes pas totalement libres eu égard à une telle particularisation [...]. Nous ne pouvons substituer selon notre bon plaisir n'importe quelle signification aux variables *S* et *p* (*LU* IV, § 10).

Ainsi, « Il pleut est vert » est un non-sens. Nous devons en outre distinguer à l'intérieur de toute signification propositionnelle ses moments formels et ses moments matériels :

> [L]es moments purs de forme dans une unité concrète de signification ne peuvent jamais changer de place avec les éléments auxquels ils donnent forme, et qui donnent également à notre signification sa relation aux choses [objets, états de choses]. La particularisation des formes de signification unifiée telles que « *Un S est p* », « *Si S est p, alors Q est r* », etc. ne peut, en principe, s'effectuer de telle sorte que des éléments de forme abstraits prennent la place des [...] matières dans la signification (*LU* IV, § 10).

Tournons-nous maintenant vers le deuxième type de modalité *de re*. En voici quelques exemples :

> [T]oute forme catégorielle peut faire partie de la forme d'un état de choses [*Sachverhaltsform*] (*LU* VI, § 63).

> Un tout ne peut exister sans des parties [...]. Une couleur ne peut exister sans quelque chose de coloré [...]. Une couleur ne peut exister sans quelque étendue qu'elle recouvre (*LU* III, § 11).

> Avec la suppression de la qualité d'un ton, son intensité est inévitablement supprimée (*LU* III, § 4). Pas de qualité d'un ton sans intensité, pas de timbre sans qualités d'un ton (*LU* VI, appendice 2).

La géographie wittgensteinienne du sens et du non-sens diffère à beaucoup d'égards de celle de son prédécesseur autrichien. Cependant, elle partage avec elle l'ambition de révéler la différence entre une proposition et un amas de mots (*TLP* 3.141), de même qu'une forte dépendance par rapport à la distinction entre concepts formels et non formels (les concepts proprement dits) et à l'existence d'une relation très intime entre forme logique et opérations.

Wittgenstein emploie bel et bien les termes *Sinn* et *Bedeutung*, mais pas comme des synonymes. Une *Bedeutung* est l'objet d'un nom (*cf.* le chapitre cinq). Le type d'entité que Husserl appelle *Bedeutung* ou *Sinn* est complètement absent du *Tractatus*, peut-être pour des raisons semblables à celles données par Russell dans sa critique du *Sinn* frégéen. Wittgenstein distingue néanmoins les propositions douées de signification (*sinnvolle Sätze*) des propositions qui en sont dépourvues (*sinnlose Sätze*) ou qui sont insensées (*unsinnige Sätze*). Parmi les propositions dépourvues de sens (*sinnlose Sätze*), nous trouvons les propositions mathématiques, logiques, éthiques et esthétiques (*TLP* 6.2, 6.21, 6.2341 ; 4.461, 6.1, 6.11, 5.132, 5.43 ; 6.421 ; 6.421). Les propositions insensées (*unsinnige Sätze*) incluent les propositions philosophiques (cf. *TLP* 4.003). À la différence des *unsinnige Sätze*, les contradictions et les tautologies « appartiennent au symbolisme » (*TLP* 4.4611), mais elles n'ont ni conditions de vérité (*TLP* 4.461), ni vérifacteurs. Une proposition *montre* son sens (*TLP* 4.022), son « accord ou non-accord avec les possibilités de subsistance (obtention) ou de non-subsistance d'états de choses » (*TLP* 4.2).

Afin de comprendre la géographie wittgensteinienne du sens et du non-sens, il est essentiel de comprendre la manière dont il rend compte de deux types différents de modalité[1]. Comme Husserl, Wittgenstein s'appuie sur une distinction entre certaines propositions modales *de dicto* et certaines propositions modales *de re*. Ainsi, il dit :

> La vérité d'une tautologie est certaine, celle des propositions est possible, celle d'une contradiction est impossible (*TLP* 4.464).
>
> La certitude, la possibilité ou l'impossibilité d'une situation n'est pas exprimée par une proposition, mais par le fait qu'une expression est une tautologie, une proposition signifiante ou une contradiction (*TLP* 5.525).

La grammaire catégorielle de Wittgenstein n'est pas celle de Husserl, bien que les prédications de modalité *de re* y abondent. Par exemple :

> Une fonction ne peut être son propre argument, parce que le signe fonctionnel contient déjà le prototype de son propre argument et ne peut se contenir lui-même (*TLP* 3.333).

Comme Husserl, Wittgenstein avance par ailleurs des affirmations modales *de re* au sujet d'autre chose que les expressions douées de sens :

> Il est essentiel aux choses qu'elles puissent être des constituants d'un état de choses (*TLP* 2.011).
>
> Une tache dans un champ visuel ne doit pas forcément être rouge, mais elle doit avoir une couleur [...]. Un son doit avoir *une* hauteur (*Höhe*), l'objet du toucher *une* dureté (*TLP* 2.0131).

Il avance aussi une thèse *de re* qui porte sur les relations entre les expressions douées de sens et d'autre choses :

> Des situations peuvent être décrites mais pas nommées (*TLP* 3.144).

Nos deux philosophes emploient donc des propositions modales *de dicto* et *de re*. Selon Husserl, la première catégorie comprend les proposi-

1. La distinction entre les modalités *de dicto* et *de re* dans le *Tractatus* est clairement isolée et expliquée dans un article pionnier de Hochberg datant de 1956 (Hochberg 1971). Pour une discussion remarquable de la modalité et de l'essence dans le *Tractatus*, *cf.* Plourde 2004.

tions dites vraies ou fausses de façon contingente et celles dites vraies ou fausses de façon non contingente (essentiellement et donc nécessairement vraies ou fausses). Selon Wittgenstein, seules les propositions signifiantes sont vraies ou fausses et cela de façon contingente; et si nous disons d'une tautologie qu'elle est nécessairement vraie ou d'une contradiction qu'elle est nécessairement fausse, nous devons ajouter que les tautologies et les contradictions n'expriment pas de propositions signifiantes. Nos deux philosophes donnent également des exemples de propositions *de re* qui appartiennent à l'une ou l'autre de trois catégories. Il y a des possibilités grammaticales, ontiques et sémantiques [1]. Un exemple de possibilité grammaticale est la possibilité pour une expression ou signification d'être combinée avec d'autres. La possibilité ontique peut quant à elle être illustrée par la possibilité pour quelque chose de faire partie d'un objet ou état de choses. Enfin, la possibilité pour une situation d'être décrite constitue une possibilité sémantique; si Wittgenstein a raison, un exemple d'impossibilité de ce type est l'impossibilité de nommer une situation. Nous verrons qu'un des exemples husserlien de possibilité sémantique donne tort à Wittgenstein sur ce point.

Un principe au cœur du *Tractatus* est le principe de bipolarité: chaque proposition signifiante *peut* être vraie et *peut* être fausse. Il s'agit apparemment à nouveau de prédications modales *de dicto*. Mais *pouvoir* et *possibilité* sont-ils la même chose? La même question se pose au sujet des «pouvoirs» des objets et des possibilités *de re*. Si l'on donne une réponse affirmative à cette question, il faut ajouter que la possibilité dont il est question dans le principe de bipolarité et dans les possibilités ontiques, grammaticales et sémantiques est une possibilité positive qui ne peut pas être réduite à l'absence de nécessité et d'impossibilité [2].

On peut ainsi se demander si le principe *de dicto* de bipolarité ne trouve pas son fondement complet ou partiel dans les possibilités *de re*. Si la proposition selon laquelle *a* est *F* est telle qu'elle peut être vraie et peut être fausse, n'est-ce pas parce que l'état de choses selon lequel *Fa* peut subsister et peut ne pas subsister? Et ce dernier principe – apparemment accepté par Husserl et Wittgenstein, du moins si on néglige leurs distinctions entre états de choses et situations (*Sachlagen*) [3]-, n'est-il pas expliqué au moins en partie par le fait que *a* peut être *F* et peut ne pas l'être

1. Maury (1977, chap. 4) distingue les possibilités sémantiques et ontiques dans son interprétation du *Tractatus*.

2. *Cf.* Maury 1977, p. 22-84, et particulièrement p. 64. Sur la possibilité comme notion positive, cf. *LU* VI, § 30.

3. Sur la distinction wittgensteinienne entre états de choses et situations, *cf.* Plourde 2004.

(c'est-à-dire, peut se combiner et peut ne pas se combiner avec certains autres objets)[1] ? Mais comment réconcilier ce dernier principe avec le principe wittgensteinien selon lequel la logique doit prendre soin d'elle-même (*TB* 22.8. 14), ou encore avec le principe husserlien selon lequel la signification propositionelle est l'unité dernière « à laquelle tout ce qui est logique doit être reconduit » (*zurückbezogen LU* V, § 40; *cf. TB* 22.1. 15)?

D'après la grammaire catégorielle de Husserl, comme nous l'avons vu, « Cet arbre est vert »[2] a la forme propositionnelle *S est p*. La forme de la proposition prend deux significations indépendantes, à savoir les significations de « Cet arbre » et de « vert » pour en faire une proposition. Ceci contraste de manière frappante avec le modèle de l'analyse dérivé de Frege d'après lequel, dans notre phrase, le prédicat « est vert » prend « cet arbre » pour faire une phrase et, du moins si l'on en croit Frege, le sens de « est vert » prend le sens de « cet arbre » pour donner ce type de sens qu'il appelle une pensée.

Sur ce point, Wittgenstein semble se ranger du côté de Husserl : nous ne trouvons que des noms dans une proposition élémentaire, mais pas forcément deux. Comme le dit Peter Simons : « pour Wittgenstein, toutes les propositions sont *dépourvues de verbe*. Le rôle de prédicat est *totalement* assumé par la structure de la proposition »[3]. Mais Wittgenstein et Husserl sont en désaccord sur un point fondamental. Selon ce dernier, une proposition *contient* la signification d'une forme propositionnelle à titre de partie et au moins une signification indépendante comme autre partie. Selon Wittgenstein, en revanche, la structure d'une proposition n'est pas une partie de la proposition. Encore une fois, une proposition élémentaire ne contient que des noms. De manière similaire, d'après Husserl, un état de choses contient à titre de parties un objet ou plus et la forme d'un état de choses. Wittgenstein, par contre, bien qu'il pense qu'un état de choses possède une structure (*TLP* 2.032), nie que celle-ci en soit une partie. En 1901, Husserl aurait peut-être protesté que de telles affirmations révèlent une incapacité à comprendre la distinction entre parties indépendantes et parties dépendantes d'un tout. La forme logique, pense-t-il, est une partie dépendante des touts qu'il qualifie d'unités propositionnelles. (Wittgenstein n'admet quant à lui pas de telles parties dépendantes). Mais, dans ses annotations aux *Recherches logiques*, Husserl fait

1. Sur ces questions *cf.* Maury 1977 ; et Plourde 2003.

2. Le vert est d'un grand intérêt pour nos deux philosophes – cf. *LU* IV, § 11 ; et *TLP* 3.323.

3. Simons 1985, p. 447.

une concession importante en direction de la position défendue par Wittgenstein :

> Nous distinguons dans chaque tout la matière de la forme. La pluralité [*Zusammen, Inbegriff*] des parties est ce que nous appelons la matière. Le « mode de connexion » [*Weise der Verknüpfung*] constitue [*bildet*] la forme. Le tout n'est pas toutes les parties prises ensemble [*das Zusammen der Teile*], ni celles-ci avec la forme, mais plutôt toutes les parties prises ensemble *dans cette forme* [1].

La forme logique ne constitue donc plus à ses yeux une partie des propositions, pas plus d'ailleurs que la forme d'un état de choses.

À ce stade de notre discussion, il convient de nous arrêter sur certaines positions possibles qui se situent entre celles de nos deux Autrichiens.

Nous avons vu que, comme Wittgenstein, Husserl distingue *de facto*, à l'intérieur de la classe des propositions modales *de re*, ce que l'on pourrait appeler les propositions appartenant à la grammaire pure logique des propositions ontiques. Quelle est selon Husserl la relation entre celles-ci ? Sa conception officielle est que les possibilités et impossibilités au sein du règne des combinaisons de significations, à savoir les possibilités et les impossibilités qui sont supposées démarquer le sens du non-sens, ne sont que des cas particuliers de possibilités et d'impossibilités gouvernant la manière dont les objets dépendants et indépendants se combinent pour former des touts. Les significations dépendantes et indépendantes sont des objets, et c'est également le cas des touts auxquels elles appartiennent. La théorie de la grammaire pure logique n'est ainsi qu'un cas particulier de la théorie des touts et de la dépendance (*LU* IV, § 1)[2].

On peut cependant penser qu'il est difficile de concilier un aspect fondamental de la grammaire pure logique de Husserl – sa théorie combinatoire – avec la conception selon laquelle la théorie de la complexité propositionnelle est un cas particulier de la théorie de la complexité. Les significations « se trouvent sous des lois qui déterminent [*regeln*] leurs combinaisons [connexions, *Verknüpfung*] en de nouvelles significations » (*LU* IV, § 10). Ces lois sont des « lois d'opérations » (*Operationsgesetze*, *LU* IV, § 14). Les connexions sont des formes qui possèdent des significations dépendantes. Ainsi, « deux propositions arbitraires, lorsqu'elles

1. Husserl 1984, p. 841. Nous soulignons.

2. Bien que toutes les significations soient des objets pour Husserl, et qu'il conçoive la théorie des faits, c'est-à-dire de la subsistance et de la non-subsistance des états de choses, comme une partie de la théorie des objets, il ne dit jamais à ma connaissance, comme le fera plus tard Wittgenstein, qu'un signe propositionnel est un fait.

sont connectées dans la forme *M et N*, produisent une proposition » (*LU* IV, § 13)[1]. En développant cette idée pour différents types de connexion (conjonction nominale, conditionnalité, disjonction), Husserl note en passant la possibilité essentielle de l'itération des différentes opérations, et donc de ce qui allait être appelé la productivité du langage, ou plutôt des formes logico-grammaticales du langage naturel :

> Nous voyons tout de suite que les complications continuent *in infinitum* selon une combinatoire claire (*überschaubar*), que chaque nouvelle forme demeure liée à la même catégorie sémantique, comme champ de variabilité pour ses termes, et que, aussi longtemps que nous restons dans ce champ, toutes les combinaisons de significations formables *existent* nécessairement, c'est-à-dire doivent représenter un sens unifié (*LU* IV, § 13 ; cf. *TLP* 4.027).

Or, bien que Husserl indique que la théorie des significations dépendantes et indépendantes, ainsi que de leurs combinaisons possibles et impossibles n'est qu'une *application* de sa théorie de la complexité et de la dépendance, on peut être amené à penser que *la théorie des possibilités ontiques de re* – telles les propositions déjà citées nous apprenant que toute forme catégoriale peut faire partie de la forme d'un état de choses ou qu'une couleur ne peut exister sans une étendue qu'elle recouvre – *présuppose la théorie de la grammaire pure logique*. De telles propositions possèdent, après tout, une grammaire logique. Autant que je puisse en juger, Husserl n'aborde pas explicitement cette tension apparente dans ses *Recherches*. Un philosophe frappé par une tension de ce type ne pourrait-il pas en arriver à la conclusion extraordinaire que dans un langage clair le symbolisme lui-même devrait nous montrer qu'une tache dans un champ visuel *peut* être rouge, *doit* avoir une couleur et *ne peut pas* avoir une hauteur[2] ? Il nous faut, selon Wittgenstein,

> une théorie du symbolisme qui montre que ce qui semblent être différentes espèces de choses sont symbolisées par différentes espèces de symboles qui *ne peuvent pas* être substitués de telle sorte qu'ils occupent les places

1. Selon Husserl et Wittgenstein, la grammaire catégorielle et les nombres sont à comprendre à travers les variables et les opérations, et non à travers les fonctions. Ainsi, d'après Husserl, « les nombres sont des étalons d'opérations (*Operationsetalons*) dans un domaine défini d'opérations » (Husserl 1970, p. 475) et, d'après Wittgenstein, « le nombre est l'exposant d'une opération » (*TLP* 6.021). Pour Husserl, *cf.* Centrone 2010 et, pour Wittgenstein, *cf.* Marion 2010 chap. 2, Marion 2000 ; et Simons 1985. Pour les opinions de Husserl à propos des fonctions et de la position de Frege sur les fonctions, *cf.* Husserl 1996, § 40(b) ; et 1983, p. 408-410.

2. *Cf.* Hochberg 1971, p. 512-513.

> des autres [*substituted in one another's place*] (*TB* appendice III 16.1.1913).

Husserl rêve d'un symbolisme du même type, bien que plus modeste :

> L'idéal d'un langage logiquement adéquat est celui d'un langage qui donnerait à toutes les matières (*Stoffe*) et formes catégorielles possibles une expression univoque (*LU* VI, § 63).

Comment un philosophe qui rêve d'un tel symbolisme pourrait-il être amené à affirmer que ce que montre un tel symbolisme ne peut être dit (cf. *TLP* 4.1212)? Une fois de plus, il suffit d'accepter certaines affirmations de Husserl et d'en nier d'autres pour constater qu'une conclusion de ce type s'impose.

Une partie importante de la grammaire pure logique de ce dernier est ainsi constituée par son analyse de ce qu'il appelle la modification de signification. Sous cette appellation, il regroupe une variété de phénomènes distincts impliquant des *montées* (ascent) de différents types [1]. Par exemple, le type de montée qui nous autorise à passer de l'usage sensé d'une expression à sa mention ou à celle de l'une de ses parties propres, de

> Sam est triste

à

> « Sam est triste » est un énoncé (*Aussage*),

> « Sam » est un nom propre,

ou encore à

> La signification de (ou exprimée par) « Sam » est une signification indépendante simple et non descriptive.

Un type de montée distinct, qui n'implique aucune mention, est illustré par la transition du même point de départ que précédemment à

> Que Sam est triste est vrai,

> La proposition selon laquelle Sam est triste est vraie,

ou

> L'état de choses selon lequel Sam est triste subsiste.

1. *Cf.* Mulligan 2006a.

Wittgenstein, comme nous l'avons noté, affirme que les situations peuvent être décrites, mais ne peuvent être nommées. À la différence de Frege, Husserl convient qu'il est dans la nature des significations nominales (et des noms) ainsi que des propositions (et des phrases) qu'aucune proposition (phrase) n'est une signification nominale (nom) et inversement. « Une proposition ne peut jamais fonctionner comme un nom, ni un nom comme une proposition, sans changer sa nature essentielle » (*LU* V, § 36; *cf.* § 35). Il pense néanmoins que les états de choses (et les situations) *peuvent* être nommés : « Il peut arriver que nous énoncions *tout d'abord* simplement quelque chose et qu'*ensuite* nous nommions l'état de choses [...]. L'état de choses est dans chaque cas le même, mais nous nous y rapportons de deux manières bien différentes [*er wird in ganz anderer Weise gegenständlich*] » (*LU* V, § 36; *cf.* § 33). Husserl et Wittgenstein ne s'accordent donc pas sur cet exemple de ce que nous avons appelé une possibilité sémantique.

Ces « transformations », dit Husserl, sont des possibilités enracinées dans l'essence de la signification, des expressions et des « actes » par lesquels nous signifions ou voulons dire quelque chose. Or on pourrait objecter à ces affirmations soit qu'il n'y a pas de significations, soit qu'il n'y a rien de tel que signifier ou vouloir dire. Wittgenstein rejette les significations comprises à la manière de Husserl, mais bien sûr pas le vouloir dire quelque chose. Supposons maintenant que l'on rejette les significations, tout en acceptant que des transformations comme celles mentionnées ne seraient possibles que si les significations existaient. On pourrait alors fort bien être conduit à la conclusion que la montée est impossible, que ce qui se montre soi-même ne peut être dit[1].

Pourquoi soutenir l'idée que la transition de l'usage d'une expression à sa mention ne peut être rendue possible que par la signification d'une expression, ou plus précisément par la nature de cette signification ? C'est peut-être que l'on pense qu'il s'agit là de la seule manière de rejeter ce qui a été appelé le « postulat de la mention pure »[2]. D'après cette idée, l'usage ordinaire de l'expression mentionnée n'est pas pertinent pour la compréhension de sa mention. Là où la mention est pure, il n'y a pas de

1. Supposons de même que l'on rejette les significations tout en acceptant, avec Husserl, que les porteurs de vérité sont reliés de manière interne à des vérifications et falsifications possibles, et que la « signification [...] n'a pas le caractère d'une image [*Abbild*] » (*LU* IV, § 8), que signifier à l'aide des significations n'est pas dépeindre. On pourrait alors être attiré par la conception selon laquelle les porteurs de vérité dépeignent ou représentent (*abbilden*) quelque chose – disons des faits ou la réalité.

2. Garver 1965. *Cf.* Anscombe 1959, p. 82-85.

relation interne entre la mention d'une expression et son usage ordinaire. Dans notre usage ordinaire des langues naturelles, il semble pourtant que la mention ne soit pas typiquement pure[1].

Il convient de noter une dernière différence fondamentale entre les philosophies du sens et du non-sens de Husserl et de Wittgenstein. Les significations idéales de Husserl, qu'elles soient propositionnelles ou non propositionnelles, sont des espèces ou des types dont les instances sont des « actes » actuels et réels ou possibles de signifier ou de vouloir dire quelque chose au moyen d'une expression. Qu'est-ce alors qu'une signification indépendante ? La « définition » husserlienne de la signification indépendante, et donc de la signification dépendante, est donnée en termes d'actes mentaux. Une signification est indépendante si elle « peut constituer la signification pleine et entière d'un acte concret de signification [vouloir dire], dépendante si tel n'est pas le cas. Elle ne peut alors être réalisée que dans un acte partiel dépendant d'un acte concret de signification » (*LU* IV, § 7). Husserl pense que la signification d'un nom propre est indépendante, bien qu'il s'agisse d'une signification simple. Elle peut dès lors constituer la signification pleine et entière d'un acte concret de vouloir dire. On peut vouloir dire Sam avec « Sam » sans vouloir dire autre chose. Or, cette affirmation est incompatible avec deux versions du principe de contexte. La plus familière soutient qu'un mot ou une expression ne possède une valeur sémantique – par exemple ce que Frege, Meinong et Wittgenstein, mais pas Husserl, appellent une *Bedeutung* – que dans le contexte d'une phrase ou d'une proposition. Si, comme le pensait Wittgenstein, les mots et les expressions ont des équivalents psychologiques, alors il y a un principe de contexte qui dit que l'équivalent psychologique d'une expression qui n'est pas de l'ordre de la phrase n'a de valeur sémantique que dans le contexte de l'équivalent psychologique d'une phrase (une pensée). L'affirmation de Husserl selon laquelle on peut vouloir dire Sam *simpliciter* est incompatible avec les deux principes de contexte. Accepter un tel principe conduit à la conclusion non husserlienne qu'un nom (ou son équivalent) est génériquement dépendant d'une certaine phrase[2].

La philosophie wittgensteinienne du non-sens fait partie de sa version de l'atomisme logique. Husserl défend-il l'atomisme logique ? L'atomis-

1. Pour une tentative de compréhension de la mention impure d'une expression qui ne fait pas appel aux significations, *cf.* chap. VI.

2. Dans une thèse sous la direction de Husserl, Heinrich (1910, § 13) défend une version du principe de contexte et semble l'attribuer au Husserl de 1909. Nous reviendrons sur les différents principes de contexte au chapitre VI.

me logique fut baptisé de cette manière par Russell en 1911[1]. Selon la version russellienne de 1918 de cet atomisme, il y a des faits négatifs, conjonctifs et généraux ou universels[2]. Sur ce point, il s'accorde avec ce qu'affirme Husserl en 1900-1901. Dans les *Recherches*, on rencontre en effet des états de choses positifs ou négatifs (*LU* V, § 28), singuliers ou universels (*LU* II, § 23), simples ou complexes – disjonctifs (*LU* V, § 36) ou conditionnels (*LU* V, § 36). Cette philosophie husserlienne des états de choses fut ensuite soigneusement développée par Reinach en 1911[3]. Selon l'atomisme logique du *Tractatus*, les philosophies de Husserl, Reinach et de Russell sont bien trop baroques. Tous les états de choses sont atomiques, et tous les objets sont simples.

Malgré le fait que Husserl admette des états de choses contingents et non contingents, ainsi que des objets complexes, il considère également sa philosophie comme un atomisme logique. Dans les *Recherches*, il admet des « éléments », qui sont des « significations simples » (*LU* IV, § 1 et 3; cf. *LU* VI, § 42), et dont il est essentiellement possible qu'ils aient des objets (*LU* VI, § 63). Il y admet aussi des objets simples et des « éléments » qui ne sont pas des significations, mais sont « absolus » et « fondationnels » (*letztfundierend*). On trouve de tels éléments dans la sphère des *Gestalten* sensorielles et complexes et le fait qu'il en existe est, affirme-t-il, évident *a priori* (*LU* III § 22 note; cf. *LU* III, § 1; *LU* IV, § 2). Dans des cours dispensés un ou deux ans après la publication de ses *Recherches*, il observe qu'

> une théorie logique des formes [...] une théorie des formes de propositions est une espèce d'anatomie de l'idée de proposition [...]. Car les propositions sont pour ainsi dire des molécules dont toute la science est construite et ces molécules se combinent pour former des molécules complexes, les inférences, les théories, et les molécules simples ont encore des parties, pour ainsi dire, les atomes de signification [*Bedeutungsatome*]. Nous voulons déterminer les espèces générales ou formes de tels molécules et atomes[4].

1. Russell 1911, p. 56.
2. Russell 1990, p. 101.
3. Reinach 1989d.
4. Husserl 2001, p. 80.

CHAPITRE V

SIGNIFICATIONS

Depuis la fin du XXe siècle et jusqu'à 1951, la philosophie de la signification en langue allemande est en grande partie une lutte acharnée pour la possession du terme *Bedeutung*. Comme il arrive souvent au cours de querelles pour la possession de ce qui est de genre féminin, les conceptions de l'objet en question, de son corps et de son âme diffèrent radicalement, et il arrive même que l'on nie que ce qui est en jeu soit un objet.

Je propose d'abord un panorama des avatars de la *Bedeutung* et considère ensuite trois fils rouges qui conduisent tous, logiquement parlant, à la philosophie de la signification du dernier Wittgenstein – le développement de la philosophie de la *Darstellung*, de la philosophie du rapport entre la signification et les règles, et de la distinction entre signification primaire et signification secondaire [1].

LES SIGNIFICATIONS DE *BEDEUTUNG*

Entre 1869 et 1877, Brentano affirme durant ses cours de logique à Wurtzbourg et à Vienne que la signification (*Bedeutung*) d'un nom est ce que la (re)présentation (*Vorstellung*) exprimée par le nom présente et la signification d'un énoncé ce que le jugement exprimé par l'énoncé juge [2].

1. Sur les significations de *Bedeutung* et de *meaning*, *cf.* Ogden & Richards, 1972 ; Gomperz, 1941 ; et Tugendhat, 1970. Sur les significations et les espèces de *Sinn* et *Unsinn*, *cf.* Blumenfeld 1933 ainsi que Bouveresse 1997, chap. 5 et 7.

2. Brentano 2011. Je remercie Robin Rollinger pour cette référence.

Par la suite, une première opposition sépare ceux qui sont prêts à dire de l'objet d'une expression qu'il est une signification, de ceux qui rejettent cette affirmation.

Dans le *Tractatus*, Wittgenstein écrit que « le nom signifie [*bedeutet*] l'objet. L'objet est sa signification » (*TLP* 3.203). En 1892, Frege parle d'un signe qui tient lieu (*vertritt*) d'un nom propre et dont la signification est un objet déterminé (*ein bestimmter Gegenstand*) au sens large du mot [1]. Selon Meinong en 1902, l'objet que signifie un mot est (ou est constitué par) une signification (*der die Bedeutung ausmachende Gegenstand*)[2]. Si Meinong ne confond pas les noms et les propositions, il estime que celles-ci ont aussi une signification propre, un objectif (*Objectiv*), ce que Husserl et Wittgenstein appellent un état de choses (*Sachverhalt*)[3]. Meinong préfère le terme d'« *Objectiv* » car celui de « *Sachverhalt* » connote la factualité. L'emploi par Husserl du mot « *Sachverhalt* » lui ôte cette connotation et en fait un terme technique. En effet, certains états de choses husserliens peuvent subsister (*bestehen*) ou pas. De même, Wittgenstein parle de la subsistance ou obtention (*Bestehen*) d'un état de choses. La signification d'une proposition, dit Meinong, est un objectif, qui est constitué par les significations de ses parties propres, c'est-à-dire par des objets, et qui est factuel ou ne l'est pas[4]. En 1913-1914 – mais pas dans le *Tractatus* –, Wittgenstein était aussi prêt à dire qu'une proposition a une signification, à savoir « le fait qui lui correspond réellement » (*TB* appendices I et II; *cf.* 29.10.14).

En 1900, le rejet de ces thèses par Husserl est clair et net: « l'objet [d'une signification] et la signification ne coïncident jamais » (*Niemals fällt aber der Gegenstand mit der Bedeutung zusammen*, *LU* I, § 12), ce qu'un nom nomme n'étant pas ce qu'il signifie (*LU* I, § 16). Cela est, pense Husserl, une conséquence du fait qu'« aux noms correspondent certaines significations, et nous nous rapportons aux objets à travers celles-ci » (*LU* II, § 14). En 1902, Husserl écrit à Meinong :

> Je n'ai jamais utilisé le terme signification [*Bedeutung*] dans votre sens pour l'objet, l'« objectif » [*Objektiv*] (ni pour un autre analogue de l'objet)[5].

1. Frege 1975, p. 41.
2. Meinong 1902, § 4, p. 20.
3. *Ibid.*, p. 181-182.
4. *Ibid.*, p. 24 et 181. *Cf.* Mulligan 2009, § 2.
5. Meinong 1965, p. 106. Gomperz (1908, p. 69) appelle la *relation* entre un énoncé et l'état de choses « énoncé » (*ausgesagt*), une signification.

Dans les *Recherches*, Wittgenstein juge incorrect l'emploi du mot « signification » pour désigner ce à quoi un mot « "correspond" »; cela « revient à confondre la signification d'un nom avec celui qui le porte » (*PU*, § 40). Au début des *Recherches*, Wittgenstein esquisse une conception de la signification coupable de cette erreur et qui sera critiquée par la suite. Cette conception et sa critique feront l'objet du prochain chapitre.

Au début du XXe siècle, les significations propositionnelles (*Satzbedeutungen*) ainsi que leurs parties sont pour Husserl des objets atemporels. En cela, elles rappellent les propositions en soi de Bolzano et les pensées de Frege. Ce sont là des « ombres » balayées d'un revers de la main par Wittgenstein : « on a tendance à penser que l'objet d'une pensée est l'ombre d'un fait », une « proposition » ou « le sens d'une phrase » (*BB*, p. 32; cf. *TB* 6.11.14). Husserl connaît et condamne cette tendance : dire que l'objet d'une (re)présentation est un objet seulement intentionnel, ce n'est pas dire qu'il y a dans la (re)présentation « une quelconque ombre de l'objet » (*LU* V, § 21, appendice). Nous nous rapportons aux objets à travers les significations, dont font partie les propositions.

Si la signification d'un mot n'est ni son objet ni une « idéalité », peut-on l'identifier à une ou à plusieurs règles? Une réponse affirmative à cette question, sur laquelle nous reviendrons, est donnée par Ahlman et Bühler en 1926 et par Wittgenstein au début des années trente. Quel rapport y a-t-il entre la signification d'un mot et son emploi, son usage ou sa fonction? Dans les *Recherches*, Wittgenstein affirme que pour « une *large* classe de cas où l'on use du mot "signification" on peut expliquer ce mot ainsi : la signification du mot est son usage [*Gebrauch*] » (*PU*, § 43). Quel serait donc le rapport entre les règles et l'usage selon le dernier Wittgenstein? Je présuppose dans ce qui suit qu'une partie de la réponse est donnée par le principe suivant : là où la signification d'un mot est son usage, les emplois et les applications du mot qui constituent cet usage sont des cas où au moins une règle est suivie ou enfreinte. L'usage que nous faisons d'un mot, dit Wittgenstein, est « étendu dans le temps » (*PU*, § 138). La valeur symbolique d'un mot, écrit pour sa part Bühler, possède une « génidentité » (*Genidentität*), une unité à travers le temps (*ST*, p. 62).

Les descriptions que donnent Bühler et Wittgenstein de l'emploi des mots, de leurs fonctions, buts (*Zwecke*) et contextes, divergent pourtant sur un point capital. Selon Bühler et le Wittgenstein du *Tractatus*, une fonction essentielle des expressions verbales ou des symboles est celle de *darstellen*, de représenter ou de faire partie de ce qui représente. Or le projet de détruire les thèses de ce type est au centre des *Recherches* de Wittgenstein.

Le rejet de l'idée même que les fonctions et l'usage des mots ou les règles puissent constituer leur signification (ou leur sens) est une conséquence des analyses données par Husserl et ses héritiers immédiats. Il est clairement formulé par Scheler en 1915[1] :

> Ce que nous faisons en « utilisant » et en « appliquant » les mots, la façon dont on « utilise » ou « applique » un mot dans un groupe – le soi-disant « usage linguistique » [*Sprachgebrauch*] –, tout cela n'a rien à voir avec l'essence du mot. Le mot lui-même « vise » [*meint*], « signifie » [*bedeutet*] quelque chose, « a » son sens, qui, si vague soit-il, *prescrit* son emploi *possible*, son usage, ou délimite la sphère de son application. C'est pour cette raison qu'il existe une différence essentielle entre la modification de la signification [*Bedeutungswandel*] d'un mot et le changement [*Wechsel*] dans l'usage d'un mot, dans l'usage linguistique[2].

Malheureusement, Scheler n'indique pas ici quel serait le rapport entre la relation sémantique – le fait qu'un mot vise quelque chose en vertu de son sens – et l'acte de viser ou de vouloir dire quelque chose avec un mot. Ce qui vaut pour l'usage vaut, estime Scheler, pour les règles. En 1926, il attribue la thèse incriminée au pragmatisme :

> Selon [la] doctrine pragmatiste, penser une signification ne *consiste* en rien d'autre qu'en un comportement uniforme, interne et externe, dans différentes situations [...], c'est-à-dire, formulé objectivement : dans la règle d'application [*Anwendungsregel*] d'un signe verbal[3].

Si Marty, Bühler et Wittgenstein explicitent souvent l'idée que les mots ont des fonctions en les décrivant comme des outils, Scheler nie que les mots soient essentiellement des outils[4]. Pourquoi usage et règles sont-ils inessentiels ? Parce qu'ils ne concernent pas les « actes » de signifier (*bedeuten*) ou de viser (vouloir dire, *meinen*) qui, selon les *Recherches* de Husserl, sont des instances (*Einzelfälle*) des significations idéales[5] :

> Il y a une philosophie qui nie l'existence d'actes autonomes de signification, liés à des mots et vérifiables [*erfüllbar*] par les objets de l'intuition sensorielle et non sensorielle, même lorsqu'il s'agit des énoncés

1. *Cf.* aussi Dempe, 1930 ; et 1935.
2. Scheler 1955, p. 178.
3. Scheler 1960, p. 234.
4. Scheler 1955, p. 177.
5. *LU* I, § 31 et 34. *Cf.* Mulligan 2011a.

théoriques les plus simples. Il y a une philosophie qui identifie la signification – objectivement parlant – à une règle d'application [*Anwendungsregel*] du même signe verbal à des faits sensoriels. Même dans le simple jugement « ceci est rouge » [...] le mot « rouge » ne serait lié à aucun acte particulier de signification qui se vérifierait dans la vue ou la représentation de cette couleur; mais ce qui serait donné ne serait d'abord que ce rouge sensible lui-même et l'expression de complexes acoustiques qui, dans un premier temps, seraient vides de toute signification. Du fait toutefois que ces derniers sont solidement liés au premier et se répètent lorsque le contenu sensoriel se répète, les complexes acoustiques assument la fonction que nous appelons la signification du mot « rouge »[1].

LA REPRÉSENTATION (*DARSTELLUNG*)

En 1909, Bühler corrige la description que donne Anton Marty - le Ministre des Affaires Linguistiques de l'école de Brentano - des fonctions des expressions. Elle serait incomplète. Si Marty a bien décrit les formes que peuvent prendre la fonction d'exprimer un état psychologique, et la fonction de guider ou d'influencer un interlocuteur, il a *presque*[2] entièrement négligé la fonction représentative des expressions verbales, laquelle serait « une nouvelle fonction de l'outil linguistique » :

> Qui « fixe » linguistiquement une observation qu'il vient de faire n'a nullement besoin d'avoir la moindre intention d'influencer la vie psychique d'autrui. Il veut représenter [*darstellen*] [...] un fait et se sert de la parole dans ce but comme il pourrait aussi utiliser un crayon ou un appareil photographique. [...] Aux fonctions de la manifestation consciente (« exprimer ») et de l'influence sur la vie psychique d'autrui, il faudrait ajouter, du point de vue de Marty, une troisième fonction, celle de représenter. Représenter a trouvé ici un emploi analogue à celui que l'on trouve dans la géométrie descriptive [*darstellende Geometrie*][3].

Les phrases, mais aussi les noms, ont pour Bühler la fonction de représenter[4]. La distinction entre l'expression ou la manifestation d'un côté, et la représentation de l'autre, est motivée ainsi :

> Supposons qu'il y ait deux locuteurs devant quelque chose d'objectif, par exemple une œuvre d'art qu'ils voient, et que l'un veuille en donner une

1. Scheler 1966, p. 181-182.
2. *Cf.* Cesalli 2009a.
3. Bühler 1909, p. 965.
4. *Ibid.*, p. 974.

> représentation aussi fidèle que possible, alors que l'autre veut manifester sa conception de ce qu'il a vu. Leurs discours ne seraient-ils pas très différents ? L'exhaustivité d'une représentation n'équivaut pas à l'exhaustivité d'une expression [1].

En 1918, Bühler explique l'analogie entre la fonction de la représentation et la « *darstellende Geometrie* » à laquelle il avait fait allusion en 1909 :

> [I]l y a une tout autre performance du langage [*Leistung der Sprache*], qui ne peut pas être dérivée des mouvements expressifs, qui ne remonte pas à la relation causale qui relie le son, le locuteur et l'interlocuteur, mais à une relation que les mathématiques appellent la coordination [*Zuordnung*] : le nom est coordonné à son objet, la phrase indicative à un état de choses [*Sachverhalt*]. […] Cette autre performance de la phrase est, je crois, capturée de la façon la plus précise par le mot *représentation* [*Darstellung*] ; car elle est cela même que des images peuvent accomplir pour certains états de choses, et les cartes géographiques, les graphes ou les formules chimiques ou mathématiques pour d'autres états de choses. Grâce aux images, cartes géographiques, graphes ou formules, l'expert peut « prélever » [*entnehmen*] les états de choses. Bref, il y a beaucoup de moyens et d'espèces de représentation, parmi lesquels le langage est le plus universel et le plus important. Mais la coordination est une relation idéelle [*ideell*] qui ne peut jamais être dérivée de rapports réels [2].

La relation de coordination (application, corrélation), qui figure aussi dans les philosophies de la signification de Martinak, Marty et Carnap, relie les noms et les objets, ainsi que les phrases et les états de choses. Elle est censée nous expliquer en quoi consistent les relations de représentation. La thèse selon laquelle la coordination est une relation idéelle (« *ideell* » signifie *idéale* moins toute connotation de normativité) n'est pas expliquée et constitue sans doute une concession à la philosophie husserlienne de la signification.

En 1909, Bühler estime

> [qu'] il pourrait très bien être le cas – et cela l'est probablement – que tous les moyens linguistiques n'exercent pas chacune des [trois] fonctions. Si l'on nous demandait par exemple : « Que représente "quoique" ? », on serait bien en peine de répondre. En revanche, il serait relativement facile de dire ce que ce mot exprime et quel effet il doit avoir sur l'interlocuteur. Et il en

1. *Ibid.*, p. 966.
2. Bühler 1918, p. 3-5 ; *cf.* Bühler 1918a, p. 107 et 293.

> irait de même avec plusieurs autres conjonctions, particules et mots : ils n'ont peut-être aucune fonction représentative [1].

Wittgenstein n'hésite pas à affirmer que les constantes logiques ne tiennent lieu (*vertreten*) de rien. Au cœur de sa philosophie de la proposition se trouve la thèse selon laquelle les propositions signifiantes représentent, ainsi que celle selon laquelle la représentation est à élucider à travers les coordinations ou corrélations. « Cette phrase représente tel ou tel état de choses » (*TB* 2.10.1914), écrit-il en 1914. Il y a une corrélation des noms et de ce qui est nommé (*TB* 25.9. 1914). D'après le *Tractatus*, la « *abbildende* » relation est *constituée* par les corrélations entre les éléments du tableau et les choses (*TLP* 2.1514). Le tableau représente son objet du dehors (*TLP* 2.173), alors que les propositions représentent les états de choses, mais traitent des objets (*TLP* 4.122). Comme Bühler, Wittgenstein pense par ailleurs que ce qui représente n'est pas forcément d'ordre linguistique : les notes de musique représentent aussi (*TLP* 4.011). Il y a une corrélation entre les faits qui représentent et les états de choses représentés (*TLP* 5.542, cf. *TB* 25.9. 1914). Qui veut élucider la représentation à travers la coordination (corrélation, application) se voit confronté à un problème majeur. La coordination n'a pas de direction. Si x est coordonné avec y, y est coordonné avec x. La représentation, en revanche, a une direction. Mais d'où vient-elle [2] ?

Au cours d'une discussion de la description de la représentation donnée par Bühler, Husserl doute que celui-ci ait raison de dire que ce soit Marty qui l'avait incité à développer sa théorie de la représentation. Husserl explique que ce sont bien plutôt ses propres *Recherches* qui avaient indiqué le chemin (même si, avoue-t-il, son exposition n'était pas bonne) :

> Les « actes » spécifiques de « signifier », les « actes de donation de sens » [*sinngebende*] atteignent ce qui est juste dans les exigences de Bühler [3].

Nous avons vu que Husserl utilise « signifier », « viser » (*Meinen*) et « acte qui donne un sens à des mots » comme des expressions plus ou moins synonymes. Le vouloir dire, dont parlent Husserl, Reinach, Bühler et

1. Bühler 1909, p. 967. Pour les variantes de cette idée dans la philosophie austro-allemande, *cf.* Mulligan, 2004a ; et 2009a.

2. *Cf.* Favrholdt 1964, p. 209-211. Anscombe (1995) considère un problème analogue : s'il y a un isomorphisme entre ce qui représente et ce qui est représenté, d'où vient la direction de la représentation ?

3. Husserl 2005, p. 243.

Wittgenstein, est un bon candidat au titre de ce qui donne une direction à la représentation[1].

Husserl ne se contente pas de se présenter comme le véritable précurseur de Bühler. Ce dernier serait également coupable d'une confusion sérieuse.

> Bühler confond donner un sens [*Sinngeben*] et décrire. Cela se voit non seulement dans la comparaison entre la parole comme moyen de représentation avec le dessin et la photographie, dans l'assimilation même de ces représentations, mais aussi dans l'exemple de l'œuvre d'art[2].

Husserl n'explique pas la nature de la confusion. Mais il pense sans doute, et à juste titre, que si chaque description est aussi une représentation, il n'est pas vrai que chaque représentation est une description. Plus exactement, si une description linguistique est une affirmation au sujet d'un objet sur la base d'une perception (ou d'une intuition, ajouteront les phénoménologues) de cet objet, alors il y a beaucoup d'affirmations qui sont des représentations sans être des descriptions puisqu'elles ne sont pas fondées sur des perceptions (ou des intuitions) – les affirmations qui portent sur le futur ou faites sur la base d'une preuve. L'exemple de Bühler signalé par Husserl est celui déjà cité de « deux locuteurs devant quelque chose d'objectif, une œuvre d'art qu'ils *voient* ». En 1918, Bühler semble éviter la confusion signalée par Husserl. Il écrit :

> la phrase déclarative normale [*Aussagesatz*] amène un état de choses à la représentation [*bringt einen Sachverhalt zur Darstellung*]; c'est sa fonction principale, laquelle devrait aussi déterminer son nom : il faudrait l'appeler non pas phrase déclarative, mais phrase représentative [*Darstellungssatz*][3].

Wittgenstein évite-t-il cette confusion? Apparemment pas. Selon le *Tractatus*, « *abbilden* » et représenter, c'est décrire. (D'où une nouvelle version du problème déjà rencontré : la description, à la différence des coordinations, a une direction). Par exemple :

> Pour comprendre l'essence de la proposition, considérons l'écriture hiéroglyphique qui représente par image [*abbildet*] les faits qu'elle décrit (*TLP* 4.016).

1. *Cf.* Wittgenstein, *TB* 26.11, 1914. Sur cette interprétation « mentaliste » du *Tractatus* et l'alternative « abstractive », *cf.* Bonino 2008, p. 270-282. *Cf.* aussi Marion 2004, 42-53.

2. Husserl 2005, p. 244 ; *cf.* p. 243.

3. Bühler 1918, p. 9.

> La proposition est la description d'un état de choses (*TLP* 4.023).
>
> Spécifier l'essence de la proposition, c'est spécifier l'essence de toute description (*TLP* 5.4711).
>
> Les propositions logiques décrivent l'échafaudage du monde, ou plutôt, elles le représentent [*darstellen*] (*TLP* 6.124).

Avant d'accuser Wittgenstein de la confusion bühlérienne détectée par Husserl, notons qu'il y a une interprétation du *Tractatus* selon laquelle la représentation doit être une description de l'espèce déjà décrite. D'après cette interprétation [1], ce qui est représenté, ce sont, en dernière analyse, des combinaisons, au sein des états de choses, *d'objets sensoriels*, par exemple visuels, les objets simples dont parle Wittgenstein avant le *Tractatus* et dans ses interprétations ultérieures de son livre (*TB* 6.5. 15 et 18.6. 15; et *LWL* 120)[2].

De 1909 jusqu'à sa *Sprachtheorie* de 1934 et au delà, Bühler insiste sur l'idée selon laquelle la fonction de la *Darstellung* des états de choses est (avec la fonction d'expression et la fonction de guider) une des trois fonctions linguistiques qui contribuent à déterminer l'essence du langage. Comme Husserl, Meinong et Reinach, il prend au sérieux le fait que nous sommes capables de formuler des représentations des états de choses ordinaires. Wittgenstein a partagé cette conviction. Ainsi dit-il en 1929 de Frege, Peano et Russell qu'ils n'avaient en vue que l'application de leurs symbolismes aux mathématiques et « n'ont pas pensé à la *Darstellung* d'états de choses réels [*wirklich*] » (*WWK*, p. 46).

Par la suite, toutefois, Wittgenstein critiquera l'idée même d'une fonction *sui generis* de représentation (comme il insistera sur l'énorme variété des descriptions et s'efforcera de détruire l'idée même d'une essence du langage). Selon le *Tractatus*, « la forme générale de la proposition est : il en est ainsi », c'est-à-dire : « *es verhält sich so und so* » (*TLP* 4.5); cette expression appartient à la même famille que « *Sachverhalt* » et « *die Sachen verhalten sich so und so* ». Dans les *Recherches*, Wittgenstein cite cette phase du *Tractatus* et la commente ainsi :

> C'est là une proposition du genre de celles qu'on se répète d'innombrables fois. On croit suivre sans cesse la nature, alors qu'on ne fait que suivre la forme à travers laquelle nous la regardons (*PU*, § 114 ; *cf.* § 136).

1. *Cf.* Hintikka & Hintikka 1986, chap. 3 ; Marion 2004 p. 82-84.

2. L'esquisse de l'atomisme logique de Husserl au chapitre précédent nous a permis de constater que celui-ci admet également ce type d'objet.

Une des nombreuses raisons qui ont amené Wittgenstein à modifier sa première conception de la représentation est sans doute la conviction que « le langage n'est pas issu d'un raisonnement » (*ÜG*, § 475). Par exemple :

> Croire qu'autrui souffre, se demander s'il souffre, ce sont autant de modes naturels de comportement envers autrui, et notre langage n'est qu'un auxiliaire et une extension de ces comportements. Je veux dire : notre jeu de langage est une extension [*Ausbau*] d'un comportement plus primitif (*BPP* I, § 151).

Bühler lui aussi est persuadé que « la fonction de représentation » s'est développée à partir de « quelque chose de plus primitif » :

> Le langage comme moyen de représentation est, à l'instar de nombreux développements naturels, un conglomérat stratifié constitué de manière pour le moins imprévoyante [1].

Il ne tire néanmoins pas de ces affirmations les mêmes conclusions que Wittgenstein. Selon ce dernier, c'est sans doute en partie parce qu'

> [o]n peut considérer notre langage comme une vieille ville : un labyrinthe de ruelles et de petites places, de vieilles et de nouvelles maisons, et de maisons agrandies à différentes époques (*PU*, § 18),

et que « ce qui est appelé "langage" est quelque chose constitué de parties hétérogènes » [2] que la place centrale accordée par Bühler à la fonction de représentation, ou par Husserl et Scheler à l'intentionalité du jugement et du vouloir dire, est vide.

Scheler est d'accord avec Bühler :

> C'est d'abord avec l'homme que les fonctions de représentation et de nomination des signes se développent sur la base des fonctions d'expression et de manifestation [3].

Mais, selon Scheler, la représentation est également rendue possible par des significations atemporelles ou idéales. Dans les philosophies de Bühler et de Wittgenstein, en revanche, la signification et le sens deviennent les fonctions et les usages des mots. Les philosophies de la signification de

1. Bühler 1928, p. 407.

2. Wittgenstein 1973, II, § 29.

3. Scheler 1976, p. 15. Sur l'histoire du concept de *Darstellung* avant Bühler, *cf.* Nerlich 1996 et 1998 qui note (1996, p. 437 ; et 1998, p. 211) quelques similarités entre l'emploi de ce terme par Wittgenstein et par Bühler.

Husserl-Scheler, Bühler et Wittgenstein forment un triangle. Le sommet occupé par Bühler est instable[1]. Si Bühler distingue clairement le vouloir dire et sa direction de la relation sémantique de corrélation et sa direction, d'une part, et de la fonction de représenter et sa direction, d'autre part, il ne s'étend ni sur leurs relations, ni sur leur rapport à la signification et aux règles.

LES RÈGLES

Si les significations ne sont pas des « idéalités » atemporelles, peut-être sont-elles des règles linguistiques? Anton Marty rejette clairement les significations atemporelles[2] et suggère que la *Bedeutung* d'un mot doit être identifiée avec une règle. La suggestion de Marty – ce n'est qu'une suggestion – trouve son développement le plus élaboré dans la monographie de 1926 due au philosophe et linguiste finlandais Erik Ahlman, *Das Normative Moment im Bedeutungsbegriff* (Le moment normatif dans le concept de signification) :

> La constance [*Unwandelbarkeit*] des significations dérive, je crois, de la *constance des normes qui les constituent*[3].

La même année, Bühler identifie « le sens linguistique objectif » d'une expression et « ce que l'expression choisie signifie selon les règles de l'usage linguistique [*Sprachgebrauch*] »[4]. Autour de 1932-1933, Wittgenstein écrit :

> Les règles grammaticales [...] déterminent la signification (la constituent)[5].

1. *Cf.* la critique très sévère de Nehring 1963.

2. Marty 1976, p. 366; *cf.* p. 291 et 337-338.

3. Ahlman 1926, p. 47. Sur le rapport entre l'analyse de Marty et celle d'Ahlman, *cf.* Ahlman 1926, p. 66. Si, dans la théorie « empirico-téléologique » du langage de Brentano, Marty, Martinak et Bühler, les mots sont régulièrement caractérisés comme des outils, c'est Ahlman (1926, p. 90-93) qui ancre cette thèse dans une analyse générale des outils et de leurs propriétés.

4. Bühler 1926, p. 494; *cf.* Bühler 1929, p. 134; et Wolf 1932.

5. Wittgenstein 1973, X, § 133. En 1935 Schächter, dans sa belle philosophie des règles linguistiques essentielles (constitutives) et inessentielles (cf. *PU*, § 564), dit de la signification d'un mot qu'elle est « le point d'application [*Angriffspunkt*] des règles qui valent pour le mot » (Schächter 1978, p. 114; *cf.* p. 43).

Ahlman rejette tout atomisme au sujet des règles :

> Nous présupposons normalement que le fondement d'une expression individuelle est un système complet de normes [1].
>
> Les significations appartiennent aux mots en vertu des normes de signification du langage en question [2].
>
> Un système de règles n'est aucunement un objet ou une structure mystique qui *serait là* comme un objet naturel. Il *vaut* [*gilt*] de la même façon que les règles d'un jeu, une coutume ou une loi [3].

Si Wittgenstein parle du « système de règles d'usage de nos mots », il affirme aussi qu'il y a des règles « qui ne forment aucun système » (*PU*, § 133, II xi).

Quel rapport y a-t-il entre les règles, l'usage et la pratique ? Selon Ahlman :

> Les normes du langage manifestent quelques analogies avec [...] les normes éthiques. Mais c'est une particularité du langage (comme système linguistique [...]) [...] qu'il intègre facilement des éléments de la pratique [*Praxis*] et d'abord sous la forme de ce qui est permis ou possible, et plus tard sous la forme de ce qui est obligatoire ou dû. Les normes du langage reçoivent leur contenu de l'usage [*Usus*], mais ne coïncident pas avec l'usage [4].

Selon Wittgenstein, « suivre une règle » est une « habitude », un « usage », une « pratique » (*Praxis*) (*PU*, § 199 et 202).

Quels sont ensuite les rapports entre un individu et une norme ou règle ? Ahlman distingue quatre cas :

> [I]l peut *décrire*, *prescrire* ou *appliquer* une norme, il peut aussi *comparer* quelque chose avec une norme, le mesurer par rapport à une norme. Dans le *premier* cas, il constate qu'une norme particulière se produit dans la conscience d'un individu ou d'une communauté. Dans le *deuxième* cas, il détermine (fixe [*bestimmt*]) la norme à suivre [*befolgen*]. Dans le *troisième* cas, il suit une norme qui est acceptée comme valable [*geltend*]. Dans le *quatrième* cas, il évalue le degré auquel un cas individuel correspond ou non à une norme qui est acceptée comme valable. Quelquefois, il est question simultanément de deux de ces cas. Quelqu'un peut par exemple décrire une norme et en outre vérifier [*prüfen*] jusqu'à quel point un cas

1. Ahlman 1926, p. 24.
2. Ahlman 1934, p. 265.
3. *Ibid.*, p. 262.
4. Ahlman 1926, p. 8-9 ; *cf.* p. 16-17.

concret est en accord ou non avec elle. Quelqu'un peut prescrire une norme et estimer si un cas individuel est correct ou non par rapport à elle [1].

Le troisième cas distingué par Ahlman est celui qui est au centre des parties les plus originales des descriptions que Wittgenstein donne des règles. Ce dernier distingue trois autres questions auxquelles il faut répondre pour comprendre le quatrième cas distingué par Ahlman :

> Qu'est-ce que je nomme « la règle d'après laquelle il procède » ? – L'hypothèse qui décrit de façon satisfaisante son usage des mots, usage que nous observons; ou la règle qu'il consulte en se servant de signes; ou la règle qu'il nous donne en réponse à notre question, quand nous lui demandons quelle est sa règle ? (*PU*, § 82)

La description des rapports entre un individu et les règles qu'il suit ou enfreint est compliquée par le fait que, comme le dit Ahlman, « les normes de l'usage [*Usus*] [...] sont souvent indéterminées » [2]. Il y a, pour employer une expression que Wittgenstein met dans la bouche d'un de ses interlocuteurs, « du vague *dans les règles* » (*PU*, § 100), des « trous » dans les règles, dit Bühler [3].

Ahlman et Wittgenstein sont loin de donner au concept de règle la même extension. Un cas central de règle linguistique selon Ahlman est le genre de cas qui était central pour Marty. Selon ce dernier (en 1908 et bien avant), un énoncé « signifie [*bedeutet*] qu'un interlocuteur est censé [*soll*] former un jugement d'un certain type » [4]. Marty appelle ce qui est signifié ainsi une « signification ». Une telle signification est donc une norme. De la même façon, les outils linguistiques autres que les énoncés auraient comme significations des normes qui portent sur des changements affectifs et conatifs chez un interlocuteur. Cette vision du fonctionnement du langage, qui se trouve non seulement chez Marty, mais aussi chez Grice et Searle, est critiquée par Wittgenstein :

> [N]ous sommes tellement habitués à la communication orale, dans la conversation, qu'il nous semble que toute la pointe [*Witz*] de la communication réside dans ceci : un autre saisit le sens [*Sinn*] de mes paroles – quelque chose de psychique –, il le reçoit pour ainsi dire dans son esprit. Si ensuite il en fait lui-même quelque chose, cela n'appartient plus au but immédiat du langage (*PU*, § 363).

1. *Ibid.*, p. 12. Nous soulignons.
2. *Ibid.*, p. 28 ; *cf.* p. 65.
3. Bühler 1929, p. 125 ; *ST*, p. 66.
4. Marty 1976, § 60, p. 288 ; *cf.* aussi § 61, p. 291.

Le type de norme décrit par Marty occupe une place centrale dans la philosophie des règles d'Ahlman[1]. Mais il admet aussi plusieurs autres types de règles. Il y aurait par exemple les règles syntaxiques[2]. Si, d'après Husserl, les règles fondamentales de ce type dérivent des relations de dépendance syntaxique formulées par la grammaire logique pure qui n'ont rien de normatif, les règles syntaxiques sont, pour Ahlman, dépourvues d'un tel fondement[3]. Il y aurait aussi des normes sémantiques :

> [L]a relation symbolique entre signe et objet est, du point de vue logique, toujours normative et fondée dans la convention ou dans une règle qui, comme dans les langues naturelles, peut être traditionnelle[4].

L'exégèse des descriptions que Wittgenstein donne des règles et la discussion philosophique inspirée par ses descriptions ont mis clairement en évidence deux choix philosophiques ou descriptifs de première importance. Le premier concerne le rapport entre les communautés linguistiques et les règles. La communauté détermine-t-elle les règles, comme l'affirment les amis du « communautarisme » ? Ou l'ordre explicatif va-t-il dans l'autre sens ? Ou peut-être n'y a-t-il aucun ordre explicatif ? La réponse d'Ahlman est très nette :

> La communauté elle-même est constituée par le fait de suivre [*Befolgen*] des normes communes [...].
> Le système de normes est premier par rapport à la communauté linguistique. La communauté linguistique ne serait donc pas un fait empirique pur, elle n'existe que dans la mesure où un système linguistique de normes est accepté comme valide et où ce système est effectivement suivi, un constat qui ne devient possible que si l'on prend comme point de départ un système de normes particulier[5].

Le deuxième choix concerne le rapport entre les règles et les régularités. Une règle existe-t-elle en vertu d'une régularité, comme l'affirment les amis du « régularisme » ? Ou l'ordre explicatif va-t-il dans l'autre sens ? Ainsi, Wittgenstein se demande-t-il : « Mais alors, est-ce que j'explique [*erkläre*] [...] "règle" à travers [...] "régularité" ? » (*PU*, § 208). Dans le dernier développement de la philosophie des règles qui commence avec

1. Ahlman 1926, p. 13, 15 et 17.
2. *Ibid.*, p. 13.
3. La position de Bühler (*ST*, p. 64-66) sur ce sujet diffère de celles de Husserl et d'Ahlman.
4. Ahlman 1934, p. 259.
5. Ahlman 1926, p. 7 et 15.

Marty, et qui sera présenté dans le chapitre huit, Ortega y Gasset rejette et le régularisme et le communautarisme.

SIGNIFICATION PRIMAIRE *VS* SIGNIFICATION SECONDAIRE

Une partie considérable des réflexions de Wittgenstein au sujet de la signification est consacrée à une série de phénomènes qui sont loin de retenir l'attention des philosophes de la signification dans les traditions s'inspirant de Frege, Russell, Leśniewski, Carnap et Tarski. Ces réflexions et descriptions portent, par exemple, sur l'inséparabilité de la forme et du contenu de la poésie lyrique, sur l'expression et les exclamations, sur ce que l'on appelle souvent la synesthésie et les similarités entre les phrases et les mélodies. Ces phénomènes sont non seulement au centre de quelques philosophies austro-allemandes de la signification, mais ils intéressent également au plus haut point de nombreux écrivains de l'Autriche-Hongrie. Un outil employé par Wittgenstein pour mieux cerner quelques-uns des phénomènes en question est la distinction entre la signification primaire et secondaire, ainsi que quelques distinctions voisines, comme celle de deux sens différents dans lesquels on peut parler de la compréhension d'une phrase. Meinong avait lui aussi introduit une distinction entre ce qu'il appelle la signification (et l'expression) primaire(s) et secondaire(s). Avant de considérer le rapport entre les distinctions faites par ces deux philosophes autrichiens, notons ce que l'on pourrait appeler l'obsession autrichienne pour la signification secondaire.

La vieille platitude esthétique selon laquelle, dans l'œuvre d'art réussie, le contenu ou le sens doit être inséparable de sa forme, de son expression, devient, chez de nombreux écrivains autrichiens, un outil critique et même le credo d'une certaine *Weltanschauung*. Cela est vrai par exemple de Hugo von Hofmannsthal, Franz Blei, Robert Musil, Rudolf Kassner, Hermann Broch et d'un héros de Wittgenstein, Karl Kraus. Ce credo va dans certains cas jusqu'à considérer comme inséparables ou identiques les valeurs éthiques et esthétiques, ou celles-ci et les valeurs épistémiques ou la valeur de la liberté intérieure[1]. Dans sa critique célèbre d'Heinrich Heine, Kraus reproche à l'écrivain allemand d'avoir amené dans la littérature allemande une « maladie française », maladie dans laquelle « la forme et le contenu » sont « l'un à côté de l'autre, sans aucune querelle, sans aucune unité », maladie qui est le journalisme[2]. Personne à

1. *Cf.* Gomperz 1915; et Engelmann 1970.
2. Kraus K. 1986, p. 36; *cf.* Bouveresse 2007.

Vienne n'échappe à ce genre de critique. Ainsi, Franz Blei reproche-t-il à Kraus lui-même d'avoir travaillé et peaufiné ses phrases – mais jamais ses pensées.

Wittgenstein, dans ses *Recherches*, formule ainsi l'idée de l'inséparabilité :

> Nous parlons de la compréhension d'une phrase au sens où elle ne saurait être remplacée par aucune autre. (Pas plus qu'un thème musical par un autre).
> Dans un cas, la pensée de la phrase est ce qu'il y a de commun à différentes phrases ; dans l'autre, quelque chose que seuls ces mots expriment dans ces positions. (Compréhension d'un poème) (*PU*, § 531).

Lorsqu'il écrit

> [...] la façon dont parle la musique. N'oublie pas qu'un poème, quoique composé dans le langage de la communication [*Mitteilung*], n'est pas utilisé dans le jeu de langage de la communication (Z, § 160),

il tombe presque d'accord avec Musil : « la littérature [*Dichtung*] ne transmet pas un savoir [...]. Mais elle utilise le savoir » [1] :

> [À] la fin, le langage d'un poème est aussi un langage, donc surtout une communication [*Mitteilung*] [...]. [Mais] le contenu du poème est modifié [...] d'une façon qui est propre au poème [2].

La nature du contenu de la phrase poétique est l'objet d'un débat entre Meinong et son remarquable élève, Stephan Witasek. Meinong avait défendu les thèses suivantes : il y a des objectifs ou états de choses proprement esthétiques; les émotions esthétiques peuvent porter sur ces objectifs, et, dans la terminologie introduite dans le chapitre trois, de telles émotions sont fondées sur des assomptions [3]. Witasek objecte que les objectifs ne sont jamais des objets esthétiques, mais seulement les véhicules de ces objets. Les émotions esthétiques présupposent seulement des (re)présentations [4]. Meinong résume un des arguments de son élève ainsi :

> L'indifférence esthétique de l'objectif découlerait de la possibilité de transformer une phrase rendue esthétiquement efficace par la diction

1. Musil 1983, p. 967.
2. Musil 1983a, p. 1212.
3. Meinong 1902, p. 182-186.
4. Witasek, 1904, p. 168.

> poétique en une phrase entièrement dépourvue de charme sans pour autant modifier le sens de la phrase et donc sans modifier son objectif[1].

Meinong est d'accord sur le fait que la traduction en prose d'un poème, un exercice familier à chaque écolier, démontre que « normalement il ne reste rien du contenu poétique du poème ». Mais, demande-t-il,

> l'objectif est-il dans un tel cas toujours vraiment inchangé ? Qui attribue une dignité esthétique à certains objectifs ne vise certainement pas l'objectif moins la matière de son objet [*Objektenmaterial*][2].

Pour parler de l'œuvre d'art et de l'expérience esthétique, les Autrichiens emploient – et sont séduits par – deux notions : l'intransitivité et la réflexivité. « L'œuvre d'art, écrit Wittgenstein, ne veut pas communiquer [*übertragen*] quelque chose d'autre, elle ne veut communiquer qu'elle-même »[3]. « L'œuvre d'art, dit Blei (comme Oscar Wilde), ne veut rien dire d'autre qu'elle-même »[4]. Son ami, Musil, abonde dans le même sens :

> Que veut, veut dire, signifie un tableau ? [...] La visée du tableau, c'est le tableau lui-même, sa *Gestalt*, et le tableau n'a pas d'autre contenu ; autrement les tableaux pourraient parler[5].

Quand, dans *Le Cahier brun*, Wittgenstein varie ce genre de propos au sujet de la musique, il introduit une glose de l'idée, qui lui était si chère, d'une « pensée musicale » :

> [N]ous retrouvons ce même genre d'illusion [...] lorsque nous fredonnons un air de musique, et, nous abandonnant à l'impression qu'il produit en nous, nous disons : « cet air me dit quelque chose », comme s'il nous fallait découvrir ce qu'il peut bien dire. Et si je finis par m'avouer « cet air exprime tout simplement une pensée musicale », c'est comme si je disais qu'il n'exprime rien d'autre que lui-même (*BB*, p 166).

Musil emploie la notion d'intransitivité dans l'une de ses formulations les plus intéressantes de la thèse de l'inséparabilité :

> C'est une platitude que de dire que le mot du poète a une signification « élevée » [*gehobene*], mais ce n'en est pas une que de dire que cette signification n'est pas la signification ordinaire + une telle élévation, mais

1. Meinong, 1977, p. 318.
2. *Ibid.*, p. 318-319.
3. Wittgenstein 1984c, p. 533 (1947).
4. Blei 1912, p. 72.
5. Musil 1983a, p. 1517.

> une signification nouvelle qui ne coïncide pas avec la signification ordinaire sans pour autant en être indépendante. La même chose est vraie des autres moyens formels d'expression en poésie; eux aussi communiquent [*mitteilen*] quelque chose, mais leur emploi implique un renversement de la relation entre ce qu'ils transmettent et ce qui reste pour ainsi dire lié intransitivement au phénomène [*Erscheinung*] [1].

Wittgenstein fait appel à la notion d'intransitivité quand il décrit un certain type d'expérience sensorielle, l'expérience d'un «*pattern*» ou *Gestalt* de couleurs:

> J'étais en compagnie d'un ami, et nous regardions des parterres de pensées. Chaque parterre était d'un type différent [...]. «Quelle variété de motifs [*patterns*] de couleur, me dit alors mon ami, et chacun dit quelque chose» [...]. Si quelqu'un avait demandé ce que disait le motif de couleur des pensées, la bonne réponse aurait été, semble-t-il, qu'il se disait lui-même. Nous aurions donc pu nous servir d'une forme d'expression intransitive, par exemple: chacun de ces motifs de couleur fait une impression [*impresses one*] (*BB*, p. 178).

L'interrogation de ce qui semble être la nature très *spécifique* de l'expérience d'une couleur spécifique, d'une forme spécifique, ou d'un motif musical spécifique est constante dans les écrits de Wittgenstein, mais aussi dans *L'Homme sans qualités* de Musil. Contre Köhler, par exemple, Wittgenstein s'efforce de montrer que ce qui est spécifique n'est pas un vécu quelconque mais un certain jeu de langage (*BPP* I, § 602).

Le concept bien viennois de pensée musicale, que nous venons de rencontrer, apparaît dans la pensée de Wittgenstein au sein des affirmations bizarres suivantes de 1915:

> Les thèmes musicaux sont dans un certain sens des propositions. La connaissance de l'essence de la logique amènera donc à une connaissance de l'essence de la musique (*TB* 7.2. 15).

> Une mélodie est une espèce de tautologie; elle est complète en elle-même; elle se satisfait (*TB* 4.3. 15).

Ces affirmations ont une préhistoire et une suite autrichiennes. En 1905, Meinong, lequel ne comprenait pas la théorie de la désignation rigide (comme me l'a fait remarquer Ian Rumfitt), se demande:

1. *Ibid.*, p. 1223.

> Qu'est-ce, en réalité [que la 5e symphonie de Beethoven]? [...] Il est difficile d'affirmer que la symphonie n'aurait pas pu commencer autrement [1].

En 1912, Alois Höfler, un élève de Meinong, proclame que « les mélodies ne sont pas inventées mais découvertes ». D'une mélodie de Wagner il dit qu'elle « sonne comme si elle était atemporelle comme les *veritates aeternae* » [2]. Pour décrire la nature des mélodies, Höfler développe en 1921 la théorie des « objectifs » de son maître dans un des exemples les plus frappants du baroque philosophique autrichien. Selon Meinong, les objets sont aux objectifs (ou états de choses) ce que les noms sont aux phrases. Puisque les objectifs correspondent aux jugements et aux assomptions, on peut se demander s'il n'y a pas des objectifs propres aux désirs et aux émotions. Selon Meinong, les « *Desiderative* » ou objectifs déontiques sont aux désirs ce que les « *Dignitative* » ou objectifs axiologiques sont aux émotions [3]. Cela ne suffit pas, déclare Höfler (qui est, avec Ehrenfels, un des rares admirateurs de Wagner dans la tradition brentanienne) : il faut y ajouter la distinction entre les « *Melodobjekte* » et les « *Melodobjektive* », et donc aussi la distinction entre les « *Musikdignitative* » et les « *Musikdesiderative* ».

Les « *Melodobjektive* » sont-ils contingents ou non contingents? Ils sont, affirme Höfler, non contingents. Il y aurait des « relations de nécessité ou de dépendance non logiques » entre les parties d'un « *Melodobjektive* ». C'est pourquoi il nous arrive de dire que « ces notes précises sont requises, tout comme un certain palais exige une porte d'un certain type » [4].

Wittgenstein semble avoir pensé que sa distinction entre la signification « primaire » et la signification « secondaire », ainsi que sa distinction entre les deux sens dans lesquels on peut parler de la compréhension d'une phrase, peuvent être utilisées pour éclairer quelques-uns des phénomènes mentionnés dans ce chapitre (et d'autres encore [5]). Il affirme par exemple :

1. Meinong 1969, p. 601-602.

2. Höfler 1912, p. 225. Höfler indique que Meinong était d'accord avec la thèse selon laquelle les mélodies sont découvertes et mentionne deux autres amis de ce genre de propos – Busoni et Rodin (Höfler 1930, p. 439.)

3. Husserl parle de façon analogue des « corrélats » ou objets formels des jugements, de la volonté et des émotions, c'est-à-dire des états de choses qui subsistent, des normes déontiques et des valeurs. *Cf.* chap. VIII.

4. Höfler 1921, p. 79. *Cf.* Wittgenstein 1966, p. 37 et 20.

5. Sur le voir comme et la signification secondaire, *cf.* Mulligan 1988.

> [O]n pourrait parler d'une signification « primaire » et de la signification « secondaire » d'un mot. Ce n'est que si le mot a pour vous une signification primaire que vous l'utilisez dans la signification secondaire.
>
> La signification secondaire n'est pas une signification métaphorique (*übertragene*, transposée) (*PU* II, ii).
>
> [L]'application secondaire [d'un mot] consiste dans le fait qu'un mot [qui a un certain] emploi primaire est utilisé dans un contexte nouveau [1].

L'application de ces deux distinctions à l'inséparabilité de la forme et du contenu est évidente. Dans beaucoup de cas, la pensée exprimée ou signifiée par une phrase peut aussi être exprimée sans perte par une autre phrase. La pensée est, pour utiliser le terme des psychologues de la *Gestalt*, quelque chose qui peut être *transposé*. Dans la poésie (réussie), la pensée exprimée ne peut pas être transposée, elle ne peut pas être « transp*r*osée » (« *transprosed* », dit le deuxième Duc de Buckingham).

Une distinction voisine est utilisée par Meinong pour décrire et analyser un grand nombre de phénomènes dont un seul nous intéresse ici. Il s'agit d'une question qui surgit lorsque, au lieu de philosopher allègrement au sujet de l'âme, du moi et de l'esprit comme Scheler et l'auteur du *Tractatus* (*cf.* le thème du chapitre deux), on se demande : comment les phrases psychologiques à la première personne du singulier et au présent de l'indicatif fonctionnent-elles ?

En 1902, Meinong introduit de la manière suivante ses distinctions entre significations et expressions primaires et secondaires :

> [U]n mot « signifie » l'objet de la (re)présentation [*Vorstellung*] qu'il « exprime » (manifeste), et exprime la (re)présentation de l'objet qu'il signifie [...], objet qui constitue sa signification [...]. Ce qui a une signification est aussi une expression, une expression primaire, à la différence de la capacité expressive secondaire qu'un mot peut acquérir dans certaines circonstances grâce à sa signification. Cela est souvent le cas quand l'objet qui constitue la signification appartient à la sphère de la perception interne [...]. Si quelqu'un se plaint d'une douleur, ce que le mot « douleur » exprime de façon primaire, c'est la représentation de la douleur. Mais on comprend aussi que le locuteur a une douleur. Le mot exprime donc aussi une émotion, mais de façon indirecte, par un détour, de façon secondaire [2].

Celui qui dit « j'ai une douleur » exprime la (re)présentation d'une douleur (expression primaire) qui signifie (de façon primaire) la douleur et

1. Wittgenstein 1984d, § 797.
2. Meinong 1902, § 4, p. 20. Sur ces distinctions meinongiennes, *cf.* Krug 1929.

l'exprime aussi de façon secondaire. L'expression secondaire de la douleur a lieu *en vertu de* la signification primaire du mot «douleur». Dans la deuxième édition de *Über Annahmen*, Meinong nuance une de ces affirmations :

> Si quelqu'un se plaint d'une douleur, ce que le mot « douleur » exprime de façon primaire, *du moins selon l'interprétation habituelle*, c'est la (re)présentation de la douleur [1].

La précision en italique laisse ouverte la possibilité que celui qui dit «j'ai une douleur» n'ait aucun rapport épistémique, intellectuel ou (re)présentatif à sa douleur. Mais l'avis de Meinong (dès 1906) est que si celui qui souffre, qui exprime la douleur, ne se la (re)présente pas, il entretient néanmoins avec sa douleur un rapport épistémique, il en sait quelque chose, il la saisit (*erfasst*) :

> Si, dans un cas de ce que nous avons caractérisé [...] comme l'expression secondaire, quelqu'un dit «j'ai mal à la tête», personne ne va refuser au signe « mal à la tête » une signification, malgré le fait qu'il soit loin d'être évident que celui qui sait quelque chose de [*weiss um*] sa douleur doive se la (re)présenter [2].

Saisir (*erfassen*) sa douleur, ce n'est pas se la (re)présenter. Quelle est donc la signification de «j'ai mal à la tête»? La phrase n'a pas de signification primaire, elle n'exprime pas une (re)présentation dont l'objet, la signification, serait la douleur. Elle exprime de façon secondaire la douleur en vertu du fait que le prédicat « a mal à la tête » possède une signification primaire quand il est employé, par exemple, pour attribuer la douleur à autrui. Elle a aussi, suggère Meinong, une signification secondaire. Elle signifie de façon secondaire la douleur qui est saisie, mais pas (re)présentée, par sa victime: «à ce que nous avons appelé une expression secondaire correspond une espèce de "signification secondaire"» [3]. Signifier de façon secondaire présuppose qu'il y ait une expression secondaire, laquelle présuppose à son tour la possibilité de la signification primaire. Si Meinong a raison, son analyse descriptive a mis en évidence quelques-uns des leviers qui constituent le langage psychologique [4].

1. Meinong 1977, § 4, p. 26.
2. *Ibid.*, § 4, p. 28.
3. Meinong 1902, § 4, p. 22.
4. Russell, lecteur assidu de *Über Annahmen*, simplifie un peu l'analyse de Meinong: « Le langage sert à trois choses : (1) à *indiquer* des faits, (2) à *exprimer* l'état du locuteur, (3) à *modifier* l'état de l'auditeur [...]. Dans certains cas, la distinction entre (1) et (2) semble ne pas

Quand, au début des années trente, Wittgenstein aborde le fonctionnement des phrases psychologiques à la première personne du singulier et au présent de l'indicatif, Moore lui attribue le propos suivant :

> [Wittgenstein] ajoutait que [...] les *significations* de « j'ai mal aux dents » et « il a mal aux dents » doivent être différentes [...]. Et il exprima aussi son point de vue selon lequel les deux expressions se situent sur des plans grammaticaux différents en disant que ces deux expressions ne sont pas toutes deux des valeurs de la même fonction propositionnelle « *x* a mal aux dents » [1].

En 1938, Husserl mentionne la thèse selon laquelle les phrases à la première personne et les phrases à la troisième personne n'ont pas la même forme logique, thèse qui implique la suggestion de Wittgenstein :

> Est-il vraiment le cas que, comme le soutient la tradition, la forme copulative *S* est *p* est le schéma fondamental du jugement ? Cette question doit être abordée en connexion avec le fait que, selon ce schéma, il va de soi que le sujet [« je »] [...] peut être inséré dans le schéma sous la forme de la troisième personne [...]. Cela présuppose que le jugement à la première personne [...] n'exprime aucun sens logique [*logische Sinnesleistung*] qui dévie du sens exprimé par la troisième personne [2].

La description la plus célèbre que donne Wittgenstein du fonctionnement des phrases psychologiques se trouve dans *Le Cahier bleu* :

> On peut distinguer deux modes d'usage du mot « je » [...] que je nommerai « l'usage objectif » et « l'usage subjectif ». Voici quelques exemples du premier : « J'ai le bras cassé », « J'ai grandi de douze centimètres », [...]; ainsi que du second : « Je vois un tel », « J'entends un tel », [...]. On peut préciser la différence entre ces deux catégories d'exemples en disant que les cas de la première catégorie nécessitent la reconnaissance d'une personne particulière et laissent une porte ouverte à l'erreur, ou plutôt, devrais-je dire, l'erreur en de tels cas est permise [...]. Par contre, quand je dis que j'ai mal aux dents, il n'est pas question de reconnaître quelqu'un ; et il serait absurde de me demander : « Êtes-vous bien sûr que c'est vous qui souffrez ? » Mais lorsqu'aucune erreur n'est possible, comme dans ce cas, c'est que la possibilité d'erreur, le « faux mouvement » dirons-nous, ne fait pas partie de la règle du jeu [...]. La différence que nous voulions indiquer se dessine mieux à présent : il m'est impossible de me tromper quand je dis :

exister. Si je m'écrie "J'ai chaud !", le fait indiqué est un état qui m'est propre, et l'état même que j'exprime » (Russell 1951, p. 204 et 206).

1. Moore 1993, p. 98-99.
2. Husserl 1954, § 2, p. 6-7.

> « J'ai mal aux dents », comme il m'est impossible de prendre en ce cas une autre personne pour moi-même, car je ne puis crier de douleur à la place d'un autre que j'ai pris pour moi. Dire « Je souffre » est aussi peu un énoncé *au sujet* d'une personne que ne l'est pousser un cri de douleur (*BB*, p. 66-67).

La description donnée par Wittgenstein des phrases psychologiques à la première personne diffère de celle donnée par Meinong lorsqu'il introduit ses distinctions entre signification et expression primaire et secondaire. Comme Meinong, Wittgenstein ne pense pas que celui qui dit « j'ai mal aux dents » possède une (re)présentation de sa douleur. À la différence de Meinong, en revanche, il ne pense pas que la victime entretienne un rapport épistémique quelconque avec sa douleur. Nous savons que les deux philosophes n'utilisent plus le terme « signification » de la même manière. Mais il est curieux que Wittgenstein n'ait pas mentionné la possibilité que sa distinction entre signification primaire et signification secondaire éclaire les différences entre les deux usages du prédicat « avoir mal aux dents » à la première et à la troisième personne, ainsi que les similarités entre « j'ai le bras cassé » et « il a mal aux dents ». Le prédicat dans « je souffre » n'est-il pas un exemple d'une « application secondaire » d'un prédicat dont l'application primaire, la signification, et donc l'usage primaire, est illustré par « Skinner souffre » ? La phrase « je souffre » n'exprime-t-elle pas la souffrance *en vertu de* la signification (l'usage) primaire du prédicat, à la différence, par exemple, d'un cri ?

Wittgenstein revient à la question du fonctionnement de « je » au sein des phrases psychologiques dans les *Recherches* :

> Lorsque je dis « j'ai des douleurs », je n'indique pas une personne qui a des douleurs, puisqu'en un certain sens je ne sais pas du tout *qui* en a. Et cela peut se justifier. Car avant tout, je ne dis pas que telle ou telle personne a des douleurs, mais que « moi j'ai… ». Or, par là, je ne nomme [*nenne*] aucune personne. Pas plus que je ne nomme qui que ce soit en *gémissant* de douleur. Bien que l'autre puisse reconnaître aux gémissements *qui* a des douleurs (*PU*, § 404).

On peut penser que le mot « je » ne nomme pas parce que ce n'est pas un nom. Les noms propres ne sont pas des expressions indexicales ou démonstratives (« occasionnelles »), affirment à juste titre Husserl, Bühler et Wittgenstein. Mais on peut aussi penser que le mot « je » ne nomme pas ou ne désigne pas, dans certains contextes, parce que sa fonction dans ces contextes est exclusivement celle d'un signal, celle de guider autrui. C'est l'avis de Scheler,

> Une personne « agit », « se promène » ; un « je » ne peut pas faire cela. Évidemment le langage nous permet de dire « j'agis », « je me promène ». Mais le mot « je » ne désigne pas [*Bezeichnung*] un « moi » comme fait psychologique. Il est une expression occasionnelle, dont la signification change d'un locuteur à un autre et n'est rien d'autre que la forme linguistique de l'allocution [*Anrede*]. Ce n'est pas « je » qui parle, mais un homme. Ici, « je » n'a que le sens d'une forme d'allocution [1].

C'est également celui de Wittgenstein

> Si vous envisagez de remplacer « Je souffre » par un signal, vous voyez que la première erreur est de penser que « je » *tient lieu* de quelque chose [2].

La fonction des signaux est de guider autrui et soi-même. Dans le chapitre suivant, nous examinons les descriptions de cette fonction données par Bühler et Wittgenstein. Dans le chapitre huit, nous examinerons quelques liens possibles entre le fait d'être guidé par les signaux ou par les règles et la certitude primitive. Dans ce même chapitre, nous constaterons que la description de la certitude primitive éclaire d'un jour nouveau les descriptions de la fonction des phrases psychologiques et mentales à la première personne que nous avons considérées dans ce chapitre ainsi que dans le chapitre trois.

1. Scheler 1966, p. 389.
2. Wittgenstein 1988a, p. 47.

CHAPITRE VI

DES MOTS ET DES DALLES[1]

L'ESSENCE DU LANGAGE

Wittgenstein mentionne dans la section 65 de ses *Recherches* « la grande question qui se trouve derrière toutes ces considérations ». Jusque-là, il n'a en effet pas encore affronté directement la question : qu'est-ce qui est essentiel au langage ? Sa réponse directe à cette question est que ce que nous appelons le langage est un ensemble de structures (*Gebilde*) qui ne présentent aucun trait commun, mais sont apparentées les unes aux autres de plusieurs façons différentes (*PU*, § 92 et 108).

Au premier abord, cette réponse tranche fortement par rapport à une conception du langage antérieure dans la philosophie autrichienne, la vision empirico-téléologique due à Brentano, Marty, Edouard Martinak, Ahlman et Bühler[2]. Ce dernier pense que les langues humaines sont définitivement caractérisées par quatre « axiomes » (présentés ci-dessous); « les *relations sémantiques* constituent l'objet "langage" » (*ST*, p. 58; *cf.* p. 141); « le langage est ce qui satisfait aux quatre axiomes » (*ST*, p. XXVIII). Les axiomes en question révèlent « l'essentielle équivalence structurelle [*wesenhafte Strukturgleichheit*] de toutes les langues

1. Une version antérieure de ce texte, traduite par Didier Samain, est parue en 2004 sous le titre « L'essence du langage, les maçons de Wittgenstein et les briques de Bühler » dans *Les dossiers de HEL* [supplément électronique à la revue *Histoire Epistémologie Langage*], vol. 2 ; la référence complète peut être trouvée dans la bibliographie en fin de volume.

2. *Cf.* Ortner 1983 ; Toccafondi 1995 ; et Friedrich 2009. Bühler examine longuement la philosophie descriptive du langage de Marty dans Bühler 1909. Sur Marty, *cf.* Mulligan 1990a ; Mulligan (éd.) 1990 ; Cesalli 2009, et Cesalli 2012.

humaines» (*ST*, p. XXII), «la structure du langage humain au singulier» (*ST*, p. 141). C'est pourquoi Bühler est heureux de parler de «l'essence du langage» (*ST*, p. XXI et XXIII). Ailleurs, il note que ses axiomes ne sont peut-être que des conditions nécessaires pour que quelque chose puisse être compté comme une langue naturelle. Cette vision empirico-téléologique du langage contraste également avec une autre tradition autrichienne inaugurée par Bolzano et développée par Husserl dans ses *Recherches logiques*. Selon cette denière, il faut décrire la structure formelle des propositions, du point de vue grammatical et sémantique, avant de proposer toute interprétation du langage en termes d'intentions et d'usage.

Dans ce qui suit, nous verrons que les exemples avancés et décrits par Wittgenstein dans *PU*, § 1-21, qui font partie de sa tentative de déconstruction de l'idée que le langage possède une essence cachée, sont explicitement envisagés dans l'analyse de Bühler. S'il en est ainsi, alors cela nous fournit au moins une raison apparente de penser que Wittgenstein n'est pas parvenu à mener à bien sa déconstruction. Dans le bref aperçu que je donne de la description du langage proposée par Bühler, je ne fournis que ce qui est nécessaire pour comprendre la comparaison limitée entre celui-ci et Wittgenstein, comparaison à laquelle est consacré ce chapitre.

L'INTERPRÉTATION EMPIRICO-TÉLÉOLOGIQUE DU LANGAGE ET L'ANALYSE DE BÜHLER

Il se trouve que les présupposés initiaux de Bühler et Wittgenstein sont suffisamment semblables pour qu'il vaille la peine d'en proposer une comparaison critique. Au cœur de la conception empirico-téléologique du langage, il y a une thèse portant sur le mode de développement et d'acquisition du langage, une thèse qui détermine à son tour un certain nombre de thèses apparentées concernant son fonctionnement. Le langage, affirme-t-on, se développe par le biais d'extensions complexes dans l'usage de signes, lesquels sont des outils correspondant à des intentions et des buts. Ces extensions sont dues aux intentions des locuteurs individuels, bien que les processus complexes d'adaptation et de sélection qui régissent le changement sémantique et la production d'un ordre linguistique spontané ne soient pas le genre de chose dont un individu pourrait avoir une vue d'ensemble. De cette thèse génétique, Marty et Bühler tirent la conclusion que beaucoup de mots sont des termes de ressemblance de famille, et que le langage contient des « images » fictives qui induisent en erreur[1]. De la thèse que les mots sont des outils, ils infèrent la fausseté de cette variété de platonisme à propos des significations qui veut y voir des entités indépendantes du langage. Le caractère partiellement nominaliste et naturaliste de leur vision du langage conduit à une analyse qui se trouve à bien des égards aussi diamétralement opposée aux conceptions de Husserl que les conceptions de Wittgenstein le sont à celles de Frege.

Bühler nous fournit ainsi une interprétation du langage comme phénomène biologique et social : le langage est fondé sur un dressage aveugle [*Dressur*], sur l'instinct et sur deux types de comportement qui sont communs aux animaux humains et non humains : le fait d'exprimer et de guider ou de signaler. Dès les extensions les plus primitives des instincts jusqu'à la lecture des textes et au fait de donner des ordres, les actions sont inséparables de la perception dynamique[2]. C'est pourquoi – et cela vaut en particulier pour l'expression et le guidage – toute interprétation est fondée sur le comportement et s'y conforme souvent. Comme nous l'avons vu, selon Bühler « la fonction de représentation » s'est développée « à partir de quelque chose de plus primitif »[3]. Le langage s'étend par l'ajout de nouveaux leviers et de nouvelles articulations. C'est un « instrument d'orientation pour la vie en communauté » (*ST*, p. 48). Mais, en bon « Autrichien », Bühler pense que le biologisme et le sociologisme, et plus généralement toute théorie purement causale de l'esprit et du langage, échouent à prendre en compte le caractère général des relations internes ou lois structurelles (*Strukturgesetze*).

Quatre axiomes, ou quatre lieux communs, dirons-nous, susceptibles de recevoir de multiples spécifications supplémentaires, sont censés capturer l'essence du langage :

A) Il y a exactement trois fonctions linguistiques de base : l'expression, la représentation et le guidage ou appel.

B) Il y a exactement trois types (matériels) fondamentaux d'entités linguistiques : les symptômes (indices et indicateurs), les symboles et les signaux.

C) Il y a deux niveaux de formalisation aussi bien pour (A) que pour (B) : « action de parole » [*Sprechhandlung*] et « œuvre de langage » [*Sprachwerk*], d'une part, « acte de parole » [*Sprechakt*] et « structure

1. *Cf.* le premier chapitre, « Description erronée, image trompeuse et premiers pas » ; et Mulligan 1990a.

2. Bühler 1930, p. 317.

3. *Ibid.*, p. 299. *Cf.* chap. V, « La représentation (*Darstellung*) ».

linguistique » [*Sprachgebilde*], d'autre part. Les premiers sont *subjektbezogen*, liés aux sujets, les derniers sont *subjektentbunden*, libres ou indépendants des sujets, mais non des conventions linguistiques.

Un acte de parole est un type ou une espèce dont les actions de parole sont les occurrences. Le résultat d'une telle action, un *Sprachwerk*, est un produit (comme Twardowski l'a signalé[1]). Une structure linguistique, autrement dit un modèle ou un paradigme, est un type dont les produits sont les occurrences.

D) Les deux espèces fondamentales de *Gebilde*, de structures, sont les mots et les champs, qui sont mutuellement dépendants, c'est-à-dire en liaison interne. Il y a des champs verbaux et non verbaux. Les champs verbaux sont propositionnels, les champs non verbaux sont comportementaux ou physiques (*ST*, § 2-6).

Par « expression », Bühler entend en premier lieu la fonction qui consiste à indiquer ou à manifester des états mentaux et vitaux; par « appel » et « guidage » (*Steuerung*), celle qui consiste à influencer, à guider et à déclencher le comportement d'un interlocuteur ou d'un autre type de créature. Expression et guidage apparaissent dans toute interaction linguistique, mais ils peuvent aussi coopérer dans des interactions non linguistiques, comme lorsqu'un apprenti tend quelque chose à son maître, tandis que tous deux sont engagés dans une tâche commune et partagent un champ visuel – un exemple sur lequel nous reviendrons. Curieusement, Bühler, tout comme Wittgenstein, semble avoir été presque complètement aveugle à la variété et à la structure des épisodes linguistiques initialement décrits par Reinach comme des « actes sociaux », et qu'on appelle aujourd'hui des actes de langage (promettre, ordonner, interroger).

Qu'entend Bühler par « représentation »? Selon lui, comme nous l'avons vu au chapitre précédent, la première fonction des noms et des phrases est de représenter (*darstellen*) des choses et des états de choses. Noms et phrases se trouvent en relation idéelle (*ideell*) avec les choses ou processus et les états de choses qui contiennent ces choses ou processus. Il s'agit de la relation d'assignation ou d'application (*Zuordnung*). À l'intérieur de la classe des noms, il distingue deux types fondamentaux de mots : les noms de choses et les noms de processus et d'activités. Ainsi qu'il le fait remarquer, les systèmes casuels et prépositionnels des langues indo-européennes sont apparus pour rendre possible la description d'activités effectuées par des sujets et impliquant des objets de différents types. Un

1. Twardowski 1999.

autre type d'énoncé, l'énoncé impersonnel, décrit encore un autre type d'épisode.

Une distinction plus large, voire plus fondamentale, entre les types de mots est celle opposant les mots qui désignent sans l'aide de la perception à ceux qui, tels les signaux indexicaux, réclament une telle aide. L'axiome de la théorie du langage qui pose

> que tous les signes langagiers doivent être des *symboles* du même type est trop étroit; car certains d'entre eux, tels les mots déictiques, se révèlent être des *signaux*. Et on ne doit pas exiger la même chose d'un signal et d'un (pur) symbole, parce qu'il y a une différence sématologique entre les deux (*ST*, p. 107).

Tout comme Wittgenstein, Bühler critique sans les nommer des logiciens qui confondent indexicaux et noms propres. Ils songent sans doute respectivement à Russell et à Carnap.

Il faut distinguer la relation d'*application* de celle de *vouloir dire* (*Meinen*) quelque chose, ainsi que de celle d'*association*. L'application ou corrélation (*Zuordnung*) dont il a été question au chapitre précédent est une relation entre expressions linguistiques et choses « dans le cadre des conventions de la communauté linguistique pour laquelle le dictionnaire avait été fait, dans laquelle "on" emploie le mot » (*ST*, p. 30). L'association est une liaison psycho-physique entre l'image acoustique d'un mot et l'image de la chose correspondante. Le vouloir dire est un événement mental, mais il est caractérisé en termes d'application :

> L'objet nommé par le nom est *visé intentionnellement* et plus ou moins intentionnellement atteint dans des expériences de parole concrètes; c'est le cas chaque fois qu'un membre d'une communauté linguistique utilise lui-même le nom de manière signifiante et correcte en tant qu'émetteur, ou qu'il le comprend correctement en tant que récepteur d'un message verbal dans lequel ce mot apparaît (*ST*, p. 164).

Bien que ces trois relations « soient faites l'une pour l'autre », elles ne sont pas équivalentes et « il ne peut que naître une confusion irrémédiable » lorsqu'on n'arrive pas à les distinguer (*ST*, p. 164). Le vouloir dire n'est en effet pas une relation d'association (*ST*, p. 58-59). Bühler affectionne l'emploi d'expressions husserliennes du type « signifier en une seule pulsation », « d'un seul coup » (*ST*, p. 292; *cf.* p. 395 et 69) afin de caractériser le vouloir dire. Le critère externe qui indique qu'un locuteur a produit une phrase et une seule, a voulu dire quelque chose d'un seul coup, est un certain type d'intonation.

Il faut également distinguer les actions linguistiques et le fait de signifier ou de vouloir dire de ce que Bühler appelle les structures linguistiques, qui sont des entités idéales possédant une histoire, ce que Husserl appelle des « idéalités liées » – par exemple la « génidentité » (*Genidentität*) ou identité à travers le temps du mot allemand *Vater*, qui est un mot unique pour le linguiste (*ST*, p. 62).

L'axiome (D) distingue quant à lui le champ verbal des champs non verbaux. Étant donné qu'il existe deux types principaux de champs non verbaux, nous avons trois types fondamentaux de contextes (*Umfeld*, champ environnant) pour les mots :

– les champs composés d'autres mots (champs synsémantiques);
– les champs composés de comportements (champs sympratiques);
– les champs composés d'objets physiques (champs symphysiques).

Si Bühler a raison, les principes contextuels de Frege et de Wittgenstein dans le *Tractatus*, mais aussi de nombreux linguistes contemporains, sont trop étroits : les mots ont certes besoin d'un contexte pour signifier, mais il n'est pas nécessaire que ce contexte soit propositionnel. Bien que l'existence d'un espace ou d'un champ et des relations qui lui sont associées soit nécessaire, il faut admettre les champs physiques et comportementaux en plus des champs propositionnels. Comme exemples de nominations sympratiques (Bühler dit aussi *empratiques*, cf. *ST* 159) ou d'actes de montrer utilisant des signes linguistiques isolés, nous avons les énoncés typiques du client au café qui commande « un noir » au garçon, ou encore ceux du passager dans le tramway, qui demande « un aller-simple » au receveur (*ST*, p. 155), tout comme les interjections qu'on emploie pour interpeller les autres comme « hé ! », ou « allô ! » (*ST*, p. 300). Les démonstratifs sont utilisés sympratiquement dans la mesure où ils se combinent avec des gestes pour fonctionner comme des signaux (*ST*, p. 31). Un usage sympratique du signe fait partie d'un champ environnant qui est une « Praxis » ; il est enchâssé dans une pratique (*ST*, p. 158-159).

Les noms peuvent être attachés physiquement à ce qu'ils nomment, comme les noms de marques, les titres de livres ou les noms gravés sur des mémoriaux. Les noms de lieux sur les poteaux indicateurs qui nomment les endroits qu'ils indiquent sont des « agrafages à distance » (*ST*, p. 159). Une autre variante du cas le plus simple est la relation entre les noms de propriétaires ou de producteurs inscrits sur les objets possédés ou produits et les personnes en question. L'agrafage matériel est commun à tous les emplois symphysiques de noms. Les différents types de *suppositiones* font usage des différents champs dans lesquels les signes peuvent apparaître (*ST*, p. 312). Ainsi, la mention d'un mot comme dans

« charlatan » est un mot dur,

implique un champ symphysique – le mot mentionné est une partie physique du terme singulier; elle implique un champ sympratique – la marque de mention fonctionne de manière indexicale; et bien sûr, la mention d'un mot se produira fréquemment, comme dans notre exemple, dans le contexte d'un champ synsémantique.

Dans quelle sorte de relations sémantiques les signes symphysiques et sympratiques se trouvent-ils ?

Des interjections comme « allô ! » n'apparaissent jamais dans des champs symboliques comme le font les noms, et elles ne peuvent pas davantage être comptées « sans réserve » parmi les termes déictiques. « Peut-être n'aurait-on pas tort non plus de les classer dans le système à une classe des appels humains et animaux, en les séparant de la sorte encore plus radicalement des mots proprement dits », qui appartiennent quant à eux au système à deux classes, formé de mots et de phrases (*ST*, p. 300). À propos d'autres signes sympratiques, Bühler écrit :

> Pour peu qu'on examine les faits sans biais, il apparaît largement indifférent que ces termes soient des particules déictiques ou qu'ils soient pourvus de fonctions dénominatives. S'il en a envie, au lieu de dire « avec correspondance », le voyageur dans le tramway peut tout aussi bien faire comprendre ce qu'il veut obtenir en indiquant avec le doigt l'une des deux souches de tickets que le receveur a en main. Pour le reste, la particule *geradeaus* [« tout droit », « sans détour », c'est-à-dire « aller simple »] qu'il faut peut-être (ou peut-être pas) comprendre comme un adverbe se trouve sur le même plan que le verbe *umsteigen* [« changer de train », c'est-à-dire « avec correspondance »]. Il apparaît que l'accusatif *einen schwarzen* [« un noir »] est équivalent à un nominatif. Parfois, il suffit d'un hochement de tête ou d'un *oui*, quand l'autre s'apprête avec une attitude interrogative à entreprendre l'action appropriée, ou bien on dit « l'autre, cette fois-ci » si la situation l'impose. Y compris dans cet emploi, les termes dénominatifs restent ce qu'ils sont, ils nomment quelque chose (*ST*, p. 156).

Ce qui est essentiel dans tous les emplois empratiques du langage apparaît selon Bühler lorsque nous réfléchissons à ce qui rend parfois nécessaire l'introduction du langage dans des transactions non verbales – sur ce qui est introduit, et pourquoi :

> Jadis à Vienne le passager n'avait même pas à préciser « avec correspondance », car il n'existait qu'une seule sorte de ticket. Celui qui voyait ici se dérouler sans accrocs la transaction familière qu'était l'achat d'un billet entre deux partenaires silencieux, celui-là savait aussi en fonction de quel cas limite la plupart des discours prétendument

> «elliptiques» doivent être compris: des îlots de langage émergent au milieu d'une mer de communication silencieuse, mais univoque, aux endroits où il s'agit d'opérer une différenciation, une *diacrise*, un choix entre plusieurs possibilités, et qu'on peut le faire commodément par l'insertion d'un mot. Ces [ilôts] émergent, et sont les bienvenus, tout comme sont bienvenus les noms et les flèches sur les poteaux indicateurs à la *croisée* des chemins que l'on suit (*ST*, p. 155-156).

En relation étroite avec les emplois symphysiques que l'on vient d'évoquer, il y a le cas du baptême.

> Lorsque je donne solennellement à un enfant un nom comme *Charles* ou *Marie* lors d'un baptême, il s'agit pour les participants, et plus tard pour d'autres, qui sont informés par les participants, d'une *convention* qui sera respectée. Ce prénom suffit à lui seul comme signe individuel dans les petits groupes.
> [...] Si on se place du point de vue de leur statut, c'est-à-dire de leur règle d'application, est-ce que ces noms sont équivalents à des «noms de classe»? Avec J. St. Mill, je réponds catégoriquement que *non*. En effet, l'application lors du baptême n'est pas et n'est jamais logiquement équivalente à une définition, mais vue de loin, elle est équivalente à l'application d'une marque à la craie rouge sur une maison. Le fait que le signe individuel qu'est le nom propre n'est pas marqué au fer sur le front du nouveau baptisé est sans importance pour la question qui nous occupe. Les participants en prennent déjà note, et sont en mesure (de manière toujours plus sûre au fil des ans) de reconnaître celui qui le porte en tant qu'individu distinct des autres. Cet individu existe déjà, et il a été amené au baptême; il n'a nul besoin d'une «définition». Et de fait le baptême n'est pas une définition, mais (la tentation est forte de poursuivre en disant «un sacrement») c'est une assignation [*Beilegung*] analogue à un agrafage; on confère de façon déictique un nom. Les noms propres sont distribués de manière déictique; ce n'est pas exactement le champ symphysique, mais bien quelque chose d'analogue qui est en jeu ici (*ST*, p. 235-236; *cf.* 226, *PU*, § 38).

Nous avons mentionné jusqu'à présent des cas où les signes linguistiques forment des unités avec des éléments non linguistiques qui ne sont pas eux-mêmes des signes. La distinction entre les champs synsémantiques et symphysiques connaît des analogues parfaitement non linguistiques. Les symboles non linguistiques réclament des champs tout comme le font les symboles linguistiques. Le papier à musique qu'utilisent les musiciens, les cartes, les espaces picturaux, la scène qui est le champ de l'acteur, et les représentations graphiques de courbes sont des exemples de champs non linguistiques (*ST*, p. 179-185)[1].

Comme exemples de champs similaires à l'intérieur du langage, il y a le système {action-agent-patient} exprimé par l'ordre des mots ou des cas dans les langues indo-européennes (*ST*, § 15), le système des événements, des lieux et des époques tel qu'il est exprimé par les phrases impersonnelles (*ST*, p. 376 *sq.*), celui des relations internes exprimé par des verbes et des accusatifs internes (*ST*, p. 246 *sq.*), et celui des phrases nominales et des conjugaisons (*ST*, p. 195).

Les descriptions données par Bühler des outils de représentation non linguistiques sont introduites afin d'éclairer les structures des emplois représentationnels du langage. Ainsi qu'il le fait observer, il est curieux que ce type de comparaison soit si rare (*ST*, p. 179 *sq.*).

L'alphabet, le système écrit de numérotation décimale, et les nombres oraux, par exemple, sont des intermédiaires, des « instruments de médiation », que Bühler appelle *classeurs* ou *organisateurs* : « on les appelle des intermédiaires, parce qu'ils sont insérés *entre* [*nous et les choses*], et on les appelle des organisateurs parce que ce qu'ils font est comparable à ce que font des instruments matériels d'organisation comme les classeurs de lettres, les catalogues et d'autres outils du même type » (*ST*, p. 193). Ce sont des « relations d'application indirectes, *médiatisées* » (*ST*, p. 192), contrairement aux applications directes abordées précédemment. Les classeurs jouent un rôle analogue à ce que Marty avait appelé des formes linguistiques internes[2], bien qu'ils s'en distingent en étant toujours remplaçables par des équivalents externes.

Bühler donne l'exemple suivant. Considérons deux manières d'assigner des lettres aux sommets d'un polygone, soit arbitrairement, soit en suivant l'ordre alphabétique de A à F. À la différence de la première, la seconde solution introduit un rudiment d'iconicité et cette projection des sommets du polygone sur la série associée des lettres de l'alphabet offre un certain nombre d'avantages. Par conséquent, « on peut [...] ôter l'objet de la sphère de la perception, et cependant énoncer encore un certain nombre de choses à son sujet, immédiatement vérifiables avec la seule aide de la série associée » (*ST*, p. 192-193).

Les ordres aveugles de l'alphabet ou des nombres sont appris par association. Mais une fois que l'on a appris une convention, par exemple la

1. Nous examinerons au cours du chapitre suivant un exemple de ce type discuté par Bühler et par Wittgenstein, à savoir le contexte formé par un tableau.

2. Marty 1976, p. 134-150.

convention selon laquelle certains signes doivent avoir la valeur de l'unité, des dizaines, des centaines, et ainsi de suite de droite à gauche, « des aperçus structuraux deviennent possibles et sont utilisables lorsqu'on opère avec des nombres, aperçus qui ne pourraient être extraits d'une chaîne associative aveugle comme telle » (*ST*, p. 194).

Bühler attache une grande importance à la façon dont fonctionnent les classeurs. Il serait, pense-t-il,

> facile de montrer qu'à l'intérieur du système de signes dont est constituée une langue parlée, apparaissent de grands nombres de chaînes associatives et de réseaux associatifs qui, du point de vue psychologique, se trouvent au même niveau que la chaîne alphabétique, et qui rendent des services équivalents dans la tâche vaste et globale d'organiser notre savoir à propos des choses, et de transmettre ce savoir aux autres (*ST*, p. 193)[1].

Les champs symboliques, linguistiques ou non, sont caractérisés par la *pertinence abstractive*. Leurs propriétés sont dues à des conventions et à la tradition, et ne sont pas des propriétés physiques. Qui ne le voit pas se rend coupable de ce pêché, que nous connaissons déjà, de fourvoiement substantialiste (*stoffliche Entgleisung*) :

> Une feuille de papier blanc en face de moi n'est pas encore un champ. Pas plus que n'est encore un champ la succession brute du discours humain dans le flux sonore. Mais il faut que quelque chose soit intégré ou ajouté à la succession des sons, quelque chose qui corresponde au réseau de coordonnées géographiques, ou à la portée de cinq lignes parallèles sur le papier à musique, pour obtenir un champ ou des champs à partir de la succession temporelle (*ST*, p. 181).

Ne pas prendre en compte les relations sématologiques internes, fixées conventionnellement, conduit soit à l'erreur qui consiste à ne rien voir d'autre que les propriétés physiques des signes, soit à une conception du langage qui lui attribue des propriétés « magiques ». Les deux erreurs se trouvent combinées dans les conceptions du langage qui réduisent le phénomène de pertinence abstractive et les relations internes à de mystérieuses relations causales[2]. Une autre erreur encore serait d'affirmer que les relations internes nécessaires au langage requièrent une position platonicienne. Les relations internes émergent de faits contingents et elles en dépendent.

1. Les classeurs de Bühler ne sont pas à confondre avec les fichiers mentaux de John Perry ou de Husserl. *Cf.* Beyer 2008.

2. *ST*, p. 46-47. *Cf.* Wittgenstein 2005, p. 35.

Pour Bühler comme pour Husserl, toutes les phrases portant sur des objets situés dans le temps sont indexicales d'une manière ou d'une autre (*ST*, p. 373). Mais le fait que le langage soit un système qui consiste en deux types de champs, symboliques et déictiques, les premiers dépendant des seconds, trouve lui-même sa source, du moins dans la perspective de Bühler, dans le rôle de la déixis dans l'apprentissage. Bühler qualifie (*ST*, p. 385) la déixis dans l'usage ordinaire du langage de *déixis d'objet*, et son rôle dans l'apprentissage de *déixis d'apprentissage* (*Lerndeixis*). Chaque locuteur « a acquis durant l'enfance la signification de *tous* les termes dénominatifs d'objets et d'états de choses par une désignation directe ou indirecte, et l'a conservée par la pratique » (*ST*, p. 383).

Le mécanisme est identique lorsque nous sommes confrontés à de nouveaux symboles dans le domaine logique ou scientifique :

> « Regarde là ! Ce signe que tu as devant les yeux sur le tableau, sur la page du livre, nous l'utilisons comme symbole pour telle et telle chose ». C'est ainsi ou d'une manière analogue que l'on procède pour conférer une signification à tous les symboles, et en pratique aucun système de symboles ne peut être mis en circulation intersubjective sans qu'il soit fait recours à cet auxiliaire déictique (*ST*, p. 383).

Étant donné que la « déixis d'apprentissage [...] *continue* [...] toujours *à s'exercer* dans notre compréhension de toutes les phrases » (*ST*, p. 385), tous les éléments non linguistiques nécessaires à l'acquisition du languagе – modèles, motifs colorés, ou tables de couleurs – *appartiennent au langage*. Selon Bühler,

> [...] la *théorie des deux champs* affirme que les différentes manières de mettre sous les yeux en montrant et en présentant relèvent tout autant de l'essence du langage naturel, et n'en sont pas plus éloignées que l'abstraction et l'appréhension conceptuelle du monde (*ST*, p. xxiii).

Il s'agit là d'une affirmation qui vaut tout à la fois pour la façon dont le langage est utilisé et pour la façon dont il est appris. Chaque action de parole (*Sprechhandlung*) et le type dont elle est une instance, un acte de parole (*Sprechakt*), font partie d'une histoire de l'action, qui est à son tour enchâssée dans l'histoire du locuteur, laquelle inclut l'histoire de son apprentissage et de l'acquisition de ses capacités linguistiques[1]. La conception que propose Bühler du rôle de la perception pour rendre possible la relation d'application est une vision révisée de la conception

1. Bühler 1933, p. 51-52.

réaliste et vérificationniste que Husserl se fait de la signification et de l'intentionalité. Mais Bühler tire ce type de conception vers le nominalisme et le naturalisme et gauchit les conceptions autrichiennes du langage antérieures sur quatre points.

Premièrement, s'il accepte et développe la thèse husserlienne selon laquelle la référence aux objets temporels dépend de la perception, il ne semble pas accepter celle selon laquelle la prédication, dans les cas les plus simples, dépend de la possibilité de vérification ou de falsification par la perception. Selon le vérificationnisme réaliste de Husserl, le sens ou la signification des expressions dépend de leur relation possible à la perception. Pour Bühler en revanche, les expressions sont dépourvues d'une quelconque signification platonicienne. Elles sont utilisées de manière signifiante dans la mesure où elles sont reliées de manière interne à la perception et par conséquent au comportement.

Deuxièmement, le fait de suivre des règles linguistiques est ancré dans le contexte de la perception, du comportement et de l'instinct :

> chaque parole concrète se trouve en liaison vitale [*im Lebensverbande*] avec le reste du comportement pourvu de sens d'un individu. Elle *se trouve parmi* les actions, et elle *est elle-même* une action (*ST*, p. 52).

La perception naturelle et le langage naturel sont, pour Bühler comme pour Scheler, deux composantes centrales de l'attitude naturelle du sens commun.

Troisièmement, Bühler insiste, contre Husserl et Scheler, sur le fait que représenter est une fonction linguistique. Cette thèse ne le conduit cependant pas à affirmer que le langage a un but qui lui serait extérieur, comme c'est le cas pour l'activité de cuisiner[1]. Marty développe quant à lui une conception du langage qui l'assimile à la cuisine : le locuteur, estime-t-il, a pour but de modifier l'état cognitif ou affectif d'un interlocuteur. Bühler insiste de même sur le fait que, dans la mesure où le langage est une action, cette action doit être conçue comme une praxis au sens d'Aristote. C'est seulement dans la mesure où l'emploi du langage entraîne la production d'œuvres et de leurs types que le langage des buts devient approprié (*ST*, p. 52-53). L'« appareil sémantique ou les relations » – expression, guidage et représentation – contribue à constituer la vie des communautés humaines[2].

1. Wittgenstein 1973, § 133.
2. Bühler 1929, p. 39.

Une part importante de la réflexion de Bühler concerne la distinction entre les fonctions spécifiques du langage et les buts de son usage[1]. Si un type d'usage du langage est dépourvu de but externe, alors sa dimension normative est celle d'une norme catégorique; s'il en possède un, alors sa dimension normative est celle d'une norme hypothétique. Cette distinction apparaît déjà dans l'analyse bühlérienne des jeux de langage enfantins et de leur rôle dans l'acquisition du langage et dans d'autres types d'apprentissages. Si le langage est au commencement le résultat d'une interaction entre dressage et jeu[2], les premiers jeux de ce type sont des *Handlungspiele*, des « jeux d'activité », lesquels n'ont pas de but externe, et sont suivis par des *Werkspiele*, des « jeux de production »[3].

Quatrièmement, c'est dans sa description de la variété du phénomène de guidage (*Steuerung*) que Bühler surpasse ses prédécesseurs. Typiquement, un locuteur guide et influence son interlocuteur, il déclenche des réactions[4]. Le guidage peut être unilatéral ou réciproque, intentionnel ou pas, verbal ou non. Mais nous sommes aussi guidés par des objets, des règles, des paradigmes et, par exemple, par nos connaissances : ce qu'un locuteur sait guide sa compréhension de ce qu'on lui dit (*ST*, p. 65, 171 et 172). Un exemple non verbal auquel nous avons déjà fait allusion est celui-ci :

> [Considérons] l'apprenti qui tend quelque chose à son maître ou contremaître lorsqu'il effectue une tâche habituelle ou l'assistant chirurgien et le chirurgien – ici, le fait que l'activité se poursuive de concert est déclenché par un guidage (*Steuerung*) dont le but appartient à un champ perceptif partagé[5].

La phénoménologue Gerda Walther avait donné un exemple similaire au cours de son analyse de l'intentionalité collective :

> Un nombre de travailleurs assemblés au hasard, des Slovaques, des Polonais, des Italiens, etc., qui sont tous employés sur un chantier [*auf dem Bau*]. Aucun d'entre eux ne comprend la langue des autres, ils ne se connaissent pas [...]. Ils élèvent un mur, certains vont chercher des briques et d'autres vont les porter aux premiers et ensuite les donner aux maçons, lesquels les couvrent de ciment et les placent les unes sur les autres – la

1. *Ibid.*, p. 123.
2. *Ibid.*, p. 208 *sq.*
3. *ST* 53. *Cf.* Bühler 1930 p. 220 *sq.* et 467 *sq.*
4. Bühler 1930, p. 483 ; *cf.* p. 220.
5. Bühler 1929, p. 40-41 ; *cf.* p. 90.

> tâche doit procéder de manière relativement précise avec un rythme déterminé de sorte qu'elle ne fléchisse pas [1].

Un autre cas décrit par Bühler se présente lorsque

> le but [*Richtpunkt*] du type désiré de direction transcende le champ perceptif partagé. Alors [...] un contact d'un ordre plus élevé est requis afin de rendre le guidage possible. [Dans un tel cas,] le locuteur fait appel aux représentations et aux concepts de son interlocuteur [2].

Peut-être en disant « dalle ». Mais avant que cela soit nécessaire, il y a, ajoute Bühler, « une gamme d'étapes intermédiaires et un labyrinthe de manières de transcender [le champ perceptif partagé] et de possibilités d'en venir à bout » [3].

Les perceptions fonctionnent comme des signaux dans le domaine du comportement instinctif. Les impressions sensorielles déclenchent et guident notre activité [4], et il y a donc une grande « richesse » des espèces de guidage [5]. Un exemple particulièrement important du guidage pour Bühler est la lecture – la lecture d'un texte compris, mais aussi celle d'un texte qui ne l'est pas [6] – qui illustre parfaitement l'interaction entre les degrés de liberté et de rigidité qui caractérisent les rôles des signaux et du guidage dans notre vie.

La description du guidage par Bühler approfondit dans un cadre très différent les analyses de la lecture proposées par Husserl et, plus généralement, les analyses de ce que celui-ci appelle l'association, l'indication (*anzeigen*, *indizieren*), le stimulus (*Reiz*) et les « synthèses passives » [7]. Mais, selon Bühler, les fonctions, les types de guidages et les différents champs qui font partie de l'usage d'un mot contribuent à constituer les types ou structures dont les emplois des mots (les actions de parole) sont des instances. Dans la mesure où la signification d'un mot est une entité idéale, pure ou liée à ce monde, et entièrement représentationnelle, comme le pense Husserl, la dimension du guidage et les champs qui constituent l'usage d'un mot ne peuvent pas faire partie de cette signification. Il n'y a pas de vie en communauté (*Gemeinschaftsleben*), observe Bühler, sans

1. Walther 1923, p. 30-31 ; *cf.* p. 32.
2. Bühler 1929, p. 41.
3. *Ibid.*, p. 40-41.
4. *Ibid.*, p. 73 et 77.
5. *Ibid.*, p. 122.
6. Bühler 1930, p. 137 et 414 ; et 1929, p. 75-76.
7. *LU* V, § 14 ; Husserl 1977, § 18 et 22 ; Husserl 1974, § 16(a) et appendice II, § 6 ; et Husserl 1954, § 16.

« guidage réciproque ». Cela implique, plus qu'un simple accord (*Konkordanz*) de fait, un accord dynamique[1]. On peut ajouter que cet accord entre le guidage et les réactions n'est pas plus un accord sur le plan de la représentation que sur celui des jugements[2].

LES EXEMPLES ET DISTINCTIONS WITTGENSTEINIENS

Ainsi que nous allons le voir maintenant, l'ouverture des *Recherches* illustre l'analyse du langage qui vient d'être exposée tout en rejetant l'une de ses composantes centrales.

Nombreux sont les lecteurs des *Recherches* frappés par la manière magistrale dont la première section ébauche les thèmes de la première partie, mais plusieurs d'entre eux sont troublés par le caractère apparemment décousu des exemples et des distinctions qui se multiplient en une rapide succession. Le lecteur qui a suivi mon esquisse de l'analyse bühlérienne du langage a de bonnes chances de faire l'expérience d'un changement d'aspect – ce que Bühler appelait une *Aha-Erlebnis* – en parcourant les paragraphes introductifs des *Recherches*. Il est possible qu'il en vienne à voir une maison là où il n'avait vu jusqu'alors que des dalles et des briques, ou peut-être une forêt là où il n'avait vu que des arbres.

Au début des *Recherches*, Wittgenstein esquisse une conception de la signification qui sera critiquée par la suite. Voici ce qui semble en être la première formulation et le premier rejet :

> L'ancienne conception s'appuyait essentiellement sur deux suppositions intrinsèquement liées. D'une part, on croyait que les fonctions du langage pouvaient être intégralement ramenées à la *fonction dénominative* [*Nennfunktion*] des mots : chaque mot est un nom de quelque chose, c'est-à-dire de sa signification (*Bedeutung*) [...]. Et on s'imaginait que la phrase contenait pour l'essentiel une somme [*Inbegriff*] de nominations [*Nennungen*]. Et corrélativement à cette première thèse, on se représentait les *processus d'apprentissage de la parole* comme un apprentissage de la nomination des objets. Ces deux thèses sont fausses ; la fonction de nomination n'est que l'une des multiples fonctions des mots, et l'observation systématique des enfants montre de plus en plus que l'apprentissage du langage n'est pas uniquement basé sur l'acquisition de cette fonction. Les

1. Bühler 1929, p. 38-39.

2. *Cf.* Martinak 1901, p. 43 ; Hartmann 1962a, p. 182 ; *PU*, § 241-242 ; Wittgenstein 1976 p. 183-4 ; et Mulligan 2002.

> choses apparaissent donc essentiellement plus complexes qu'elles ne semblaient l'être au regard de la théorie élémentaire de départ [1].

Ce passage fut publié par Bühler en 1909, après avoir cité Hobbes. Après avoir cité Augustin, Wittgenstein écrit quant à lui au début des *Recherches* :

> Ces mots, me semble-t-il, nous donnent une image particulière de l'essence du langage humain. À savoir celle-ci : les mots du langage nomment [*benennen*] des objets – les phrases sont des liaisons [*Verbindungen*] de pareilles dénominations. On trouve ici l'origine de l'idée suivante : chaque mot a une signification [*Bedeutung*]. Cette signification est coordonnée au mot. Elle est l'objet dont le mot tient lieu.
> Quant à une différence des classes de mots, Augustin n'en parle point. Qui décrit ainsi l'apprentissage du langage... (*PU*, § 1).

Dans la citation d'Augustin, un certain nombre de concepts tels que « appeler », « nommer », « désigner », « vouloir montrer » et « comprendre » sont employés. Au cours de son commentaire, Wittgenstein introduit trois distinctions et un usage du langage. La première distinction est celle qui oppose apprendre et utiliser le langage ; la deuxième distingue une certaine « image » du langage, et une certaine « idée » ; la troisième différencie des types de mots. L'usage du langage est la première des nombreuses descriptions concrètes de la façon dont le langage fonctionne ou pourrait fonctionner.

Selon cette image, les mots et les objets se trouvent en relation de nomination et les phrases sont des combinaisons de mots. Cette image est la racine de l'*idée* selon laquelle tous les mots se trouvent en relation d'application (*Zuordnung*, corrélation) aux significations (*Bedeutungen*), en situation d'en tenir lieu. Par la suite, Wittgenstein poursuit en introduisant des termes « sémantiques » apparentés : « signifier » (*bedeuten*), « désigner » (*bezeichnen*), « nommer » (*benennen*) et « se référer à » (*sich beziehen auf*). Dans les descriptions détaillées qu'il donne de la manière dont les mots sont et peuvent être utilisés, il nous présente des cas pour lesquels l'image est appropriée. Ce faisant, il suggère que la conception augustinienne du langage est simpliste.

La relation d'application est ensuite distinguée de deux autres relations. Il y a d'abord la liaison associative (*assoziative Verbindung*) (*PU*, § 6) que Wittgenstein présente parfois aussi comme impliquant la mémoire (*PU*, § 53 ; *cf.* § 256, 508 et 271). Enfin, la troisième relation nous est maintenant

1. Bühler 1909a, p. 107.

familière : il s'agit de la « relation » qui consiste à vouloir dire (*Meinen*) une chose au moyen d'un signe (*PU*, § 20). Le pendant de ceci est la compréhension d'un mot *mit einem Schlage*, « d'un seul coup ». Ce qui est compris dans des cas de ce genre n'est pas un « emploi » élargi d'un mot au cours du temps (*PU*, § 138; *cf.* § 139, 191 et 197).

La distinction finale introduite dans la première section des *Recherches* est celle qui oppose les noms de choses aux noms de processus ou d'activités, ainsi qu'à d'autres types de mots. Plus loin, dans la section 8, Wittgenstein introduit les expressions indexicales, qui sont ultérieurement distinguées des noms (*PU*, § 38), ainsi que des noms propres (*PU*, § 15).

FONCTIONS ET SIGNES EN CONTEXTE

Voyons maintenant l'usage du langage décrit dans la section 1 des *Recherches*. Ici, un client apporte au marchand un billet sur lequel se trouve marqué *cinq pommes rouges*, ce dernier ouvre le tiroir marqué *pommes*, cherche *rouge* sur un tableau, trouve un modèle de couleur en face de ce mot, compte jusqu'à cinq et finit par extraire cinq pommes rouges du tiroir. Cet usage du langage illustre les trois catégories bühlériennes des classeurs, des usages sympratiques et des usages symphysiques des signes. Les signes « cinq pommes rouges » se combinent avec une série d'actions qui en forment le champ. Le mot *pomme* apposé sur le tiroir est un exemple de mot appartenant à un champ symphysique, alors que le tableau contenant le mot « rouge » et des modèles de couleur, tout comme la série des nombres cardinaux, sont des classeurs.

Un aspect d'organisation des premières sections apparaît immédiatement. Après avoir introduit des exemples de classeurs, de signes sympratiques et symphysiques, Wittgenstein poursuit en abordant ces types d'emploi séparément et dans différentes combinaisons.

Un deuxième usage du langage (*PU*, § 2) est l'usage sympratique du langage seul. Le maçon, A, crie *bloc*, *dalle* ou *poutre*, et l'aide B « apporte la pierre qu'il a appris à apporter à tel ou tel cri »[1]. Un autre emploi du langage dans la section 8 ajoute deux classeurs et deux expressions déictiques au langage des maçons. Les expressions déictiques sont *là-bas* et *ceci*. Le premier classeur est une série de lettres de l'alphabet, le second un certain nombre d'échantillons de couleurs.

1. *Cf.* Innis 1988, p. 80; *BB*, p. 77 ; et Waismann 1965, p. 198 *sq*.

Dans une autre variante encore du jeu de langage des maçons, Wittgenstein mentionne un usage symphysique du langage, dans lequel des noms propres sont attachés à des objets. « Le signe [se trouve] sur l'objet qu'il désigne » :

> Supposons que les outils que A utilise en construisant portent certains signes. Si A montre un tel signe à son aide, ce dernier lui apporte l'outil qui est pourvu de ce signe [1].

Wittgenstein dit que

> le mot *désigner* [*bezeichnen*] est peut-être utilisé de la manière la plus directe quand le signe se trouve sur l'objet qu'il désigne [...]. C'est de cette façon, et de façon plus ou moins similaire, qu'un nom désigne une chose et qu'un nom est conféré à une chose. — Lorsque nous philosophons, il se révèlera souvent utile de nous dire à nous-mêmes : nommer quelque chose, c'est quelque chose qui ressemble [*etwas Ähnliches*] à attacher [*anheften*] une étiquette nominale à une chose (*PU*, § 15 ; *cf.* § 26).

Dans la section 37, Wittgenstein affirme que la relation de nomination peut *consister* en une série de choses différentes. Il mentionne trois possibilités. La première a déjà été évoquée : il se peut qu'elle consiste en ce que Bühler appelle un nom dans un champ symphysique. Elle peut aussi consister en ce que ce dernier appelle un nom dans un contexte sympratique, voire en une association [2] :

> Quelle est la relation entre le nom et ce qui est nommé ? – En effet, quelle *est*-elle ? Regardez le jeu de langage [du § 2], ou un autre, c'est là qu'on peut voir en quoi peut consister cette relation. Elle peut, entre autres choses, consister également en ceci, que l'audition du nom évoque en notre âme l'image de ce qui est nommé, et elle peut aussi consister dans le fait que le nom est inscrit sur ce qui est nommé, ou qu'on le prononce en montrant ce qui est nommé (*PU*, § 37).

C'est ici que l'on voit émerger avec la plus grande netteté la différence centrale entre la description de la fonction des mots chez Bühler et chez Wittgenstein. Nous avons déjà noté au chapitre précédent ce que l'on a pu appeler l'anti-représentationalisme de Wittgenstein et le réprésentationalisme de Bühler, le successeur des représentationalismes encore plus

1. *PU*, § 15. Le fait que ces marques sont des noms propres est indiqué à la section 41 ; *cf.* Waismann 1965, p. 198-199.

2. *Cf.* Bühler 1930, p. 230.

mentalistes de Husserl et de Marty [1]. La thèse bühlérienne selon laquelle il y a, à côté des fonctions linguistiques d'exprimer ou de manifester des états psychiques et de guider ou d'influencer, une fonction linguistique *sui generis* de représenter serait un mythe. D'abord, les descriptions des jeux de langage au tout début des *Recherches* ne contiennent pas l'affirmation que les mots qui y sont employés représentent ou désignent quoi que ce soit. Toutefois, et cela est plus important encore, Wittgenstein ne nie évidemment pas que les mots puissent être utilisés pour nommer ou désigner. De telles « relations » sont pourtant à comprendre en termes de faits non représentationnels. Et Wittgenstein semble penser que ce qui vaut pour les capacités représentatives des mots vaut aussi pour le pouvoir d'une phrase de représenter quelque chose (*PU*, § 435). Wittgenstein n'est pas ici simplement en train d'affirmer que la représentation présuppose des fonctions plus primitives ou qu'elle émerge à partir d'elles. Il nous dit que la désignation peut *consister* en des faits non représentationnels et suggère que la même chose est vraie de ce qu'il avait appelé à une époque, comme Bühler, la représentation des états de choses à l'aide des phrases.

Alors que, selon Wittgenstein, nommer *ressemble à* l'acte d'attacher un nom à un objet et la relation entre un nom et ce qui est nommé peut *consister* dans le fait que le nom est inscrit sur ce qui est nommé, Bühler affirme que ce dernier fait est au plus un *indice* ou *critère* pour l'obtention d'une relation de nomination :

> Lorsqu'une image optique de nom est physiquement associée à l'objet sensible ainsi nommé, lorsque cette association doit dans ces conditions être interprétée comme un champ symphysique efficace, cet agrafage [*Anheftung*] visible devient l'indice d'une application (idéelle) (*ST*, p. 164).

Le fait que la contiguïté physique soit un critère pour la désignation implique que ces deux relations soient distinctes, ce qui est effectivement le cas :

> L'agrafage physique ne suffit pas à faire d'un mot le nom de celui qui le porte. Les caractères imprimés sont après tout physiquement attachés sur la page, mais ne constituent pas des signes symphysiques. La relation du papier des livres aux figures noires qu'il porte est très différente par exemple de celle de la marchandise au nom imprimé sur elle, comme de la relation au signe linguistique de tout porteur de nom lorsqu'il affiche le

1. *Cf.* Dempe 1930 et 1935 – une critique de la position de Bühler du point de vue husserlien.

> nom qu'il porte comme étant *le sien*, etc. Dans ce cas, l'agrafage devient le critère [*Kriterium*] physique, manifeste aux sens de l'application [*Zuordnung*] (*ST*, p. 162).

Pour des raisons analogues, la relation entre un nom et ce qu'il nomme ne peut pas *consister* dans une relation d'association entre des images ni dans le fait qu'un mot fasse partie d'un champ sympratique, par exemple le fait que l'on prononce un nom en montrant quelque chose. Il y a une certaine ironie dans le fait que l'objection de Bühler à l'encontre d'une description comme celle donnée par Wittgenstein utilise un concept qui joue un rôle central dans d'autres descriptions du même Wittgenstein : le concept de *critère*[1]. Le fait qu'un nom soit attaché à une chose est un critère pour l'existence de la relation sémantique de désignation ou de corrélation. Mais si x est un critère pour y, x et y sont numériquement différents.

OUTILS ET FONCTIONS

Les fonctions des mots dans les exemples de Wittgenstein sont aussi variées que les fonctions des outils (*PU*, § 11-14). Elles sont liées aux activités d'envoyer quelqu'un faire des achats, de remettre un billet au commerçant (*PU*, § 1), de communiquer, de construire, de passer des pierres (*PU*, § 2), de montrer (*PU*, § 8) et d'ordonner (*PU*, § 2 et 8). Et Wittgenstein mentionne des langages dont on peut imaginer qu'ils consistent uniquement en ordres et en rapports lors d'une bataille, ou en questions et en réponses du type oui/non (*PU*, § 19). Bien qu'il mette en garde contre de telles simplifications, nous pouvons dire que, dans tous ces cas, les signes sont utilisés comme des signaux pour guider un interlocuteur. D'une manière plus discutable, nous pouvons affirmer que les utilisateurs de ces signes indiquent ou expriment quelque chose. Mais c'est une caractéristique des descriptions données par Wittgenstein au début des *Recherches* qu'elles ne contiennent aucune référence aux états psychologiques qui se trouvent ainsi exprimés.

Dans les sections 3 et 17, Wittgenstein mentionne une analogie qui va prendre une importance croissante dans les *Recherches*, à savoir l'analogie entre mots et pièces du jeu d'échecs, entre la description du langage et la description des jeux. Wittgenstein affectionne la comparaison entre les mots et les pièces du jeu d'échecs, dont les propriétés ne sont pas seulement des propriétés physiques (*PU*, § 108). Avec les champs dont ils font partie,

1. *BB*, p. 24-25. *Cf.* Mulligan 1990.

ils demandent à être caractérisés en termes de propriétés conventionnelles. L'utilisation d'un mot, ou celle du roi aux échecs, ne peut être expliquée qu'à quelqu'un qui connaît déjà leur position (*Platz*, *PU*, § 31). Les contrastes, qui, selon Bühler, sont essentiels à de tels champs, à leurs différentes *Plätze* ou valeurs de champ, et les valeurs des éléments que ces champs contiennent, sont également mentionnés par Wittgenstein, lequel souligne toutefois le danger qu'il y a à attribuer une réalité psychologique à d'éventuels contrastes (*PU*, § 20).

Bien que leurs propriétés ne soient pas seulement physiques, les champs et les mots dans les champs ne sont pas de mystérieuses entités mentales ou platoniciennes. De manière similaire, en décrivant les règles qui régissent les mouvements des pièces du jeu d'échecs, nous ne décrivons pas les propriétés physiques des pièces (*PU*, § 108). Le mouvement physique d'une pièce n'est un mouvement au jeu d'échecs que dans les circonstances que nous appelons « jouer une partie d'échecs » (*PU*, § 33). Confondre propriétés physiques et propriétés conventionnelles, c'est adopter une attitude analogue à celle que Bühler appelle l'approche phonéticienne de la phonologie, c'est une forme de cécité eu égard à la pertinence abstractive.

LES COMPOSANTES NON VERBALES DU LANGAGE

Wittgenstein affirme qu'il est plus naturel (et que cela cause moins de confusion) de compter les modèles de couleur, comme celui utilisé dans son premier exemple (*PU*, § 1), au nombre des outils du langage (*PU*, § 16). Il considère un cas analogue. Si quelqu'un dit : « Prononce le mot "le" », le second « le » compte pour un composant de la proposition. Le rôle qu'il joue ressemble à celui d'un modèle de couleur. Ce type de *suppositio*, la mention, tout comme l'usage d'un modèle de couleur, utilise un champ symphysique. Cependant, dans notre exemple, il y a aussi un champ synsémantique. Il existe plusieurs types de modèles dans les champs non linguistiques qui ne font pas moins partie du langage, bien qu'il ne s'agisse pas d'un langage à base de mots (*PU*, § 50, 56, 72 et 73). Les tableaux de couleurs et d'autres classeurs sont les expressions de règles (*PU*, § 53).

Les brèves remarques que Wittgenstein formule ici ont une longue histoire dans sa propre pensée. Quant aux descriptions que fait Bühler du rôle de la perception dans le langage, elles trouvent leur origine dans la conception husserlienne de la manière dont un sens linguistique simple est complété par le contenu perceptif dans les énoncés indexicaux.

Dans « La Pensée »[1], Frege a formulé une analyse des indexicaux qui, sans fournir aucune interprétation explicite de leur sens, contient cependant une théorie des moyens de représentation qui leur sont inhérents et de leur référence (*Bedeutung*). Selon cette interprétation, un terme démonstratif singulier ne consiste pas seulement en un pronom démonstratif, mais est aussi constitué par les circonstances qui l'accompagnent. En d'autres termes, une expression déictique n'est pas purement linguistique, et elle fait référence à sa composante non linguistique. De même, Wittgenstein distingue les « symboles », qui ne sont pas purement verbaux, des « signes ». « Si un homme dit "Je suis fatigué", sa bouche fait partie du symbole »[2].

Dans son analyse des cas les plus simples de la référence démonstrative, Husserl[3] avait écrit en 1901 :

> Je dis « ceci » et vise [*meine*] le papier devant moi. Le petit mot [« ceci »] doit à la perception sa relation [*Beziehung*] à *cet* objet. Mais la signification ne se trouve pas dans la perception. Sur la perception s'érige un acte nouveau qui suit la direction de la perception, un acte qui dans sa différence d'avec la perception en dépend, un acte de vouloir-dire-ceci. Sans la perception – ou un acte qui fonctionne de façon analogue – la démonstration serait vide, sans une différenciation déterminée [*bestimmte Differenzierung*], elle ne serait même pas possible *in concreto* (*LU* VI, § 5).

> L'intuition donne à la signification [de « ceci »] la détermination de sa direction objective et ainsi sa dernière différence (*ibid.*).

Sans la perception de l'objet, l'expression peut « continuer à être signifiante » (*LU* VI, § 4). Comme le dit Wittgenstein au début des années trente, « Si nous entendons les mots "je suis fatigué" sans voir le locuteur, les mots signifient moins que dans le cas où nous voyons ses lèvres bouger et l'entendons dire la même phrase » (*LWL*, p. 26). Il donne la parole à son interlocuteur : « le porteur du nom détermine sa signification, et si, en indiquant, je dis "ceci est N", la signification de "N" est déterminée », et il ajoute :

> Mais la compréhension correcte du mot « porteur » dans le cas particulier (couleur, forme, ton etc.) décide déjà ici de la signification jusqu'à une dernière détermination[4].

1. Frege 1966.
2. Moore 1959, p. 262.
3. Mulligan & Smith 1986 ; et Mulligan 1997a.
4. Cité par Hilmy 1987, p. 177. *Cf.* Wittgenstein 2005, § 8, p. 27.

Les expressions indexicales, écrit Bühler, « attendent la spécification de leur signification [*Bedeutungspräzisierung*] selon les cas dans le champ déictique du langage et dans ce que ce dernier offre aux sens » (*ST*, p. 90). Bühler décrit plusieurs types d'expressions déictiques. Le type de base, la déixis dans laquelle, par exemple, « ceci » est complété par la perception d'un objet, offre plusieurs sous-catégories. Il y a ainsi la déixis *so*, « déixis ainsi » (*ST*, § 20), quand il est fait référence à un modèle illustré par la production d'un fragment de comportement (« Fais-le ainsi »). Outre le champ déictique égocentrique, dont l'« origine » est le locuteur, il y a les champs topomnestiques, dans lesquels un objet familier prend en charge le rôle d'« origine ». Finalement, les expressions déictiques peuvent être remplacées par des noms – pour lesquels Bühler forge le terme de « prodémonstratifs » (*Prodemonstrativa*) – bien que, naturellement, ceci ne suffise pas à éliminer les fonctions de démonstration et de perception (*ST*, p. 133-134). Ici comme ailleurs, Bühler découvre un système dans ce que Wittgenstein présente apparemment comme un fragment de l'inépuisable variété du langage. Ainsi, la déixis de la forme « *ceci* » + *perception* illustre la catégorie de la référence symphysique ; la déixis *so* guide un interlocuteur d'une façon qui va au-delà du guidage propre au cas précédent, en ce que l'interlocuteur doit suivre les traces du fragment de comportement ainsi présenté ; l'orientation topomnestique dépend de l'orientation égocentrique.

APPRENTISSAGE ET USAGE

Au sein d'une communauté dont le langage se limite au langage du maçon, « une part importante du dressage consistera en ce que l'instituteur indique des objets, attire sur eux l'attention de l'enfant tout en prononçant un mot » (*PU*, § 6). Wittgenstein appelle l'activité de l'instituteur : un *enseignement des mots par ostension*. Celui-ci forme « une part importante du dressage » et « on peut dire qu'il établit une liaison par association entre le mot et la chose ». L'enseignement des mots par ostension diffère du procédé qui consiste à donner des définitions aux mots par ostension en ce que ce dernier est appliqué aux enfants capables de demander le nom d'un objet, tandis qu'il est fait recours au premier procédé avant que l'enfant ne puisse demander, à propos de l'objet désigné, quel est son nom. Bühler et Wittgenstein soulignent que pouvoir demander le nom d'un objet présuppose une maîtrise des hyperonymes, c'est-à-dire des structures arborescentes caractéristiques de bien des concepts matériels[1]. Nous pouvons peut-être dire que, selon Bühler et Wittgenstein, l'enseignement par ostension et les associations qu'il établit fondent les définitions par ostension.

SOIGNER LA PLAIE QU'EST L'ELLIPSE

La distance entre Bühler et Husserl, d'une part, et entre Wittgenstein et, disons, Frege, d'autre part, apparaît avec la plus grande clarté dans les discussions de Bühler et de Wittgenstein à propos du phénomène de l'ellipse. Malheureusement, la question concernant la nature de l'ellipse se trouve prédéterminée par le terme «ellipse». Comme Bühler et Wittgenstein le soulignent, nombreux sont les usages de mots qui sont facilement regardés comme des expressions elliptiques de pensées et de leur expression phrastique complète. Cependant, si facile qu'il soit d'emprunter ce chemin, l'un comme l'autre y voient une tentation à laquelle il est préférable de résister.

Il y a, dit Bühler, une tentation à laquelle succombe le «sectateur endurci de l'idée générale d'ellipse» (*ST*, p. 157), qui veut trouver dans chaque occurrence isolée d'un mot ou d'une expression, un environnement linguistique implicite ou non exprimé. Bühler oppose à sa propre analyse descriptive une tentation théorique persistante, présente dans de nombreuses approches des emplois sympratiques et symphysiques des mots. Le fait qu'il arrive à des termes dénominatifs dans un champ sympratique

> de marcher de concert indifféremment avec d'autres signes linguistiques et non linguistiques [...] induit facilement chez le théoricien la tentation de fournir la même interprétation sommaire pour tous les cas. Mais il faut procéder avec précaution (*ST*, p. 156).

Bühler reconnaît avoir lui-même succombé à cette tentation :

> C'est ainsi que je procédais d'abord, jusqu'à ce que je sois forcé de voir combien les compléments que j'ajoutais avaient une tournure arbitraire et forcée. À ce jeu, on se fait parfois l'effet d'un écolier stupide ou (peut-être plus exactement) d'un maître d'école pédant, lorsqu'on commence à théoriser avec des complémentations phrastiques, alors que la pratique naïve est totalement dénuée d'ambiguïté (*ST*, p. 157).

1. *Cf.* Bühler 1930, p. 230 et 397 ; et *PU*, § 30.

Comment faut-il gérer de cette tentation ?

> L'épidémie de l'ellipse sera endiguée *avant qu'elle n'enfle*, si on est en mesure de montrer que le présupposé [suivant] est faux : tous les mots employés de manière signifiante doivent nécessairement se trouver dans un champ synsémantique, doivent être portés par un contexte [linguistique]. Y parvenir est la seule *cure radicale* contre la plaie bimillénaire de l'ellipse (*ST*, p. 167-168).

Selon Bühler, la forme que prend cette tentation est celle d'une surgénéralisation d'un phénomène véritable : « Bien sûr qu'il existe des *ellipses*. Il existe des constructions incomplètes (pensons aux cathédrales du Moyen Âge), et du reste toutes sortes d'œuvres humaines dont la réalisation est restée inachevée, et, parmi ces dernières, il y a aussi des discours incomplets » (*ST*, p. 166). Celui qui identifie correctement les faits d'emploi sympratique et symphysique des signes sonores se trouve à même, en tant que théoricien, de dépeupler totalement le ghetto des squatters autour du palais de la phrase. Ceux qui ont été évacués vivent de leur droit propre, et n'ont nul besoin d'être évalués à l'aune de la « phrase complète », c'est-à-dire à l'aune d'un discours synsémantiquement intégré et synsémantiquement « complet » (*ST*, p. 366). Le contact, qui est parcimonieux dans l'emploi des sons,

> ne peut être caractérisé sommairement et une fois pour toutes comme une parole pauvre, primitive, incomplète. Ce serait en effet tout aussi faux que si on voulait par exemple considérer sommairement un échange de marchandises sans recours ou avec un recours réduit à la monnaie comme l'expression d'un ordre économique primitif et incomplet. Il peut y avoir au contraire un très grand raffinement dans les deux cas. Il existe aussi une haute culture de la parole « elliptique », dans laquelle les valeurs de champ de la situation sont utilisées pour compléter et préciser le sens des îlots phonétiques (*ST*, p. 88).

Là où il n'y a pas de contexte linguistique, Bühler met en garde le théoricien afin qu'il évite les constructions hypothétiques générales. Il se peut que

> le locuteur reproduise ici aussi un fragment de phrase, et [s'en remette] à l'auditeur pour le reste ; il se peut que le linguiste reconnaisse dans tel ou tel trait formel ce qui détermine la position syntaxique d'un signe linguistique. Qu'est-ce que cela implique ? Guère plus que le fait que le signe linguistique, tel qu'il a été ici exprimé, *pourrait* occuper une place définie dans un contexte [linguistique], et qu'en général il le fait (*ST*, p. 156).

L'inconditionnel des ellipses considère que ces possibilités objectives se vérifient pour toutes les occurrences de mots isolés. Mais « ce ne serait rien d'autre qu'une méconnaissance fondamentale des conditions psychologiques, que de prétendre voir dans ce cas particulier une interprétation nécessaire et suffisante pour tous les cas » (*ST*, p. 157). Le sectateur endurci

> fera observer qu'il est pourtant *possible* de construire une phrase autour d'une nomination empratique. À quoi on répondra que c'est certes indiscutable, mais que cela ne prouve rien. Un interprète expert en l'art du langage peut aussi adjoindre un texte plus ou moins pertinent à chaque phase d'une interaction totalement silencieuse ; le bras droit que le passager tend avec de l'argent dans le tramway « dit » au receveur : « donnez-moi un ticket s'il vous plaît ! » Aucun doute, le geste « dit » cela de manière à peu près aussi univoque que la patte levée d'un chien qui quémande en gémissant dit à son maître en train de manger : « s'il te plaît donne-moi donc aussi un morceau ! » (*ST*, p. 157)

Wittgenstein pense lui aussi que la question du type de champ ou de contexte que requièrent les mots prend un relief tout particulier lorsqu'on aborde le problème de l'ellipse. La discussion de celui-ci dans les sections 19-20 des *Recherches* contient une remarque décisive contre la tendance à considérer que l'usage d'une expression isolée telle que « dalle ! » dans le jeu du maçon est réellement l'expression elliptique d'une pensée propositionnelle ou d'une phrase plus longue.

> *Dalle!* [...] n'est pourtant qu'une forme abrégée de la phrase *Donne-moi une dalle!* [...] – Mais pourquoi ne devrais-je pas au contraire appeler la phrase *Donne-moi une dalle!* un « allongement » de la phrase *dalle!*? – Parce que celui qui crie *dalle!* veut véritablement dire *Donne-moi une dalle!* – Mais comment est-ce que tu fais ça? Comment fais-tu pour « *vouloir dire ça* » en disant *dalle!*? Est-ce que tu te prononces intérieurement la phrase non abrégée ? (*PU*, § 19)

En revanche, Bühler ne dirait pas, je crois, qu'il y a une phrase dans le cri « dalle » décrit par Wittgenstein (*PU*, § 2). Il recourt à l'analogie avec l'outil pour montrer qu'il est erroné de considérer que nous pensons en phrases, et que nous nous contentons de les exprimer de manière elliptique.

> Lorsque le client taciturne au café dit « un noir », il reproduit à partir de l'inventaire des dispositions linguistiques qu'il a en mémoire un fragment qui lui est immédiatement disponible, et se comporte ainsi un peu comme le bricoleur qui veut enfoncer un clou, et se saisit du premier objet adéquat qui lui tombe sous les mains. Il n'est pas nécessaire que ce soit un vrai marteau, ce peut être tout aussi bien une chaussure de montagne, des tenailles, ou une brique. Dans la situation de communication qu'on vient d'imaginer au café,

> il faut qu'un choix soit opéré entre quelques boissons également vraisemblables, et pour cela le terme dénominatif « noir » suffit, ou encore la préposition isolée « sans » (*ST*, p. 157).

Et Wittgenstein souligne qu'

> « elliptique », une phrase l'est, non parce qu'elle néglige quelque chose que nous visons quand nous la prononçons, mais parce qu'elle est abrégée — au regard d'un paradigme [*Vorbild*] particulier de notre grammaire (*PU*, § 20)[1].

Un paradigme grammatical de ce type est un exemple de ce que Bühler appelle une *Sprachgebilde* ou structure, c'est-à-dire un type dont les instances sont des produits linguistiques (cf. *PU*, § 108).

DU FAIT D'ÊTRE GUIDÉ

Selon Bühler et Wittgenstein, la fonction qu'ont certaines choses de guider un individu, de déclencher certaines réactions en lui est ancrée dans le dressage[2]. Cela est vrai de tous les exemples de guidage décrits par Wittgenstein, entre autres de la lecture (*PU*, § 156-179) et de la façon dont les règles nous guident, un cas sur lequel nous reviendrons au chapitre huit. Il n'y a pas de communication, dit Wittgenstein, ni de représentation, ajouterait Bühler, sans la fonction de guidage :

> Non pas : « sans langage nous ne pourrions pas nous faire comprendre » – mais plutôt : sans langage nous ne pourrions pas influencer d'autres personnes de telle ou telle manière (*PU*, § 491 ; *cf.* § 180).

La variété extraordinaire des exemples où quelque chose guide quelqu'un implique-t-elle que « guider » soit un terme de ressemblance de famille (*BB*, p. 41) ? Bühler est persuadé que beaucoup de concepts sont ce que von Kries avait appelé des concepts « synchytiques »[3]. Un nom du langage ordinaire est synchytique, selon von Kries et Bühler, si les groupes d'objets corrélés au nom sont formés selon « une similarité qui ne peut pas

1. Il y a cependant une objection à l'interprétation proposée ici. En effet, dans les *Recherches*, Wittgenstein cite et semble approuver le principe de contexte de Frege, selon lequel un mot possède une signification seulement dans le contexte d'une proposition (*PU*, § 49). Je suis l'interprétation de ce passage donnée par Glock (2004, p. 229) : un mot doit *pouvoir* faire partie d'une proposition.

2. Sur le guidage selon Wittgenstein, *cf.* Fogelin 2009.

3. Von Kries 1899, p. 11-12 ; 1916, p. 11, 38, 250 et 487 ; et 1923, p. 100, 118 et 126. *Cf.* Eschbach 1984.

être fixée de façon précise; ils sont formés selon une similarité *multiple* [*mehrfache*] qui n'est pas déterminée par un seul point de vue» (*ST*, p. 222). C'est à cause de l'omniprésence de ce phénomène que

> dans beaucoup des cas d'usage d'un mot il suffit de délimiter le domaine d'application du signe, l'extension d'un concept plutôt que son contenu (*ST*, p. 221).

«Synchyse» signifie fusion, amalgame, par exemple mélanger deux liquides. Comme le dit Wittgenstein, «il y a des mots dont on pourrait dire : ils sont utilisés de mille façons différentes qui, graduellement, se fondent les unes dans les autres [*merge*]» (*BB*, p. 28). Bühler pense que von Kries a peut-être raison de dire que les concepts de maison ou de vol sont des concepts synchytiques. Il estime aussi que le concept de phrase dans le langage ordinaire est un tel concept (*ST*, § 24; cf. *PU*, § 92-94). À la différence du phénoménologue Hans Lipps ou de Wittgenstein, Bühler ne croit pas que le terme «jeu» soit un concept de ressemblance de famille[1]. Bühler n'affirme pas, me semble-t-il, que le concept de guidage est un concept synchytique. Peut-être partageait-il l'avis de Husserl selon lequel :

> la distinction entre l'activité et la passivité n'est pas une distinction rigide, ce ne sont pas des termes qui peuvent être fixés par définition une fois pour toutes, mais plutôt des moyens pour décrire et contraster dont le sens doit être créé de nouveau dans chaque cas individuel à la lumière de la situation concrète de l'analyse[2].

1. Lipps 1933, p. 92-94; et Bühler 1930, p. 461.

2. Husserl 1954, § 23(a), p. 119. Husserl ajoute que cette remarque vaut pour toute description des phénomènes intentionnels.

CHAPITRE VII

COULEURS[1]

INTRODUCTION

Les discussions de Wittgenstein au sujet des couleurs et des relations internes entre couleurs présentent un grand intérêt[2]. C'est en premier lieu au cours de ces discussions que l'élan descriptif de Wittgenstein est le moins brisé par ses ambitions thérapeutiques. De plus, sa réflexion au sujet des couleurs semble avoir contribué à le faire changer d'avis quant aux thèses avancées dans le *Tractatus*. Wittgenstein n'a jamais été phénoménologue, pas même lorsqu'il disait vers 1930 que son travail relevait de la « phénoménologie », que ce qui l'intéressait était le synthétique *a priori*[3]. Mais il est plus facile de le confondre avec un phénoménologue en lisant ses remarques sur les couleurs qu'en lisant toute autre partie de son œuvre. Selon les héritiers de Brentano, il y a de nombreuses vérités systématiquement interconnectées sur les couleurs et leur mode d'apparence. Par ailleurs, les exemples de vérités synthétiques *a priori* et des faits essentiels qui les rendent vrais appréciés par Husserl et les autres phénoménologues concernent très souvent les couleurs. Ils considèrent que le monde des couleurs manifeste un type de structure et constitue un

1. Une version antérieure d'une partie de ce texte, est parue sous le titre « Colours, Corners and Complexity : Meinong and Wittgenstein on some Internal Relations » dans B.C. van Fraassen, B. Skyrms, W. Spohn (eds), *Existence and Explanation : Essays in Honor of Karel Lambert*, Dordrecht, Kluwer, 1991.

2. Les thèses de Wittgenstein sur les couleurs sont expliquées en détail par Rothhaupt 1996 et Monnoyer 1995.

3. Drury 1984, p. 116 et 118.

système qui ne doit rien à l'histoire naturelle. Tel n'est pas l'avis de Wittgenstein. Nous donne-t-il cependant la moindre raison de penser que les phénoménologues se trompaient à ce sujet ?

Je considère pour commencer les remarques de deux philosophes autrichiens, Meinong et Wittgenstein, à propos des relations internes entre les couleurs « réduites » (précisément les couleurs qui ont longtemps fourni aux psychologues de la couleur leur diète unilatérale d'exemples [cf. *PU*, § 593]), ainsi que les remarques de Meinong à propos du rapport entre les couleurs et les propriétés d'orientation. Je m'intéresserai alors à la relation entre les écrits tardifs de Wittgenstein et le travail d'un élève de Husserl, David Katz, au sujet des couleurs non réduites ordinaires.

Remarquons tout d'abord que la première phénoménologie systématique et descriptive des couleurs est développée par Meinong dans son article de 1903 intitulé « Remarques sur le solide des couleurs et la loi des mélanges ». Les problèmes de Meinong sont aussi en grande partie ceux de Wittgenstein dans certaines leçons et écrits des années trente, en particulier dans ses *Remarques philosophiques*. L'article de Meinong fut publié six ans seulement après la description du solide des couleurs par son élève Höfler dans sa *Psychologie*, et constitue l'étude la plus minutieuse des problèmes philosophiques soulevés par cette représentation de la structure des couleurs.

Meinong et Wittgenstein ont des idées bien différentes sur le statut des phrases traitant des relations internes, notamment entre couleurs. Meinong introduit sa distinction entre propositions *a priori* et propositions empiriques à l'aide de la différence entre un groupe de trois propositions – « Le rouge est différent du vert », « Le gris se trouve entre le noir et le blanc » et « L'orange se trouve entre le jaune et le rouge » – et la proposition « Le rocher est en train de tomber ». Aux yeux de Meinong, les trois premières propositions sont, contrairement à la quatrième, nécessairement vraies [1]. Et de telles descriptions de relations internes entre couleurs sont rendues vraies par l'exemplification de relations nécessaires, les dimensions de l'espace des couleurs étant « naturelles » [2]. Selon Wittgenstein, l'exemplification de relations et de propriétés internes ne peut cependant pas être assertée (*TLP* 4.122). C'est là une thèse négative à laquelle il restera attaché même après avoir changé d'avis sur l'extension du mot « interne ». Nous ne pouvons justifier les règles de grammaire par des phrases telles que « Il y a réellement quatre couleurs primaires », car de

1. Meinong 1969, p. 498-499.
2. Meinong 1969, p. 522.

telles règles sont arbitraires (*Z*, § 331); un système de couleurs ne réside *pas* dans la nature des couleurs (*Z*, § 357; et *LWL*, p. 8 et 12)[1].

J'ébauche d'abord la thèse selon laquelle il existe une notion d'espace purement formelle dont les relations internes entre couleurs fournissent un exemple. Je considère ensuite certaines caractéristiques de l'espace des couleurs selon Meinong et Wittgenstein ainsi que les idées de Meinong sur les relations internes entre couleurs et entre propriétés d'orientation. Cela nous permettra de comprendre la relation entre la complexité tractarienne et les idées de Meinong et Wittgenstein sur la complexité des couleurs.

L'ESPACE ET LA GÉOMÉTRIE DES COULEURS

Les *Remarques philosophiques* de Wittgenstein font référence à un nombre remarquable *d'espaces*, par exemple l'espace des couleurs (*PB*, § 1), les espaces auditif (§ 42), visuel (§ 206), tactile (§ 214) et kinesthésique (§ 73), l'espace de la douleur (§ 82), celui auquel la mémoire et la réalité appartiennent l'un et l'autre, les espaces du mouvement (§ 140), de l'orientation (§ 207) et de la lumière noire (§ 45). Wittgenstein n'hésite par ailleurs pas à parler d'un « espace grammatical »[2].

Le projet de décrire de tels espaces ou variétés remonte aux héritiers de Brentano tels Stumpf, Husserl et Meinong qui, reprenant certaines remarques de Mach et de Riemann, envisagèrent de décrire les variétés que constituent les états et actes mentaux (les états kinesthésiques et perceptifs, le jugement, l'assomption, etc.), les objets (possibles) de tels actes ainsi que les variétés qui englobent les uns comme les autres. Comme Wittgenstein, les phénoménologues descriptifs, philosophes et psychologues gestaltistes inclus, proposent des études descriptives des relations internes entre les couleurs, les tonalités, les harmonies et même les charges électriques (cf. *PB*, § 81 et 3-4).

Meinong avait plus particulièrement décrit les propositions telles que « les couleurs constituent une variété [*Mannigfaltigkeit*] qui a au moins trois dimensions » comme appartenant à la « géométrie des couleurs », et il

1. L'arrière-plan de ce désaccord entre Meinong et Wittgenstein est constitué par les théories des relations internes et des vérités nécessaires développées par les psychologues descriptifs, ainsi que par les critiques de positions similaires par Schlick et Wittgenstein. La théorie des vérités matérielles nécessaires de Husserl (*LU* III), développée sur la base des indications de Bolzano, n'entretient qu'une ressemblance superficielle avec la théorie kantienne des jugements synthétiques *a priori*. *Cf.* l'Introduction; Simons 1992a; Plourde 2003; et Mulligan 2004a.

2. Wittgenstein 2005, § 8, p. 26.

considérait que la « dignité cognitive » d'une telle discipline serait, une fois développée, comparable à celle de la géométrie[1]. Ce que Wittgenstein appelle dans les *Remarques* le système et la grammaire des couleurs est appelé ensuite, en passant, la géométrie des couleurs (*BF* I, § 66 ; *BF* II, § 86 ; cf. *Z*, § 346 ; et *BF* III, § 3, 86 et 154). Cependant, alors que les psychologues descriptifs cherchent à décrire plusieurs espaces différents dans les termes d'une théorie des variétés et des variations selon différentes dimensions, le concept qui joue un rôle analogue pour Wittgenstein est celui d'échelle ou de règle graduée (*Masstab*, *PB*, § 82), telle qu'une échelle de couleur (« La règle et le système propositionnel » dans les *PB*). C'est l'application d'un tel système conventionnel qui sous-tend l'extension – peut-être métaphorique – du concept d'espace aux domaines des couleurs, ainsi qu'à d'autres domaines.

La géométrie et la grammaire des couleurs décrivent les relations internes entre couleurs. Par opposition à une relation externe, une relation interne est telle qu'elle est exemplifiée si ses termes existent[2]. Que sont alors les termes des relations internes ?

L'une des caractéristiques négatives importantes des platitudes mentionnées plus haut en exemple, comme « L'orange se trouve entre le jaune et le rouge », est relevée par Meinong : de telles propositions ne décrivent pas des relations entre choses. Mais la théorie positive de Meinong sur les termes de telles relations demeure confuse : il estime que la géométrie des couleurs traite de la *nature* (*Beschaffenheit*) et non pas de l'existence des objets[3], et qu'en fait l'existence des objets qui ont de tels propriétés n'a pas d'importance lorsque nous décrivons les relations internes ou nécessaires[4]. Meinong soutient cependant dans un autre texte que la géométrie des couleurs est une branche de la théorie des *objets idéaux incomplets*[5] et affirme en outre dans le même texte, après avoir

1. Meinong 1969, p. 498-499.

2. Cette caractérisation bien connue des relations internes se trouve dans Höfler (1897, § 22). Ce dernier renvoie à Höfler/Meinong 1890, § 25 et 55, qui ne fait qu'anticiper les formulations ultérieures. La terminologie de « *innere* » et « *äussere Beziehungen* » est celle de Höfler plutôt que de Meinong (voir également Höfler 1930, § 22 ; et 1922, § 25). Meinong marque la différence entre les termes d'une relation externe et ceux d'une relation interne en appelant les premiers « membres » et les second « *fundamenta* » (Meinong 1971a, § 7 ; *cf.* aussi Höfler/Meinong 1890, § 25). Bühler (*ST*, p. 384) relève l'intérêt grandissant pour les jugements non contingents aux alentours de 1892. Oxford et Cambridge prennent ensuite la relève.

3. Meinong 1969, p. 499 ; et 1973, p. 378.

4. Meinong 1971, p. 38 ; et 1973, § 1.

5. Meinong 1973a, p. 327 et 340.

distingué la couleur verte des choses vertes, que la première est une *propriété idéale* [1], une thèse partagée par Höfler [2].

Lorsque Wittgenstein parle des « propriétés et relations internes » dans le *Tractatus*, il donne l'exemple de deux couleurs bleues se tenant dans la relation d'être plus claire/plus sombre que. Il appelle ces deux couleurs des « objets » et ajoute ensuite de façon éclairante que son « usage vacillant » des termes « propriété » et « relation » correspond à son usage vacillant du terme « objet » (*TLP* 4.123). Bien que la thèse selon laquelle il y a une distinction philosophique claire entre les prédicats et les sujets, les propriétés et leurs porteurs, soit fortement critiquée dans les *Remarques*, la grammaire est, y apprend-on également, « une théorie des types logiques » (*PB*, § 7). Et lorsque Wittgenstein discute de l'incompatibilité des couleurs, il n'hésite pas à parler de l'incompatibilité entre les différents degrés d'une propriété (*PB*, § 80; *cf.* § 207). Bien plus tard, au début de ses *Remarques sur les couleurs*, il écrit :

> Un jeu de langage : dites si un certain corps est plus clair ou plus foncé qu'un autre. – Mais voici maintenant un jeu de langage lié : énoncez la relation entre les clartés (*Helligkeiten*) de différentes nuances de couleur [...] – La forme des propositions dans les deux jeux de langage est la même : « X est plus clair que Y ». Mais dans le premier il s'agit d'une relation externe et la proposition est temporelle; dans le second il s'agit d'une relation interne et la proposition est atemporelle (*BF* I, § 1).

Meinong et Wittgenstein semblent dès lors penser que les relations internes relient des non-choses. Pour de nombreux philosophes, cela revient à soutenir qu'elles se tiennent entre des entités qui ne changent pas. Cependant, si nous tentons de comprendre la théorie positive des termes des relations internes défendue par nos deux philosophes, nous nous heurtons à leur usage vacillant des termes « propriété » et « objet ». Dans le cas de Meinong, cela est probablement dû au fait qu'il n'est jamais parvenu à une théorie claire des relations entre les objets incomplets et les propriétés [3]. Meinong est néanmoins explicite sur le fait que les relations internes entre couleurs ne relient pas des entités psychologiques. Il

1. *Ibid.*, p. 26-27. Bien qu'ils n'aient jamais développé de logique des relations, Meinong et son école prirent conscience de l'importance de la théorie des relations à peu près au même moment que Russell. Le mathématicien Konrad Zindler, collaborateur de Meinong, avait ainsi souligné l'importance philosophique du fait que les relations pouvaient avoir plus de deux termes (*cf.* Meinong 1971a, p. 196). Höfler (1896) traite des relations complexes.

2. Höfler 1897, § 22.

3. Husserl n'est de même pas très disert sur la relation entre les propriétés et les objets idéaux qu'il appelle « espèces ».

considère en fait que sa théorie de la géométrie des couleurs est l'une de ses principales réussites en tant qu'adversaire du psychologisme: « les couleurs sont aussi peu psychologiques que les places ou les nombres »[1], couleurs et relations entre couleurs étant seulement les objets possibles d'actes psychologiques[2].

Y a-t-il des relations internes entre les choses? Si Kripke a raison au sujet de l'identité, alors la différence numérique est une telle relation. Meinong suggère également que la différence numérique entre deux couleurs est une relation interne: ses termes sont des «*fundamenta*», et s'ils sont différents, ils *doivent* l'être, dans le sens où ce mot signifie « logiquement nécessaire ». Sa formulation suggère que, même lorsqu'elle relie deux choses, la différence numérique demeure une relation nécessaire[3]. Cela paraît cependant être le seul exemple de relation interne entre des choses admis par Meinong[4].

Les relations internes relient-elles uniquement les choses et les entités idéales – objets ou propriétés? Les seules entités qui ne changent pas sont-elles les entités idéales? On trouve dans la catégorie ontologique des *moments* ou qualités individuelles appréciée par Meinong et Husserl des candidats au rôle de termes de relations internes à la fois temporelles et non répétables. La rougeur de cette joue et celle de telle autre joue, qui peuvent être exactement similaires, tout en demeurant numériquement distinctes, constituent des exemples de tels moments[5]. Cette catégorie est particulièrement attractive pour le nominaliste. En effet, elle lui permet de donner une théorie des relations internes qui le dispense de faire appel à des termes platoniciens: bien que la relation interne d'être aussi foncé ou clair que relie les deux moments de rougeur susmentionnés, ces deux rougeurs sont aussi temporelles et non répétables que le sont les joues dans lesquelles elles inhèrent.

1. Meinong 1969, p. 498.

2. La façon dont Meinong pensait pouvoir concilier cette idée avec sa théorie ultérieure de la perception est un problème sur lequel je ne peux m'étendre ici. *Cf.* Meinong 1973, § 8.

3. Meinong 1971a, § 7.

4. Wittgenstein envisage à un moment l'hypothèse selon laquelle « les choses elles-mêmes » incluent les quatre couleurs primaires (*PB*, § 147). Cette remarque est particulièrement intéressante pour ceux qui pensent que les objets tractariens correspondent à ce que l'on a traditionnellement appelé des propriétés (idéales ou non répétables) ainsi que pour ceux qui pensent qu'elles correspondent aux objets idéaux (et éternels). Sur la question de savoir si les couleurs discutées par Wittgenstein dans ses *Remarques sur les couleurs* sont des propriétés ou des « sujets logiques », *cf.* Chisholm 1988 et Wesphal 1987.

5. Sur cette catégorie dans la tradition brentanienne, *cf.* Smith 1982 (éd.); et Smith (éd.) 1988.

En dépit du manque de clarté fondamentale au sujet du type formel auquel appartiennent les termes des relations internes, nos deux philosophes autrichiens partagent la conviction que l'octaèdre constitue la meilleure représentation des relations internes entre couleurs. « Un octaèdre avec les couleurs pures située sur les points angulaires fournit par exemple une représentation *rudimentaire* de l'espace des couleurs [...]. Utiliser l'octaèdre comme une représentation nous donne une vue d'ensemble [*übersichtliche Darstellung*] des règles grammaticales » (*PB*, § 1). Comme le dit Witasek, l'élève de Meinong, cette représentation spatiale du « système » des couleurs empiriques nous donne la meilleure « description d'ensemble (*übersichtliche*) » dont nous disposions[1]. Il ne pense bien sûr pas que cette description soit celle d'une quelconque règle. Une telle représentation grammaticale, dit Wittgenstein, « nous dit ce que nous pouvons faire [...]. Mais la grammaire n'est pas entièrement affaire de choix arbitraires. Elle doit nous permettre d'exprimer la multiplicité des faits, nous donner le même degré de liberté que les faits » (*LWL*, p. 8).

Que représente une telle vue d'ensemble? Nous nous sommes déjà demandé à quelles catégories *formelles* les entités ainsi représentées appartenaient (des objets idéaux ou propriétés, des moments non idéaux ou temporels, des choses). Mais à quelle catégorie *matérielle* appartiennent-elles? Le terme « couleur » signifie-t-il le pigment, les couleurs que nous voyons et imaginons, ou les couleurs possibles que nul n'a vues? Meinong distingue les couleurs « physiques », ou pigments, les couleurs « psychologiques » et les couleurs idéales. À chaque type de couleur correspond un type de mélange de couleurs[2].

Un aspect de la distinction entre vérités empiriques et *a priori* au sujet des couleurs qui retient l'attention de Meinong consiste à savoir si les couleurs que nous voyons et imaginons épuisent le domaine des couleurs. Il commence par envisager la question parallèle et également discutée par Wittgenstein à propos des tonalités : la gamme musicale contient-elle la possibilité de son extension infinie?

> La nature finie de la gamme musicale ne peut que dériver de ses propriétés internes. Par exemple de notre capacité de dire à partir d'une note, quelle est la note finale, ou de dire de la note ou des dernières notes qu'elles possèdent certaines propriétés internes que les notes intermédiaires ne possèdent pas. (*PB*, § 223)

1. Witasek 1907, p. 148.
2. Meinong 1969, § 11-18 ; et cf. *PB*, § 218.

Meinong pense également que les séries de qualités sont « limitées en principe ». Le dernier membre de l'échelle est « quelque chose de psychologiquement donné ». Mais il inroduit une distinction qui ne fait aucun sens pour quelqu'un qui, comme Wittgenstein, croit que le système des couleurs ou des tonalités ne réside pas entièrement dans les couleurs et les tonalités elles-mêmes. Il s'agit de la distinction entre les couleurs réelles, qui sont psychologiquement données et donc en principe limitées, et les couleurs possibles, qui ne le sont pas :

> Notre connaissance de l'espace des couleurs est de nature tout aussi apriorique que notre connaissance de l'espace réel : il s'agit de la géométrie des couleurs. Notre connaissance du solide des couleurs est empirique par nature et relève dans cette mesure de la psychologie des couleurs : l'élaboration *a priori* de ce qui a été obtenu empiriquement n'est cependant pas davantage exclue ici que dans d'autres sciences empiriques [1].

Grâce à cette distinction entre les couleurs actuelles, psychologiquement réelles, et les couleurs simplement possibles, Meinong est prêt à accepter la possibilité que l'espace des couleurs ait plus de trois dimensions.

Les principaux types de relations internes entre couleurs distingués par Meinong et Wittgenstein sont les relations d'ordre et de distance, ainsi que les cas spéciaux de parenté ou similarité et de contraste, et d'incompatibilité. Considérons la position des couleurs complémentaires ou de contraste sur le solide des couleurs [2] :

> Nous avons une connaissance *a priori* du contraste au sens d'opposition [*Gegensätzlichkeit*] dans le cas des nuances de couleurs. Qu'un certain rouge soit opposé à un certain vert en tant que couleur la plus distante de lui, et de même pour un certain jaune et un certain bleu, de sorte que toute autre nuance de couleur soit moins distante – tenant compte de certaines limites de fiabilité, je peux voir que tout cela suit de la nature des différentes nuances de couleurs et est dans cette mesure *a priori* [3].

« On pourrait dire que les couleurs ont une affinité élémentaire les unes avec les autres », affirme de façon analogue Wittgenstein (*PB*, § 76). Les relations de parenté et de contraste entre couleurs, « c'est de la logique » (*BF* II, § 46) [4], ajoutera-t-il plus tard.

1. Meinong 1969, p. 534 ; *cf.* p. 507 *sq.* et 505. Meinong mentionne la mécanique théorique comme cas analogue.

2. « *Farbenkörper* ». *Cf.* « *Beweiskörper*, *Bedeutungskörper* ». *Cf.* Bouveresse 1987, p. 30-39.

3. Meinong 1969, p. 501.

4. *Cf.* Husserl 1964, § 16.

LE CARRÉ DES COULEURS *VS* LE CERCLE DES COULEURS LE *JUSTE MILIEU*

Meinong et Wittgenstein pensent tous deux que l'octaèdre des couleurs, et en particulier le carré avec les quatre angles correspondant au rouge, jaune, vert et bleu, met bien en évidence certaines relations internes d'ordre entre couleurs. Selon Meinong,

> Les connaissances au sujet de l'identité et de la différence de direction sur le solide des couleurs qui peuvent sans hésitation être appelées *a priori* ne manquent pas : il y a le fait que la ligne reliant le rouge à l'orange conduise au jaune, et le fait que la ligne reliant le rouge au violet conduise au bleu [1].

De façon similaire, Wittgenstein affirme au début des années trente que l'arrangement des quatre couleurs primaires saturées en carré est supérieur à leur arrangement en cercle car elle fait apparaître plus clairement la distinction « logique » entre les couleurs saturées primaires et celles qui ne le sont pas[2]. Cette idée est développée de façon plus subtile dans les *Remarques philosophiques*, de même que dans d'autres notes sur les leçons de Wittgenstein. La différence entre le carré et le cercle n'est autre que la différence entre la section transversale centrale de l'une ou l'autre des versions de l'octaèdre développé par Höfler et Ebbinghaus et l'équateur du globe de Runge (*Farbenkugel*). Comme Höfler l'avait fait remarquer, le deuxième présente le désavantage de représenter les distances relatives entre couleurs d'une façon arbitraire et probablement incorrecte. L'arrangement en carré, à l'inverse, révèle « d'autres relations internes [*innere Beziehungen*] », en particulier les relations d'opposition[3].

L'arrangement en carré, par opposition à l'arrangement circulaire, fait apparaître la différence entre deux espèces de la relation d'intermédiarité. La première est illustrée par :

> Tout violet est entre le rouge pur et le bleu pur,

1. Meinong 1969, p. 501.
2. Moore 1993, p. 108-109.
3. Höfler 1897, § 24. L'octaèdre régulier proposé par Höfler en 1897 ne fait pas apparaître la façon dont le jaune est plus clair que le bleu. Mais cela apparaît dans les variations ultérieures de l'octaèdre irrégulier proposées par Höfler et Ebbinghaus auxquelles Meinong fait référence. Dans ces octaèdres irréguliers, la distance entre le bleu et le blanc est environ quatre fois supérieure à la distance entre le jaune et le blanc (Höfler 1911 ; cf. *PB*, § 221 ; *BF* I, § 2 ; et III, § 9 et 132). Comme le fait remarquer Höfler, la thèse selon laquelle une caractéristique interne du bleu est qu'il est foncé, et que la clarté est une caractéristique interne du jaune, est avancée par Schopenhauer. *Cf.* aussi Zindler 1899.

et :

> Tout orange est entre le jaune pur et le rouge pur,

la seconde par :

> Tout rouge pur est entre l'orange et le violet.

Le fait qu'il y ait là une différence, observe Wittgenstein, peut être exprimé en disant qu'« au sens où l'orange est un mélange de jaune et de rouge, il n'y a aucun mélange d'orange et de violet » (*PB*, § 219). L'arrangement en carré, pouvons-nous supposer, est préférable à l'arrangement circulaire, car il y a sur le carré, par opposition au cercle, des points privilégiés qui correspondent aux positions privilégiées des couleurs primaires saturées : l'arrangement en carré nous permet de voir ce que nous pouvons appeler le *juste milieu*. Comme le fait remarquer Wittgenstein, nous pouvons choisir des couleurs mixtes au hasard et stipuler qu'elles incluent un angle de 90°. Cela serait néanmoins totalement arbitraire, et « ici la métaphore de l'angle s'effondre » (*PB*, § 221). Sans le carré, pas de juste milieu :

> Nous disons qu'une couleur ne peut être entre le vert-jaune et le bleu-rouge dans le même sens où elle est entre le rouge et le jaune, mais nous ne pouvons le dire que parce que dans le dernier cas nous pouvons distinguer un angle de 90° ; parce que nous voyons les *points* jaune et rouge (*PB*, § 221).

> Nous ne pouvons dire que le rouge a une teinte orange dans le même sens où l'orange a une teinte rouge. C'est-à-dire, il semble clair que les phrases « x est composé de (est un mélange de) y et z » et « x est le composant commun de y et z » ne sont pas interchangeables ici. Si elles l'étaient, la relation *entre* serait tout ce dont nous aurions besoin pour une représentation (*PB*, § 222).

ESPACE VISUEL ET ESPACE DES COULEURS

La différence centrale entre les deux analyses autrichiennes de l'espace des couleurs est la suivante : contrairement à Wittgenstein, Meinong prend au sérieux la notion d'espace à laquelle on fait appel en parlant d'espace des tonalités, d'espace des couleurs, etc. Cela le conduit à donner une analyse de concepts tels que ceux de *simplicité*, *complexité*, *mélange* ou *incompabilité*, bien plus minutieuse – mais aussi plus ambitieuse – que ne l'est celle de Wittgenstein. Et lorsque Wittgenstein et Meinong parviennent à des conclusions similaires, le premier pense, au contraire du second, qu'il désigne des caractéristiques de l'application (au moins partiellement) conventionnelle des systèmes de coordonnées.

Si nous prenons au sérieux l'affirmation selon laquelle les couleurs sont dans l'espace des couleurs et celle selon laquelle une ligne ou une surface de couleur ne rend pas justice aux couleurs, alors nous pouvons dire avec Meinong que l'octaèdre des couleurs est un solide ou un corps de couleurs (*Farbenkörper*) *dans* l'espace des couleurs. Il est une entité d'au moins trois dimensions dont le rôle est « d'inclure les données empiriques sur les couleurs avant toute théorie » ; « le corps des couleurs est dans l'espace des couleurs et participe à ses propriétés » [1]. Cela dit, l'analyse de l'espace des couleurs par Meinong contient deux caractéristiques discutables. Premièrement, elle est formulée afin de satisfaire la théorie des quatre couleurs de Hering. Meinong reconnaît que cela peut paraître entrer en conflit avec le réquisit selon lequel la description doit être théoriquement neutre. Wittgenstein semble lui aussi présupposer que cette théorie est supérieure aux différentes théories basées sur trois couleurs. Deuxièmement, l'analyse de Meinong repose, comme on le verra, sur une conception peu habituelle de la nature des dimensions de l'espace des couleurs. Cette révision de l'approche traditionnelle des dimensions au sein desquelles les couleurs peuvent varier est considérée comme difficile à accepter par les propres élèves de Meinong : Höfler et Witasek. Néanmoins, nous allons constater qu'en dépit des détails discutables de son application à l'espace des couleurs, l'analyse de Meinong nous fournit certaines caractéristiques fondamentales de toute approche qui prend les « espaces » (ontologiquement) au sérieux.

Dans ce qui suit, je décrirai d'abord la thèse centrale de Meinong, puis le problème principal que l'analyse tente d'éclaircir et l'application de la thèse centrale au cas relativement peu controversé de l'espace de l'orientation visuelle. Je présenterai ensuite la thèse inhabituelle de Meinong sur ce que sont les dimensions de l'espace des couleurs et ses arguments en sa faveur, et me tournerai enfin vers l'application de la thèse centrale à l'espace des couleurs.

La *thèse* centrale de Meinong est une remarque parfaitement générale concernant les variétés et les objets simples et complexes. Il est impossible que les membres d'une variété *n*-dimensionnelle soient simples (pour $n > 1$) : « Si A et B peuvent varier dans les deux mêmes dimensions, cela implique la possibilité que A et B soient identiques sous un aspect et non sous un autre. Il est impossible que deux objets simples soient à la fois différents et identiques. Il y a autant de composantes qu'il y a de

1. Meinong 1969, p. 499 et 534.

dimensions »[1]. Si les couleurs se situent dans un espace de couleur tridimensionnel, alors nous pouvons appeler les trois composantes de chaque couleur les « éléments de couleur » (*Farbenelemente*). Exactement de la même façon, remarque Meinong, nous pouvons introduire le concept d'« éléments spatiaux » (*Raumelemente*) au sein de notre analyse de l'espace visuel et de ses trois dimensions : haut-bas, droite-gauche, et devant-derrière[2].

Le *problème* que cette affirmation est censée éclaircir est celui de l'incompatibilité : de même qu'une théorie des éléments de couleur nous aidera à comprendre l'idée qu'il est impossible de voir du rouge et du bleu au même endroit en même temps, une théorie des éléments spatiaux nous aidera à comprendre l'impossibilité parallèle de voir un même objet au même moment et aussi directement de face et de côté. Ce problème est le point de départ de la discussion des couleurs par Meinong et Wittgenstein, et ils s'accordent à considérer l'incompatibilité entre couleurs comme un exemple de relation interne[3] :

> Notre idée initiale est qu'il est incompatible pour deux couleurs d'être à un *même* endroit en même temps. Notre deuxième idée est que deux couleurs au même endroit se combinent simplement afin d'en former une autre. Mais vient alors, dans un troisième temps, l'objection : *quid* des couleurs complémentaires ? Quelle couleur forment le rouge et le vert ? Le noir peut-être ? Mais est-ce que je vois du vert dans la couleur noir ? – Mais même en dehors de cela : *quid* des couleurs mixtes, par exemple des mélanges de rouge et de bleu ? (*PB*, § 76)

Les idées de Meinong, nous apprend-il, ont suivi une évolution similaire. Avant 1903, il défend la thèse selon laquelle « il est aussi impossible de voir ou d'imaginer au même moment et au même endroit du rouge et du bleu qu'il est impossible de voir ou d'imaginer un carré rond ». Il soutenait également qu'« aucune analyse n'est capable de trouver le rouge pur et le bleu pur dans le violet », car « dans le violet on n'a pas à la fois du rouge et du bleu mais ni l'un ni l'autre, c'est-à-dire plutôt une troisième chose qui se situe entre le rouge et le bleu »[4]. Dans son article de 1903, Meinong présente cependant une analyse des couleurs qui, dit-il, révèle la vérité qui se cache derrière l'affirmation que le violet est un mélange contenant du rouge et du bleu. Cette analyse est offerte à propos

1. *Ibid.*, p. 515 ; *cf.* Meinong 1968b, p. 343.
2. Meinong 1969, p. 517. Cf. *PB*, § 206.
3. Sur l'incompatibilité des couleurs, *cf.* Hardin 1988, p. 121 *sq.*
4. Meinong 1969, p. 514-515.

des couleurs, une analyse similaire étant proposée pour les propriétés d'orientation.

L'espace de l'orientation : les angles

Voyons donc comment l'analyse de Meinong s'applique aux propriétés d'orientation. Supposez que je me tienne debout dans une pièce carrée, adossé à l'un des murs. Peut-on dire

> que le coin de la pièce à droite en face de moi combine les propriétés de localisation d'une certaine position sur le mur en face de moi et d'une position sur le mur à ma droite? Si je pose la question ainsi, l'incompatibilité des deux propriétés devient immédiatement évidente [1].

Meinong baptise les différents éléments spatiaux « données de profondeur », « de largeur » (à ne pas confondre avec la longueur) et « de hauteur ». Si nous simplifions quelque peu pour dire que toutes les positions dans notre exemple impliquent la même donnée de hauteur, alors la description qu'en donne Meinong est la suivante : *en face de moi* signifie une certaine profondeur *t*, non nulle, et largeur *b*, qui est égale à zéro ; *à ma droite* signifie une certaine largeur *b'*, non nulle et profondeur *t'*, qui est égale à zéro. Le coin à ma droite en face de moi est alors caractérisé par *t* et *b'*, et pas par *b* et *t*, ou par *b'* et *t'* [2].

Comme le note Meinong, quiconque trouve étrange de caractériser une position sur le mur directement en face du sujet comme ayant une valeur de largeur ou de dire que ce qui n'est ni à gauche ni à droite a une position sur la dimension droite-gauche, confond la coordonnée de valeur zéro avec l'absence d'une certaine propriété. Wittgenstein fait une remarque similaire dans un passage sur l'espace de la monnaie et celui de la douleur :

> « Je n'ai pas de douleur à l'estomac » peut être comparé à la proposition « Ces pommes ne coûtent rien ». L'idée est qu'elles ne coûtent pas d'argent, et non pas qu'elles ne coûtent aucune neige ou aucun trouble. Le zéro est un point zéro sur *une* échelle (*PB*, § 82).

Bien que les deux *complexes* (*b*, *t*) et (*b'*, *t'*) soient incompatibles, leurs composants, *t* et *b'* sont pour leur part compatibles [3]. L'incompatibilité en tant que relation entre complexes n'interdit en effet pas la compatibilité entre les *composants* de ces complexes.

1. *Ibid.*, p. 517.
2. *Ibid.*, p. 517.
3. *Ibid.*, p. 518.

Les dimensions de l'espace des couleurs

Avant d'envisager comment l'analyse s'étend à l'espace des couleurs, il nous faut introduire la théorie inhabituelle de Meinong au sujet des *dimensions* de l'espace des couleurs. Rien ne semblerait plus naturel que de considérer les dimensions de l'espace des couleurs comme étant les trois dimensions selon lesquelles les couleurs peuvent varier: la teinte, la saturation et la clarté (*Helligkeit*). Telle est la thèse de Höfler, Witasek et Wittgenstein (dans *PB*). Mais, objecte Meinong, la teinte ne peut pas être une dimension, puisque « les changements de teinte des couleurs se produisent selon deux dimensions » et qu'« il n'y a pas de place sur *une* dimension pour une ligne fermée ». La saturation ne peut pas non plus être une dimension puisque, si le gris appartient réellement au centre du solide des couleurs, alors la saturation variera également selon deux dimensions. Par ailleurs, la clarté est non seulement une dimension du solide des couleurs, mais également de l'espace des couleurs[1]. La distinction clair-foncé ne coïncide dès lors pas avec la ligne blanc-noir, bien que cette dernière appartienne à cette dimension. La ligne blanc-noir est « le principal représentant de » la dimension de clarté. Meinong fait alors appel à l'idée selon laquelle « personne ne peut voir à la fois l'orange et le violet dans le rouge pur, à la façon dont on a si souvent dit que le rouge et le bleu peuvent être trouvés dans le violet »[2]. À partir de cette idée, il fait valoir que le rouge et le vert, d'une part, le jaune et le bleu, d'autre part, sont les principaux représentants des deux autres dimensions de l'espace des couleurs. Normalement, suggère Meinong, les noms « rouge », « vert », « jaune » et « bleu » désignent de tels représentants principaux. Il n'y a que dans un type de cas qu'ils semblent être utilisés pour désigner directement une dimension: lorsque nous refusons d'appeler le point gris « rouge », au contraire d'autres points aussi distants que lui de l'angle rouge[3].

L'application de l'analyse générale à l'espace des couleurs afin de donner une théorie de *l'incompatibilité des couleurs* est alors très simple. Ce que nous connaissons comme le rouge pur et le jaune pur sont tout aussi incompatibles que le sont les complexes (*b*, *t*) et (*b'*, *t'*) dans l'exemple précédent. Or, ce rouge et ce jaune ne peuvent être simples à cause de leurs positions dans un continuum tridimensionnel :

1. *Ibid.*, p. 508.
2. *Ibid.*, p. 512.
3. *Ibid.*, p. 513.

> et si, dans l'intérêt d'une simplicité plus grande, nous négligeons les éléments de couleur requis par la dimension clair-foncé, il reste dans chacune de ces couleurs un élément rouge-vert, *r* ou *r'*, et un élément jaune-bleu, *b* ou *b'* [...]; *r* et *b'* sont bien sûr compatibles l'un avec l'autre [1].

Comment cette analyse conçoit-elle les couleurs mélangées? Un mélange de couleurs psychologiques n'est pas le fait que le rouge pur et le jaune pur, par exemple, se mélangent; l'orange implique seulement les deux éléments *r* et *b'*. «Le point de vue ordinaire, qui oublie les éléments *b* et *r'* dans le rouge pur et le jaune, n'hésitera pas à considérer les éléments *r* et *b'* comme du rouge pur et du jaune pur»[2]. Plutôt que de parler de mélanges de couleurs (psychologiques), il est préférable d'utiliser la relation d'intermédiarité déjà évoquée : « dans le violet on n'a pas à la fois du rouge et du bleu mais ni l'un ni l'autre, on a plutôt une troisième chose qui se situe entre le rouge et le bleu »[3]; « une couleur mélangée ou, mieux, une couleur intermédiaire entre le bleu et le rouge », dit de même Wittgenstein (*PB*, § 80).

À l'aide de cette analyse, nous pouvons comprendre pourquoi, comme Wittgenstein allait le dire, « une couleur entre le bleu et le rouge est telle en vertu d'une relation interne aux structures du bleu et du rouge », ainsi que pourquoi «cette relation interne est élémentaire. C'est-à-dire qu'elle ne consiste pas dans le fait que la proposition "*a* est bleu-rouge" représente un produit logique de "*a* est bleu" et "*a* est rouge" » (*PB*, § 80). Chaque couleur dans l'espace des couleurs est caractérisée par une structure consistant en trois valeurs de trois dimensions de l'espace des couleurs, et ce quelle que soit l'approche que l'on adopte au sujet de ses dimensions. Une telle structure est un complexe consistant en trois valeurs ou éléments de ce type et tous ces éléments sont reliés par des relations internes de dépendance individuelle ou générique. Tout élément de couleur requiert un autre élément sur chacune des deux autres dimensions. Toute couleur dépend par ailleurs individuellement de ses éléments constitutifs, tout comme un complexe de tels éléments dépend individuellement de la couleur que ces éléments constituent. Entre les éléments d'une même dimension se rencontrent des relations internes d'ordre, de distance et de similarité. L'incompatibilité est une autre relation formelle, qui quant à elle relie des complexes. Autrement dit, il y a plus de façons pour les éléments d'être reliés que Wittgenstein n'en avait rêvées dans le *Tractatus*.

1. *Ibid.*, p. 518.
2. *Ibid.*
3. *Ibid.*, p. 514.

Dans ce texte, Wittgenstein avait caractérisé la dépendance d'une relation interne à l'égard de ses termes à l'aide de ce qui n'est pas pensable : le fait que la relation interne plus foncé/plus clair relie deux couleurs bleues y est décrit comme le fait qu'il est impensable qu'elle ne les relie pas (*TLP* 4.123). Cependant, comme Meinong le remarque, le fait que quelque chose ne puisse pas être pensé sans autre chose doit être distingué de son incapacité à exister sans cette autre chose [1]. Cette distinction est importante pour Meinong en raison d'une autre de ses distinctions, celle entre les couleurs que nous voyons actuellement et les couleurs possibles.

La nature des éléments

Nous avons considéré la nature des couleurs selon Meinong. Qu'en est-il de la nature des éléments de couleur ? Il souligne qu'en l'absence d'une théorie précise de la nature des constituants que sont les éléments des couleurs et de la façon dont ils se combinent, on tend à succomber à la tendance regrettable qui consiste à s'appuyer inconsciemment sur l'analogie avec les parties matérielles [2]. Or les affirmations de Meinong clarifient de manière intéressante la nature des éléments. Les éléments de l'espace de l'orientation doivent apparemment être des propriétés telles que celles d'être à gauche ou à droite. Comme nous l'avons constaté, la spécification des éléments dans les espaces de couleurs est bien plus difficile. Une distinction couramment utilisée par Meinong et d'autres élèves de Brentano est ici utile, une distinction dont Wittgenstein critique en fait l'une des parties. Cette distinction est celle entre objets idéaux (*le Rouge, la Triangularité*) et leurs instanciations. Les instanciations de Rouge, etc. sont les particuliers dépendants auxquels il a déjà été fait allusion, les seules entités temporelles – à part les choses – qui peuvent exemplifier des relations internes. De ces *moments* (aussi appelés depuis « qualités particularisées » et « tropes »), les brentaniens aiment à dire qu'ils sont les « parties abstraites » des objets. De la même façon, les instanciations des formes géométriques étaient considérées comme des particuliers dépendants, des *Ausdehnungen* ou étendues tridimensionnelles. L'instanciation en tant que relation entre objets idéaux et particuliers dépendants, une version robuste de la distinction type-

1. *Ibid.*, p. 505. Cf. *LU*, III, § 7.
2. *Ibid.*, p. 520.

occurrence, doit être clairement distinguée de l'exemplification, la relation entre une propriété (ou relation) idéale et les particuliers [1].

Wittgenstein critique l'idée selon laquelle un « cercle rouge *consiste en* la rougeur et la circularité ou est un complexe de ces parties » ; cette idée serait trompeuse et reposerait sur un mauvais usage des mots. « Frege le savait et me l'avait dit », affirme-t-il (*PB*, premier appendice, « Les complexes et les faits »).

Cependant, les moments ou « parties abstraites » jouent au moins trois rôles importants dans les théories de la perception de Husserl et du jeune Meinong, des rôles qu'ils sont peut-être les seuls à pouvoir jouer. Premièrement, ces approches affirment que les moments constituent, avec les particuliers indépendants qui sont des instanciations des genres et des espèces, ce que nous voyons. Les moments nous permettent de défendre la thèse selon laquelle nous ne voyons que des particuliers (indépendants ou dépendants, relationnels ou monadiques). Deuxièmement, les moments sont souvent désignés à l'aide de termes singuliers tels que « la rougeur de cette joue ». Enfin, la relation interne d'interdépendance entre ces objets perceptifs que sont les moments de couleur et leurs étendues nous permet de distinguer la *complexité* d'un moment de couleur (ses éléments de couleur constitutifs) de son *uniformité* – le fait qu'une étendue particulière soit uniformément rouge [2].

LA COMPLEXITÉ TRACTARIENNE

Les discussions de la couleur par Meinong et Wittgenstein peuvent-elles éclairer certaines des notions-clés employées dans le *Tractatus*, telles celles de dépendance, d'indépendance, de simplicité et de complexité, ainsi que les relations formelles, puisque toutes les relations internes sont formelles [3] ? La discussion par Wittgenstein des couleurs dans les *Remarques* est effectivement présentée comme conduisant à une modification fondamentale de certaines des doctrines tractariennes :

> Dans ma vieille conception d'une proposition élémentaire, il n'y avait pas de détermination de la valeur d'une coordonnée ; bien que ma remarque

1. Instanciation et exemplification doivent aussi être distinguées des relations entre déterminables et déterminés et entre genres et espèces, deux espèces de relations internes que les brentaniens aimaient subsumer sous la rubrique « partie logique ».

2. Cf. *LU* III, § 8 ; et Westphal 1977.

3. Sur les concepts formels selon Husserl et Wittgenstein, *cf.* Mulligan 1993a ; et Combès 1969.

> selon laquelle un corps coloré est dans un espace de couleur, etc., aurait pu directement m'y conduire (*PB*, § 83).

Du point de vue des théories husserliennes et meinongiennes de la variété des formes propositionnelles, de la variété des formes d'états de choses, et de la variété qui les embrasse l'une et l'autre, le *Tractatus* représente une version déviante de la théorie des variétés. Déviante, car Wittgenstein insiste seulement sur la variabilité indépendante au sein des différentes dimensions distinguées et ne fournit quasiment aucune description des relations d'interdépendance entre ces dimensions, une lacune en partie comblée dans les *Remarques Philosophiques*.

LA VARIÉTÉ DES COULEURS. AUBES SUR LE SOLIDE DES COULEURS

Bien que l'octaèdre des couleurs nous révèle beaucoup de choses sur la phénoménologie des couleurs, il ne nous dit pas tout. Il reste par exemple silencieux à propos des relations entre les couleurs et la lumière. Et, après les *Remarques*, Wittgenstein est de plus en plus fasciné par ces relations, son désintérêt pour la logique comme quelque chose de pur s'accompagnant d'un intérêt accru pour les couleurs impures.

La relation entre couleurs et lumière est le sujet principal de la monographie classique de David Katz *Die Erscheinungsweisen der Farben* (1911), dont l'un des thèmes est le phénomène de l'illumination[1]. En développant parfois des idées avancées dans les leçons de Husserl, Katz écrit de manière pénétrante sur les couleurs et la perception[2], tout comme le font nombre des premiers étudiants de Husserl (Wilhelm Schapp, Heinrich Hofmann, Herbert Leyendecker, Hedwig Conrad-Martius). La manière dont la monographie de Katz combine une analyse descriptive avec une richesse foisonnante de résultats expérimentaux reste cependant unique. Tout comme Katz, Wittgenstein distingue clairement les entreprises descriptives et explicatives, une question comme « Qu'est-ce que l'impression de blanc ? » et les questions concernant la façon dont l'impression de blanc se produit (*BF*, III, § 221). Katz note, se référant à Wundt et Helmholtz, que

1. En 1930, paraît une seconde édition de la monographie de Katz, dont une version abrégée est traduite en anglais en 1935.

2. Les écrits des premiers phénoménologues sur les couleurs abondent de références révérencieuses aux thèses de Goethe. *Cf.* Heinemann 1934 ; et Lipps 1940. Sur l'importance pour Wittgenstein des écrits de Goethe, *cf.* Rehbock 1995 ; et Rothhaupt 1996, p. 158-180.

> la description dépourvue de présupposition de l'apparence du lustre [*Glanz*] aussi bien que la spécification de sa relation à d'autres phénomènes de couleur a souvent pâti de considérations sur les conditions de genèse du lustre[1].

Katz souligne que nous ne voyons normalement pas de petites taches de couleurs mais plutôt des choses colorées. C'est via les *couleurs de surface* (*Oberflächenfaben*) que nous obtenons de l'information sur le monde extérieur[2], et les relations entre couleurs pures qui sont si bien représentées par l'octaèdre des couleurs n'ont que peu d'importance dans la vie ordinaire. Comme il l'indique, l'espace des couleurs a traditionnellement été conçu comme traitant des *couleurs filmiques* (*Flächenfarben*), alors qu'aucune des constructions stéréométriques des corps de couleur ne peut être considérée comme une image conforme (*konforme Abbildung*) de toutes les couleurs de surface. « Toutes les propositions sur les couleurs [avancées en référence à l'octaèdre] ne sont valides et ne prétendent l'être que pour ces moments qui, selon notre définition, appartiennent à la matière des couleurs [*Farbmaterie*] », à leur valeur : leur teinte, leur clarté et leur saturation[3]. Une description complète des couleurs doit partir de la distinction entre les couleurs filmiques et les couleurs de surface et doit décrire des phénomènes tels que les couleurs spatiales (la couleur du brouillard, par exemple), celle des matières aussi bien que les phénomènes de transparence, de lustre ou d'éclat et de réflexion. « Dans la vie de tous les jours », comme le remarque Wittgenstein, « nous sommes virtuellement entourés de couleurs impures. Il est d'autant plus remarquable que nous ayons formé un concept de couleurs *pures* ». (*BF*, III, § 59).

Wittgenstein avait déjà accepté dans les *Remarques* deux thèses caractéristiques de la psychologie descriptive depuis Stumpf et sans lesquelles il est impossible de décrire ces variétés de couleurs. La première est la thèse selon laquelle ce qui est vu est coloré et spatial. La seconde thèse est une spécification de la première : la couleur et la forme sont indépendantes[4]. Les descriptions des variétés de la couleur dans les *Remarques sur la couleur*, qui s'appuient sur ces deux thèses, diffèrent néanmoins sur un aspect crucial de celles de Katz. Ici comme ailleurs, la morale de Wittgenstein est en effet, d'un point de vue théorique, négative :

1. Katz 1911, p. 21 ; *cf.* p. 1 et 5-6.
2. *Ibid.*, p. 266.
3. *Ibid.*, p. 35. Dans cette section, sauf mention contraire, toutes les références à Katz sont tirées de *ibid.*, § 2, p. 6-31.
4. *PB*, § 205 *sq.*, § 66 ; et Z, § 269. Höfler 1930, § 24, défend cette thèse contre Helmholtz.

toutes les couleurs ne sont pas des concepts de même sorte, etc. À l'inverse, Katz se soucie de découvrir les relations entre les différents systèmes de couleurs.

UN SYSTÈME ?

Selon Wittgenstein, la complexité absolue des phénomènes de couleur est la principale leçon à tirer de ses descriptions : « tous les concepts de couleurs ne sont pas de la même sorte », par exemple le jaune et la couleur de l'or (*BF* III, § 241). Il fait également référence à « l'indétermination de nos concepts d'identité de couleur » (*BF* I, § 56; *cf* III, § 251 et 78) et ajoute que « parmi les couleurs » il y a « parenté et contraste » (*BF* III, § 46); « les divers concepts de couleurs sont certainement étroitement liés les uns aux autres [...] mais il y a, d'un autre côté, toutes sortes de différences » (*BF* III, § 75).

La variété des différentes couleurs distinguées par Katz ne l'a pas conduit à la conclusion que celles-ci n'exhibent aucun ordre. Il y a, affirme-t-il, un *Aufbau*, un *Ordnung* auquel toutes les couleurs obéissent et sa description jouit à ses yeux d'« une certaine complétude »[1]. Il distingue les modes d'apparence (*Erscheinungsweisen*)[2] primaires et secondaires des couleurs. Les couleurs filmiques et les couleurs de surface déjà mentionnées constituent les modes d'apparence primaires des couleurs. Le mode d'apparence des couleurs vues à travers un spectroscope est celui des couleurs filmiques. Le mode d'apparence des couleurs des objets autour de nous est souvent celui des couleurs de surface, même si les couleurs rouges d'un verre rouge ou d'un liquide rouge sont des couleurs d'objet, et non des couleurs de surface. Les couleurs de surface ne sont pas non plus toujours des couleurs d'objet : les nuages de fumée ou de vapeur peuvent avoir des couleurs de surface. Par ailleurs, la distance relative à l'observateur est davantage déterminée dans le cas des couleurs de surface. Pour autant, les couleurs filmiques, contrairement aux couleurs de surface, possèdent essentiellement un aspect frontal-parallèle. Une conséquence de cela, affirme Katz dans la seconde édition de sa monographie, est que les couleurs de surface peuvent être lisses ou plissées, mais que des plis prononcés n'apparaissent jamais au sein des couleurs filmiques. Le mode d'apparence des couleurs spectrales ou filmiques n'est pas « typiquement spatial » bien que, de façon paradoxale, on ait l'impression de pouvoir

1. Katz 1911, p. 6.
2. *Ibid.*, p. 79.

pénétrer une couleur spectrale plus au moins profondément. Dans la seconde édition de sa monographie, Katz introduit en outre la thèse selon laquelle les couleurs de surface constituent un exemple du phénomène de « résistance visuelle ». Le plan dans lequel s'étend une couleur spectrale ne possède pas de surface dans le même sens que la couleur de surface. Etre allongé sur le dos dans une prairie en regardant le ciel peut produire l'impression d'une couleur filmique étendue[1].

Wittgenstein fait quant à lui la distinction suivante :

> Il semble y avoir un concept de couleur plus fondamental que celui de couleur de surface. Il semble que l'on puisse le présenter soit au moyen de petits éléments de couleurs dans le champ visuel, soit au moyen de points lumineux un peu comme des étoiles (*BF* III, § 58).
>
> On tend à penser que l'analyse des concepts de couleurs conduirait en fin de compte aux *couleurs des places* de notre champ visuel, qui sont indépendantes de toute interprétation spatiale ou physique; car il n'y a ni lumière ni ombre, ni éclat, etc. (*BF* I, § 61 ; *cf.* III, § 58)

Il s'agit là d'une tentation à laquelle, selon Wittgenstein, les philosophes succombent. Dans une autre illustration de l'origine de ce qui semble être – mais en réalité n'est pas – le concept fondamental de couleur, il imagine découper une peinture en petits morceaux monochromatiques, dont aucun n'« indique une forme tridimensionnelle », mais dont chacun « apparaît comme une tache de couleur plate ». C'est seulement avec les autres qu'un morceau « devient une ombre » (*BF* I, § 60). Wittgenstein n'appelle pas les couleurs de tels morceaux des couleurs filmiques. Lorsqu'il utilise le terme de « *Flächenfarbe* », il semble l'utiliser comme un synonyme de « *Oberflächenfarbe* », de « couleur de surface » (*BF* II, § 56). Si cela est correct, Wittgenstein est donc d'accord avec Katz pour dire que les couleurs de surface sont des qualités (*ibid.*).

La façon dont Wittgenstein illustre ces deux types de couleurs, la couleur d'une partie d'une peinture et celle d'une petite partie détachée d'une peinture, constitue en fait la contrepartie d'une distinction linguistique, que nous avons déjà rencontrée dans le chapitre précédent, entre les champs symphysiques et synsémantiques des mots. Comme le fait remarquer Bühler, ce qui vaut pour les mots vaut également pour les couleurs. Les étudiants de Hering (Hess et Pretori, puis Jaensch) distinguaient entre le champ environnant (*Umfeld*) et le champ interne (*Infeld*) d'une tache de couleur. L'impression que donne chaque tache de couleur sur une surface

1. *Ibid.*, § 2.

est influencée par le champ environnant. Cependant, puisque le champ interne influence également le champ environnant, l'influence est réciproque, comme l'est la relation entre les mots et leurs champs ou contextes. Le contraste de couleur peut être décelé à partir du champ symphysique d'une tache de couleur et, pouvons-nous ajouter, à partir de ce qui entoure le morceau monochromatique de ce qui était une peinture. Mais, ajoute Bühler, « la situation est profondément différente dans le cas du "contexte" des *valeurs figuratives dans un tableau pris dans son ensemble* [*Bildwerte im Ganzen eines Gemäldes*] ». Un seul et même pigment gris sur la palette peut être utilisé pour représenter une ombre, un reflet de lumière et la couleur d'un objet. « Le contexte des valeurs figuratives dans un tableau est analogue au contexte des signes linguistiques. Dans les deux cas, il y a un champ environnant synsémantique » [1].

Selon Katz et Wittgenstein, il y a donc des couleurs qui, sans être plus fondamentales que les couleurs de surface, peuvent sembler l'être. Pour Katz, ce sont les couleurs filmiques et, pour Wittgenstein, les couleurs des points dans l'espace ou la couleur d'une infime partie détachée d'une peinture. Leurs points de vue diffèrent dans la mesure où Wittgenstein ne spécifie pas que les couleurs des points ou des morceaux d'une peinture sont liées à un mode d'apparence frontal-parallèle. Cependant, tout comme Wittgenstein pense que les couleurs des points dans l'espace donnent naissance à l'idée de couleurs « pures », Katz pense que les couleurs pures dans un solide de couleurs sont en fait les couleurs filmiques. Et les couleurs qui ne sont pas filmiques constituent ce que Bühler appelle « le système complet, non réduit, des couleurs des êtres humains » [2].

Comme le note Katz, il y a de nombreuses transitions possibles entre les couleurs filmiques et les couleurs de surface. Le passage de l'observation binoculaire à l'observation monoculaire d'une couleur conduit au remplacement de la perception d'une couleur de surface par une perception de couleur filmique [3]. Mais la transition s'effectue plus complètement si un écran contenant une unique ouverture est placé devant un objet, de manière à le cacher totalement hormis pour la partie apparaissant à travers l'ouver-

1. Bühler 1982; *ST*, p. 154 et 165; *cf.* Bühler 1929, p. 151-152; Bühler 1922, p. 76 *sq.* et 183-209; et Kardos 1934. La distinction entre *Umfeld* et *Infeld* visuels est un ancêtre de la distinction de Husserl entre horizons internes et externes d'un objet. Katz fait une série de remarques intéressantes sur le mode d'apparence des couleurs d'un tableau, *cf.* Katz 1911, p. 23.

2. Bühler 1929, p. 37.

3. Katz insiste sur le fait que ce qui est en jeu est une transition et non pas une modification des impressions de couleur (Katz 1911, p. 79).

ture, empêchant ainsi toute reconnaissance de la structure de l'objet. « Tout rayon lumineux physique peut produire l'impression d'une couleur filmique à condition qu'il isole l'espace à la façon d'un plan et qu'aucun objet qui en serait le porteur ne soit décelable ». Mais il ne fait aucun sens de parler d'une couleur filmique ombragée [1].

Couleurs filmiques et couleurs de surface peuvent être transparentes. Katz illustre les premières par un cas où l'on regarde un livre ouvert à travers une pièce de verre fumé moyennement transparent dont les frontières sont visibles. Le gris du verre est localisé dans un plan. Dans sa discussion de la transparence, Wittgenstein dit de l'affirmation « Quelque chose de blanc derrière un médium transparent coloré semble être de la couleur du médium, quelque chose de noir semble noir » qu'elle n'est « pas une proposition de physique, mais plutôt une règle d'interprétation spatiale de notre expérience visuelle » (*BF* III, § 173; *cf.* § 200). Quel que soit le statut de l'affirmation, une proposition physique ou une vérité synthétique *a priori* par exemple, elle n'est pas une règle, et Wittgenstein ne donne d'ailleurs aucune raison de penser qu'elle en soit une. En fait, il affirme également de façon bien plus plausible que « Nous ne nous occupons pas des faits physiques ici, sauf dans la mesure où ils déterminent les lois qui gouvernent la façon dont les choses apparaissent » (*BF* III, § 180). De même, se référant à la manière dont Hering – considéré par les psychologues descriptifs comme l'un de leurs héros et alliés les plus importants [2] – « distingue méticuleusement la phénoménologie et la psycho-physique des couleurs », Bühler écrit :

> Que le rouge et le vert, le jaune et le bleu soient opposés est, d'emblée, un problème de phénoménologie; mais cela pose des problèmes à la psychophysique et ne serait pas compréhensible en dernière analyse sans son aide [3].

Les couleurs filmiques transparentes, dit Katz, ont une certaine « parenté » avec les couleurs volumiques (*Raumfarben*). Le liquide coloré contenu dans un récipient de verre semble par exemple volumineux lorsque les objets sont vus à travers lui. La même chose vaut, suggère Katz, pour le brouillard. Il pourrait dès lors tomber d'accord avec la thèse de Wittgenstein selon laquelle le concept de transparence « entre dans des relations dissemblables avec les différents concepts de couleur » (*BF* III,

1. Katz 1911, § 2; et 1911, p. 266. La « réduction » de Katz se trouve dans Hering 1920 (1905), § 4.

2. Stumpf 1917, p. 7.

3. Bühler 1927, p. 157.

§ 189), mais ajouterait sans doute que cette relation entre concepts vaut en vertu d'une relation entre phénomènes [1].

La définition phénoménologique du lustre ou de l'éclat (*Glanz*) donnée par Katz est la suivante : « le lustre apparaît seulement sur un objet, et, comme il excède en clarté la couleur de l'objet et détruit en partie la structure de sa surface, il est appréhendé comme une lumière qui n'appartient pas réellement à la couleur de l'objet » [2]. Cette définition rend compte selon lui de la variété des différents éclats – l'éclat métallique, celui de la soie, du graphite, des surfaces de bois polies, ou encore celui caractéristique du miroitement d'une surface d'eau en mouvement. Dans la plupart des cas, l'éclat est en lien avec des couleurs de surface. Un endroit éclatant n'apparaît jamais comme une couleur de surface distincte, mais ressemble à de nombreux égards à une couleur filmique. La réduction mentionnée plus haut d'une couleur de surface à une couleur filmique élimine également l'éclat lorsque l'objet qui le porte est couvert. Comme le dit Wittgenstein, « si, lorsque nous pensons à “couleur”, nous pensons à une propriété d'un point de l'espace, alors le concept “éclatant” (*glänzend*) n'a aucune référence à une telle propriété » (*BF* II, § 107 ; *cf.* III, § 246).

Un type de couleur que Wittgenstein distingue des couleurs de surface est celle des matériaux (*Stoffarbe*, *BF* I, § 52 ; et III, § 254), comme la couleur de la neige ou de la matière qui constitue les substances. Ainsi que le souligne Katz, il est important de distinguer la structure d'une surface de la structure interne qui nous informe sur le matériau qui constitue quelque chose, comme lorsque nous voyons quelque chose comme étant fait de bois, de pierre ou de tissu [3]. Schapp note que les couleurs des matériaux sont des couleurs de surface, par exemple celles qui, avec l'éclat, nous informent sur la constitution interne des choses. L'or peut bien sûr sembler doré ou vert, mais « ce n'est pas un accident que les métaux tels que [...] l'or aient une couleur éclatante [*glänzende*], car cette couleur reflète l'homogénéité du métal » [4]. Peut-être est-ce ce à quoi Wittgenstein pense lorsqu'il dit que le doré est une « couleur-de-surface » plutôt qu'une couleur de surface (*BF* II, § 100), puisqu'il dit aussi que la propriété d'être doré caractérise une surface qui brille ou scintille (*BF* I, § 33).

Wittgenstein dit qu'« une couleur “brille” dans son environnement » ; et la remarque entre parenthèses, selon laquelle « tout comme les yeux ne

1. Pour une analyse phénoménologique de la transparence, *cf.* Casati 1989.
2. Katz 1911, p. 21.
3. *Ibid.*, p. 93-94 ; *cf.* Schapp 1976 ; p. 85.
4. Schapp 1976, p. 24 ; *cf.* p. 84.

sourient que dans un visage» (*BF* I, § 55), suggère qu'il pense que les couleurs ne peuvent briller que dans leur environnement. Katz note que deux sortes distinctes de couleurs peuvent briller – les couleurs volumineuses (les flammes) et les couleurs non volumineuses – et avance la thèse phénoménologique selon laquelle les couleurs «qui paraissent filmiques ou volumineuse doivent excéder leur environnement en matière de clarté pour donner l'impression de couleurs lumineuses». Wittgenstein mentionne le phénomène des couleurs rutilantes, les rutilements du rouge-chaud et du blanc-chaud (*BF* I, § 34), et Katz cite favorablement la description originale de Hering de ce que c'est que de rutiler, une description qui témoigne de sa dette à l'égard du grand psychologue et phénoménologue praguois :

> Un morceau d'acier rutilant est vu comme lumineux de part en part. [Le rouge de l'acier qui rutile et irradie la lumière] est vu non seulement comme une couleur filmique sur sa surface, mais comme s'étendant à l'intérieur de l'objet.

Katz ajoute que l'impression de rutilance diffère de celle de luminosité simple en ceci qu'un objet rutilant est perçu comme une figure (*Gestalt*) plus ou moins clairement définie alors qu'aucune limite ne peut être spécifiée dans le cas des flammes lumineuses. Il pense cependant qu'il est impossible de faire une distinction stricte entre les impressions de brillance et de rutilement.

Tous les modes d'apparence des couleurs décrits jusqu'ici par Katz constituent ce qu'il appelle les modes d'apparence *primaires* des couleurs, auxquels il faut ajouter des modes d'apparence *secondaires*. Ces derniers *présupposent* et *contiennent* en un sens les couleurs de surface, ils en sont des *modifications*. Ils comprennent tous les phénomènes de couleur qui résultent des relations entre les couleurs des surfaces et la puissance de l'illumination, comme par exemple l'ombrage (*Beschattung*). Les couleurs filmiques ne peuvent quant à elles pas subir de telles modifications[1]. Wittgenstein est d'accord : toutes les « couleurs » n'ont pas la même relation à la spatialité, à la lumière et aux ombres (*BF* II, § 142 et 144).

Wittgenstein est par ailleurs fasciné par une couleur de surface qui n'est pas, me semble-t-il, mentionnée par Katz : le brun. Ainsi que le fait remarquer Hofmann en 1913 :

> Il n'est en aucun cas établi une fois pour toutes que tous les phénomènes de couleur qui se produisent réellement peuvent être analysés à l'aide des

1. Katz 1911, p. 80-81 et 265.

> quatre couleurs pures, du noir et du blanc. Il y a par exemple les couleurs brunes, qui sont toujours traitées superficiellement dans les études sur la couleur. Il est possible que toutes les nuances de brun qui se produisent puissent être ordonnées en des séries de couleurs aux extrémités desquelles se trouvent certaines des couleurs mentionnées à l'instant. Mais [...] il ne s'ensuit pas que nous soyons capables de les analyser à l'aide de ces couleurs [1].

Voici quelques-unes des questions soulevées par Wittgenstein au sujet du brun : que signifie le fait de dire que « Le brun ressemble au jaune » ? Que veut dire « Le brun contient du noir » ? Ou encore « Pourquoi n'y a-t-il pas de lumière brune ? » (*BF* III, § 47, 62 et 215). Il ne répond pas plus à ces questions qu'il n'explique à quel type de couleur le brun appartient. Un phénoménologue qui répond (bien qu'obscurément) à cette dernière question est Hedwig Conrad-Martius, le plus goethéen des premiers phénoménologues. Le brun résulte à ses yeux de la conquête du jaune par l'obscurité [2].

Les descriptions de la multiplicité des couleurs données par Katz et Wittgenstein présentent de nombreuses similitudes. Une différence majeure consiste en ce que Katz fait une distinction fondamentale entre les couleurs de surface et les couleurs filmiques – « le système des couleurs filmiques dans sa totalité », mais non celui des couleurs de surface, « est tridimensionnel » [3] –, alors que Wittgenstein trace une frontière entre (le concept de) couleur de surface et (le concept de) points de couleur dans le champ visuel [4]. Wittgenstein et Katz estiment qu'ils abordent des problèmes phénoménologiques. Katz pense ainsi que ses solutions constituent un chapitre de la phénoménologie des couleurs, une description systématique de celle-ci, alors que Wittgenstein nous dit à la fin de sa vie qu'il n'y a rien de tel que la phénoménologie, « quelque chose à mi-chemin entre la logique et la science » (*BF* II, § 3 ; *cf* I, § 53). Par ailleurs, si Katz pense qu'il est parvenu à sa phénoménologie en regardant les couleurs dans la nature, Wittgenstein constate que « regarder ne nous apprend rien sur les concepts de couleurs » (*BF* I, § 72). Cependant, quelle que soit la manière dont ils

1. Hofmann 1913, p. 49.

2. Conrad-Martius 1929, p. 365. Pour la thèse (bien plus claire) selon laquelle le brun est une sorte de jaune assombri et une tentative de montrer comment les questions soulevées par Wittgenstein sont à même de trouver une réponse d'après cette définition, *cf.* Westphal 1991, chap. 3.

3. Katz 1911, p. 267.

4. Rothhaupt (1996, p. 509) cite un passage des manuscrits de Wittgenstein dans lequel il réfère à ce qui est l'opération de réduction dont parle Katz. *Cf.* aussi *PU* II, XI.

conçoivent ce qu'ils font, Katz et Wittgenstein diffèrent avant tout quant à ce qu'ils affirment au sujet des connexions entre les différents phénomènes de couleurs qu'ils distinguent.

Le « problème » phénoménologique de Katz consiste à « découvrir les connexions internes entre systèmes de couleur hétérogènes »[1]. Un type de connexion est la *transition* spécifiée par l'opération de réduction, mais il estime que de nombreuses relations de *dépendance* entre les modes d'apparence des couleurs et les autres phénomènes visuels existent également. En voici quelques exemples. L'éclat ne se produit qu'en connexion avec des couleurs autres que les couleurs filmiques et présuppose la profondeur visuelle. Les couleurs de surface et l'illumination sont mutuellement dépendantes[2]. À chaque fois qu'une couleur de surface est perçue, un objet doit être présenté (*vorgestellt*) comme son porteur, alors que les couleurs transparentes, filmiques ou volumiques présupposent des couleurs de surface vues à travers elles. Une troisième connexion est fournie par les exemples de *modification*. De telles connexions ne sont pas inconnues de Wittgenstein. Il observe, par exemple, que « la transparence et les reflets n'existent que dans la dimension de la profondeur d'une image visuelle » (*BF* I, § 19), mais ne nous dit pas si cette phrase exprime une vérité ou une simple règle, peut-être une règle pour l'usage de certains mots. Il est ici intéressant qu'il n'écrive pas :

> « Transparence » et « reflets » n'existent que dans la dimension de la profondeur d'une image visuelle.

Selon Wittgenstein, ainsi que nous l'avons constaté, si les différents concepts et mots de couleur sont étroitement liés les uns aux autres, ils diffèrent cependant sur de nombreux points[3]. Quel est leur degré de proximité ? La différence entre le rouge comme couleur filmique et le rouge comme couleur de surface ou volumique suggère-t-elle que « rouge » est un terme de ressemblance de famille ? Alors qu'il explique la découverte par von Kries des concepts synchytiques[4] et de leur expression, ce que Wittgenstein appelle des termes de ressemblance de famille, Bühler rejette la thèse de von Kries selon laquelle les concepts de couleurs simples tels que « rouge » sont de tels concepts et exprime sa préférence pour les thèses de Hering (*ST*, p. 221-222). Le point de vue de Hering est celui développé

1. Katz 1911, p. 35.
2. *Ibid.*, p. 374.
3. Cf. *BB*, p. 130-137 ; *PU*, § 72-73 ; et Wittgenstein 1980a, § 87.
4. *Cf.* chap. VI.

par Katz : tous les modes d'apparence des couleurs exhibent les moments de teinte, saturation et clarté [1]. Si la thèse est correcte, cela suggère qu'il y a quelque chose de commun à tous les types de rouge. Le concept de rouge, semble-t-il, est un exemple de ce ce que Husserl appelle un concept inexact ou morphologique [2].

1. Katz 1911, p. 31-32.

2. *LU* II, § 9 ; III § 9 ; et Husserl 1977, § 74. Katz (1911, p. 4 et 121 *sq.*) pense que les couleurs manifestent souvent une « indétermination qualitative » et, comme Husserl, y voit une caractéristique positive. Husserl pense que ce qui est subsumé sous un concept morphologique manifeste de l'indétermination.

CHAPITRE VIII

CERTITUDES[1]

CERTITUDE PRIMITIVE – SOLS, SABLES ET MERS

Au sein de la famille suivante :

> croyance, jugement, acceptation, conviction, tenir pour acquis, avoir l'impression que, certitude, accointance, appréhension (*Erkennen*), connaissance, savoir,

une catégorie peut-être fondamentale est celle de la certitude primitive. José Ortega y Gasset écrit :

> Je n'ai pas « remarqué » le siège ou le fauteuil dans lequel je suis assis... D'une certaine façon j'ai compté sur (*contar con*) lui... Lorsque nous descendons les escaliers nous ne sommes pas, à proprement parler, conscients de chaque marche, mais nous *comptons sur* chacune d'elle ; et en général nous ne sommes pas conscients de la plupart des choses qui existent pour nous mais nous comptons sur elles[2].

Wittgenstein écrit pour sa part : « Je crois qu'il y a là un siège [...] Mais ma croyance est-elle alors *fondée*? » « J'agis en *toute* certitude » (*ÜG*, § 173 et 174). J'appellerai *certitudes primitives* (un terme utilisé par Russell et Husserl) les « croyances de base » dont Ortega dit que « nous comptons

1. Une version antérieure de ce texte est parue sous le titre « Soils, Sediment and Certainty » dans M. Textor (ed.), *The Austrian Contribution to Analytic Philosophy*, London, Routledge, 2006.

2. Ortega 1999, p. 47.

sur elles – toujours, sans interruption »[1] et les « propositions » qui, selon Wittgenstein, « sont pour moi fermement établies » (*feststehen*, *ÜG*, § 152).

De nombreux penseurs austro-allemands du XXe siècle étaient convaincus que la certitude primitive fournit un fondement à la plupart des activités humaines, y compris les entreprises cognitives et la connaissance. Les penseurs en questions sont Husserl et ses héritiers, en particulier les phénoménologues réalistes – Leyendecker et Scheler – ainsi que les philosophes qu'ils ont fortement influencés – tels Ortega y Gasset, Reiner et Gehlen – et, bien sûr, Wittgenstein. Les trois premiers grands moments de la philosophie de la certitude primitive du XXe siècle occupent une période de 40 ans – 1911-1913 (Leyendecker, Husserl, Scheler), 1934-1936 (Ortega) et 1950-1951 (Wittgenstein). Les fondations sont posées en 1913. Dans ses *Ideen I*, Husserl esquisse une approche de ce qu'il considérait comme l'attitude théorique la plus primitive, la « certitude naïve ». Dans son *Formalisme*, Scheler fournit une analyse descriptive dense de ce qu'il appelle « compter pratiquement sur quelque chose » (*rechnen mit*). La conception schélérienne de la certitude primitive et pratique fournit à Ortega le cœur de l'analyse de ce qu'il appelle « les croyances de base » au sein de ses publications espagnoles, anglaises et allemandes qui paraissent en 1934, 1936, 1937 et par la suite. L'exploration que Searle fera plus tard de « l'arrière-plan » reprend bon nombre de problèmes identifiés par ces philosophes austro-allemands.

La contribution principale d'Ortega à la distinction entre ce qu'il appelle occasionnellement « les croyances de base », la « certitude », et plus souvent simplement les « croyances », d'une part, et les « idées » ou « l'adhésion aux idées », d'autre part, se trouve dans « Ideas y Creencias », dont le premier chapitre est paru en allemand (« Von der Lebensfunktion der Ideen » [De la fonction vitale des idées]) en 1937. La terminologie d'Ortega est malheureuse à plusieurs égards, comme semble l'avoir reconnu son traducteur allemand qui traduit « *creencia* » par « *Glaubensgewißheit* » ou certitude doxastique. Sa contribution est anticipée dans des écrits antérieurs dans lesquels il parle de « convictions » et développée dans son article intitulé « Historia como sistema », qui paraît pour la première fois en 1936 sous le titre « History as a System », puis en 1943 en allemand[2].

1. Ortega 1937, p. 43 ; et Wittgenstein 1972a, § 152.

2. M. van den Hoven a souligné quelques-unes des similarités les plus importantes entre les analyses de la certitude d'Ortega et celles de Wittgenstein dans son article de 1990.

De nombreux noms ont été donnés à la forme primitive de certitude ou de croyance – « la certitude simple, immédiate (*schlicht*) et naïve » (Husserl), « la croyance simple et immédiate » (Scheler), ou simplement « la croyance » (Ortega), la « croyance non fondée » et la « certitude » (Ortega, Wittgenstein) – ainsi qu'à la forme moins fondamentale de croyance ou de certitude – « la croyance critique » (Scheler), « la certitude non naïve, la certitude confirmée » (Husserl), « l'adhésion » (Ortega)[1]. La certitude primitive, à en croire ces philosophes, est partout. Elle est impliquée dans la perception, dans l'action, dans nos relations à nos états mentaux et dans nos relations à une grande variété de propositions ou d'états de choses contingents et non contingents, normatifs et non normatifs, sémantiques et non sémantiques, banals et exotiques, d'importance purement locale ou globale. Les descriptions de la certitude primitive que nous allons considérer constituent autant de modifications et de développements des descriptions de la perception, des règles, de notre rapport aux règles, de l'intentionalité collective, du fait d'être guidé et de notre rapport à nos états psychologiques et mentaux que nous avons considérées jusqu'à maintenant. Il s'agit, dans chaque cas, des derniers mots de la tradition de la psychologie descriptive et de Wittgenstein.

Bien que la certitude primitive soit parfois solitaire, elle est d'ordinaire collective. Ainsi Ortega écrit-il :

> Il est très difficile pour une croyance, dans le sens précis que je donne au mot, d'exister sous la forme d'une croyance individuelle ou comme croyance d'un groupe particulier. La croyance [...] est normalement un fait collectif [...]. On croit en commun avec les autres. La croyance agit [...] sous la forme de ce qui « lie collectivement » (*en forma de vigencia colectiva*)[2].

Le fondement solide de la certitude primitive doit, dès lors, être distingué des sables mouvants des hypothèses concurrentes ainsi que des mers de doutes. Selon certains tenants de la certitude primitive, de même que le fondement solide de la certitude primitive doit être distingué des sables mouvants de la certitude critique, les mers de doutes se déclinent, elles aussi, en deux variétés – l'incertitude ou le doute primitif d'un côté, et l'incertitude ou le doute critique de l'autre. Les philosophes de la certitude primitive se plaisent à en décrire le rôle au moyen de métaphores géologiques :

1. Scheler 1957, p. 241 *sq.* ; *cf.* Scheler 1982, p. 133 *sq*.
2. Ortega 1985, p. 151.

le sol, la terre ou le fond rocheux (*Boden*);
le sous-sol (*subsuelo*);
la terre ferme (*fest*), le sol sous nos pieds;
le fondement (*Fundament*);
la Terre, les strates, le continent, le sédiment,

et architecturales :

l'échafaudage (*Gerüst*);
la clé de voûte, le pilier de soutènement (*Grundpfeiler*);
les fondations.

Voici un passage assez typique :

> Il n'est pas de vie humaine qui ne repose dès le départ sur certaines croyances de base, qui ne soit pas pour ainsi dire construite sur elles [...]. Elles [...] ne se produisent pas à un moment de notre vie, nous n'en venons pas à les avoir grâce à certains actes de pensée particuliers, en un mot elles ne sont pas des pensées que nous avons [...] ou des inférences [...]. Elles forment le continent de notre vie et par suite n'ont pas le caractère de contenus particuliers au sein de la vie. Elles ne sont pas des idées que nous avons, mais des idées que nous sommes [1].

Les métaphores géographiques et architecturales décrivent la relation entre nos certitudes primitives et le reste de nos vies de façon impersonnelle. Mais quelle relation personnelle entretenons-nous à nos certitudes primitives ? Comme nous l'avons vu, Ortega et Wittgenstein répondent à cette question par des gloses distinctes. Pour Ortega, nous comptons sur nos certitudes primitives; pour Wittgenstein, celles-ci sont fermement établies pour nous.

CROYANCES ET CERTITUDES CRITIQUES *VS* CERTITUDES PRIMITIVES

Plusieurs des questions fondamentales au sujet de la certitude primitive ont trait à la distinction entre la certitude primitive comme attitude pratique ou disposition et la certitude primitive comme attitude psychologique, ainsi qu'à la distinction entre celles-ci et la certitude primitive objective. Dans le cas de la certitude primitive comme attitude psychologique, nous pouvons encore distinguer la certitude comme attitude théorique de la certitude affective primitive. J'esquisse pour commencer la façon dont Scheler conçoit le fait de compter pratiquement sur quelque chose, une conception dont Ortega tire parti. Je considère alors la conception

1. Ortega 1940, I, i, p. 24; et 1937, p. 42.

husserlienne de la certitude théorique primitive et présente certaines des thèses principales des philosophes austro-allemands au sujet de la certitude primitive objective et non objective. J'introduis enfin les principaux exemples supposés de certitudes primitives et présente certaines de leurs implications pour les analyses de la certitude primitive.

L'analyse faite par Scheler de ce qu'il appelle «compter pratiquement sur quelque chose» (*praktisches Rechnungtragen*, *rechnen mit*)[1], s'inscrit au sein de sa description de la relation entre une créature et son milieu ou «*Umwelt*». L'attitude en question est, avec la perception et le langage naturels, l'une des trois principales composantes de la conception naturelle du monde. Elle n'est ni une simple occurrence ni une disposition, mais une attitude pratique intentionnelle. En particulier, la description que fait Scheler de cette attitude est une partie de sa réponse à la question suivante : quelle est la relation entre nos actions, «les objets pratiques» et la situation à laquelle ils appartiennent[2]? Les objets pratiques sont des biens, des porteurs de valeurs, ils appartiennent au milieu et donc à la conception naturelle du monde. Un objet pratique est une «chose du milieu» et appartient de ce fait à «une *sphère intermédiaire* qui se situe entre le contenu perceptif et ses objets d'un côté et [...] les objets objectivement pensés de l'autre»[3]. Les objets pratiques qui contribuent à la constitution d'un milieu, les «choses du milieu», ne sont pas des objets de la science : le soleil du milieu n'est pas celui de l'astronomie, la viande volée n'est pas un amas de cellules. Les objets pratiques relèvent de la conception naturelle du monde et sont des unités de valeur. Ils prennent place dans un règne intermédiaire aux règnes des objets perçus et des objets pensés, puisqu'un changement dans le milieu peut être expérimenté sans pouvoir être rapporté à aucun changement dans ce qui est perçu. On compte pratiquement sur l'existence et la non-existence de choses, sur le fait qu'elles soient ainsi, sans l'intervention de la perception ou de la pensée. En d'autres termes, ce sur quoi nous comptons est l'obtention de certains états de choses plutôt que la vérité de propositions ou de pensées. En 1926, lorsque Scheler soutient qu'il n'y a rien de tel qu'une conception naturelle du monde absolument constante, mais plusieurs «conceptions du monde relatives», il écrit qu'à une telle conception relative du monde appartient «tout ce qui compte comme indiscutablement donné», qui est «considéré et senti comme n'ayant pas besoin de justification ni ne pouvant en

1. Scheler 1966, p. 153 *sq.*
2. *Ibid.*, p. 155, 138 et 137.
3. *Ibid.*, p. 154.

avoir »[1]. Comme nous le verrons, Scheler utilise son analyse de l'attitude de compter pratiquement sur dans son analyse de la perception ainsi que dans sa description de notre relation aux règles que nous suivons et enfreignons.

Husserl décrit quant à lui la certitude théorique primitive comme quelque chose qui se situe normalement hors de tout projet épistémique, au contraire de la croyance et de la certitude critique, qui, pour leur part, sont étroitement liées à de tels projets. Dès lors, afin de comprendre la relation entre certitude primitive et croyance critique, nous avons besoin de comprendre le contact épistémique avec le monde. Husserl et ses héritiers distinguent quatre types de contact épistémique : le savoir que, l'appréhension (*Erkennen*), l'accointance, et le fait de prendre connaissance, d'entrer en accointance avec quelque chose (*Kenntnisnahme*). L'appréhension et le fait de prendre connaissance de quelque chose sont des épisodes, contrairement à la connaissance et à l'accointance, qui endurent. Le savoir que (x sait que p) et l'appréhension sont propositionnels, contrairement à l'accointance et au fait d'entrer en accointance avec quelque chose.

Du début à la fin de sa carrière, Husserl pense que les actes de signifier que p, les jugements et les croyances propositionnelles critiques sont essentiellement liés à des cognitions, qu'ils sont essentiellement confirmables ou falsifiables ; les jugements « atteignent leur but » dans la confirmation et la falsification (*LU* VI, § 13). La vérifiabilité, ainsi comprise comme une possibilité essentielle, n'est pas restreinte à ce que *nous* sommes capables de vérifier, comme elle le sera dans les travaux des vérificationnistes ultérieurs, tels ceux de Wittgenstein. Les formulations de Husserl donnent souvent l'impression qu'il pense que le jugement et la croyance sont des composantes indépendants de l'appréhension et donc du savoir que. Il dit ainsi que « nous préférons parler d'appréhension là où une opinion, dans le sens normal de *croyance*, a été confirmée »[2]. De tels passages suggèrent que Husserl partage l'opinion selon laquelle le savoir est une croyance vraie justifiée. Mais, contrairement à la quasi-totalité des adhérents ultérieurs de cette thèse, il pense que ce qui justifie une croyance est, dans les cas les plus simples, une perception ou une intuition de l'état de choses même qui est représenté par la croyance (*LU* VI, § 8), c'est-à-dire une connaissance, et que les croyances sont essentiellement liées à des vérifications possibles. Il demeure que, pour Husserl, les croyances sont semble-

1. Scheler 1960, p. 61.
2. *LU* VI, § 16 ; *cf.* Husserl 1954, § 68.

t-il plus fondamentales que ne l'est le savoir propositionnel : elles en sont des constituants. Certaines formulations suggèrent néanmoins qu'il n'a pas toujours accepté cette dernière affirmation. Par exemple : « Les jugements [étudiés par le logicien] [...] se présentent comme des connaissances prétendues [*prätendierte Erkenntnisse*] » ; « le jugement simple est une modification intentionnelle du jugement connaissant [*erkennendem Urteilen*] »[1]. Selon la présente suggestion, l'appréhension est complexe, elle implique une unité de remplissement. Mais l'unité est celle de la pensée propositionnelle et de l'expérience ou de l'intuition, ce n'est pas une unité de croyance et d'intuition. Et le concept d'appréhension est premier par rapport à celui de simple croyance ou de simple jugement.

Que cette dernière conception de la connaissance et de la croyance propositionnelle soit ou non correcte, « croire » se retrouve dans au moins quatre constructions bien distinctes : *croire que* p, *croire* quelqu'un, *croire en* quelqu'un ou *en* quelque chose[2], et dans des constructions comme « *x* la croit sage ». La croyance, la certitude et la conviction ont toutes été appelées « jugements », mais sont manifestement différentes des jugements épisodiques et des assertions, ainsi que le fait remarquer Reinach dans sa théorie classique de la croyance et de la conviction (critique)[3]. Le jugement, pense Reinach, est normalement fondé sur la conviction ou la croyance, qui est une attitude ou « *Stellungnahme* ». La conviction est une réponse ou une réaction, typiquement à l'appréhension réelle ou apparente, et ne fait donc pas partie de l'appréhension. Dans ce cas, nous avons affaire à ce que Reinach appelle des « convictions cognitives » (*Erkenntnisüberzeugungen*). Ici, la conviction ou la croyance viennent après le contact cognitif et ne le constituent donc pas. Contrairement à l'assertion, à la pensée, au jugement ou à l'acte de signifier quelque chose avec une expression, la conviction et la croyance admettent en outre des degrés :

> Soit quelque chose est asserté, soit il ne l'est pas ; les degrés d'assertion n'existent simplement pas [...]. La situation est toute différente dans le cas de la conviction. Ici, il fait sens de parler de niveaux ou de degrés. Aux côtés de la conviction se trouvent la conjecture et le doute et avec chacun d'eux le « degré de certitude » diminue de plus en plus[4].

De façon similaire, Wittgenstein pense qu'il y a des cas où « la certitude complète est la limite d'une croyance qui diffère par degrés ». « Je fais des

1. Husserl 1954, § 3.
2. Scheler 1973, p. 96 ; et Reiner 1934, p. 25.
3. Reinach 1989d, p. 95.
4. *Ibid.*, § 2, p. 99. *Cf.* Mertens 1927.

assertions au sujet de la réalité, assertions qui ont différents degrés d'assurance » (RPP II, § 567 ; cf. *BB*, p. 111 ; *ÜG*, § 66 ; *cf.* § 415).

La conviction, soutient Reinach, est une attitude qui est aussi un état :

> La conviction ou la croyance, qui se forment en nous en présence d'un objet particulier, impliquent toujours quelques aspects que nous pouvons désigner, sinon comme des sentiments, au moins... comme des états de conscience. L'assertion, d'un autre côté, ne se « forme » pas en nous, mais est plutôt « faite » [*gefällt*] par nous. Elle est totalement différente de tout sentiment, de tout état, et doit bien plutôt être caractérisée comme un acte spontané [1].

La croyance (ou la conviction) est-elle seulement un état, est-elle plutôt une disposition, ou est-elle les deux à la fois ? Wittgenstein endosse parfois cette dernière opinion :

> Croire est un état d'esprit. Il a une durée et cela indépendamment de la durée de son expression dans une phrase par exemple. C'est donc une sorte de disposition de la personne qui croit [2].

En 1900, Husserl distingue entre « les convictions comme expériences psychiques » et comme « dispositions » (*LU* I, § 3). Mais plusieurs phénoménologues, ainsi que Husserl lui-même, iront plus loin. Ils font valoir que la conviction et la croyance sont des états dans un sens plus étroit que celui selon lequel toute disposition est un état. Ils soutiennent pour cette raison que la croyance est un état qui, plutôt qu'une disposition, est une attitude habituelle (Husserl), « *inaktuell* » ou même « *überaktuell* » [3], comme l'est par exemple le résultat d'une décision. Ils justifient cette thèse en observant qu'une fois qu'une croyance débute (c'est-à-dire, lorsque l'on en vient à croire ou savoir que *p*) ou que l'on a pris une décision, on peut toujours revenir dessus (*darauf zurück kommen*) [4]. Les états, par exemple les attitudes de longue durée, doivent être distingués non seulement d'épisodes tels que les assertions et les actes de penser, mais également des épisodes qui marquent l'adoption ou la naissance d'une attitude, de l'attitude de prendre une position :

> De ces actes, tels que les actes de présentation et de signification, au sein desquels nous prenons possession de quelque chose d'objectif (soit en le prenant pour notre objet, soit en étant dirigé vers lui), il nous faut distinguer

1. Reinach 1989d, § 2, p. 99.
2. *PU* II, x ; *cf.* Wittgenstein 1992, II, p. 9.
3. Reiner 1934, p. 27 *sq.* ; *cf.* Scheler 1957, p. 240 *sq.*
4. Reiner 1934, p. 27 *sq.* ; *cf.* Bassenge 1930a ; *cf.* von Hildebrand 1916, p. 146-147.

> les expériences qui, comme dans le cas de la conviction ou de la croyance, impliquent que nous prenions position au sujet de quelque chose, [...] que nous nous efforcions de l'obtenir ou que nous l'attendions. Une opposition divise cette seconde classe d'actes – mais non la première – entre la positivité et la négativité [...]. Nous constatons maintenant qu'il en va exactement de même dans le cas de la conviction [1].

Wittgenstein trace une distinction similaire :

> Une proposition, et ainsi, en un autre sens, une pensée, peut être « l'expression » d'une croyance, d'un espoir, d'une attente. Mais croire n'est pas penser. [...] Les concepts de croire, de s'attendre à, d'espérer sont moins distants les uns des autres qu'ils ne le sont du concept de penser (*PU*, § 574).

Cette proximité, selon Reinach, vient de ce que de même qu'il y a un effort et un vouloir positif et un autre négatif, il y a une conviction ou une croyance positive et une autre négative (*Unglaube*, *disbelief*). Wittgenstein aussi parle d'attitudes (*Einstellung*) de méfiance, de croyance et de croyance négative (*PU*, § 310). « Sam croit que non-*p* » et « Sam croit négativement (*disbelieves*) que *p* » ne signifient pas la même chose. Les attitudes et états opposés de façon polaire sont la marque de fabrique des phénomènes affectifs et conatifs. Mais la croyance ou la conviction positive et négative ne sont-elles pas des phénomènes purement intellectuels ? Bien qu'il y ait une tonalité de la croyance, nous ne devrions pas, souligne Wittgenstein, concevoir la croyance comme un sentiment accompagnant l'acte de parler ou de penser. La croyance n'est pas une agitation (*Gemütsbewegung*), elle n'a pas d'expression corporelle typique ; croire n'est pas être occupé avec les objets de la croyance (*PU* II, xi, § 578 ; RPP II, § 154 ; et RPP II, § 155). Reinach a sans doute tort d'identifier la conviction à la croyance, dans la mesure où il n'y a pas des degrés de croyance. On ne peut pas dire que Sam croit plus que Maria qu'il pleut (bien qu'on puisse naturellement être plus ou moins attaché à une croyance). Il y a des degrés de conviction, sans doute parce que la conviction est une croyance certaine [2].

Selon Husserl et Reinach, de même que Bolzano et Frege, le jugement n'a quant à lui pas de contrepartie opposée de façon polaire. Nier que *p*, c'est simplement juger que non-*p*. Qui ne remarque pas cela, selon Reinach, confond le jugement que non-*p* avec l'activité polémique de

1. Reinach 1989d, p. 109.
2. *Cf.* Scheler 1957a ; Hacker 2004 ; et Mulligan 2012, à paraître.

dénégation, de rejet. Cependant, la thèse de Brentano selon laquelle juger a de fait un opposé polaire trouve encore des adhérents [1].

Selon ses sympathisants, la certitude primitive diffère à la fois de la connaissance et de la croyance ou de la certitude critique de la façon suivante. Si quelqu'un sait que *p*, alors il est légitime de demander *comment* il sait que *p* et cette question a, en principe, une réponse. Si quelqu'un croit que *p*, on peut demander « pourquoi croit-il que *p* ? » [2]. Si quelqu'un est primitivement certain de quelque chose, par contre, aucune justification ne peut être donné de cette certitude primitive. Les certitudes primitives ne sont pas justifiées. Une autre thèse, plus ambitieuse, est avancée par Ortega : les certitudes primitives ne justifient pas non plus.

La certitude subjective ou pratique *vs* la certitude objective

Si nous distinguons la certitude théorique primitive de la certitude ou croyance critique, nous devons aussi distinguer, dans chaque cas, la certitude subjective de la certitude objective. Husserl et Wittgenstein s'accordent sur ce point. L'explication que donne Husserl de la distinction entre la certitude subjective et objective constitue le point de départ de son étude de la relation entre les types de modes, actes et attitudes mentaux et certains concepts et propriétés formels. À l'épisode mental du doute correspond le connecteur « Il est douteux que *p* » ; à l'état propositionnel de tristesse correspond le connecteur axiologique « Il est triste que *p* » ; et à l'acte mental de jugement que *p* correspond « l'état de chose que *p* subsiste (*besteht*) ». À chaque mode mental figurant dans la colonne de gauche du tableau suivant correspond dans la colonne de droite un « corrélat » qui peut être exprimé à l'aide d'un connecteur ou prédicat formel :

certitude naïve	réalité/certain
certitude non naïve	réellement ainsi/réellement certain
doute	douteux
suggestion (*anmuten*)	possibilité réelle
présomption (*vermuten*)	probabilité
l'attitude interrogative	sujet à question
certitude vide	possibilité ouverte [3]

1. *Cf.* Scheler 1957a ; Mulligan, 2012, à paraître.
2. *ÜG*, § 550 ; *cf.* Reiner 1934, p. 39.
3. Husserl 1954, § 21(c).

Que signifie «correspond»? Husserl paraît avoir pensé que les attitudes de doute ou de tristesse sont intentionnellement dirigées vers le caractère douteux ou triste des états de choses, sans pour autant le représenter. Il souligne également que l'état de doute ou de tristesse est approprié ou correct si et seulement si l'état de choses représenté par l'attitude est douteux ou triste. De façon similaire, il pense parfois, tout comme d'autres phénoménologues, que le jugement vise à la vérité et qu'il est dirigé vers l'obtention d'un état de choses bien qu'il n'ait besoin de représenter ni la vérité ni les états de choses et qu'il soit correct si, et seulement si, l'état de choses subsiste [1].

Parmi les différents couples subjectif-objectif, la certitude occupe une place privilégiée. Il y a, remarque Husserl, deux sortes de certitude. La variété la plus fondamentale est «la certitude simple ou naïve» qui est illustrée par la majeure partie de nos perceptions ordinaires. Mais on rencontre également la certitude qui émerge, par exemple, sur la base du doute ou de l'hésitation et de la confirmation ou de l'infirmation subséquente [2]. Le doute et la certitude confirmée sont des exemples de modalisations de la certitude. Il y a en outre deux façons de distinguer entre ce qui est modifié (ou modalisé, ou modal) et ce qui ne l'est pas. Nous pouvons dire que le doute, la présomption (« *Vermutung* »), l'attitude interrogative, la suggestion (« *Anmutung* ») et les certitudes non naïves sont tous des modifications ou des modalisations de la certitude naïve. Alternativement, nous pouvons dire que les certitudes, naïves ou non naïves, sont les points de départ non modalisés des autres attitudes. Husserl adopte la première thèse. Toutes les modalisations doxastiques se rapportent à la « *Glaubengewissheit* », à l'« *Urdoxa* », simple et naïve. Comme l'indique Husserl, son analyse implique que la théorie selon laquelle la croyance se ramifie elle-même en certitude, présomption, etc., est «complètement fausse» [3]. La certitude subjective, non modalisée, comme le répète Husserl, «est non seulement la fondation de tout acte individuel cognitif [...] et de tout jugement au sujet de ce qu'il y a, mais également de toute évaluation individuelle et de toute action pratique» [4].

Les différentes modalisations de la certitude naïve susmentionnées se rattachent toutes aux activités cognitives, alors que la certitude naïve elle-même sous-tend toute activité théorique. Néanmoins, Husserl soutient

1. *Cf.* Mulligan 2004a.
2. Husserl 1977, § 103-107; 1954, § 21; et 1966, § 9. *Cf.* Ni 1999.
3. Husserl 1977, § 104.
4. Husserl 1954, § 12, p. 53.

également que tous les phénomènes intentionnels affectifs et conatifs manifestent soit la certitude naïve, soit l'une de ses modalisations. Il y a une façon naïvement certaine d'être contenté par quelque chose, de souhaiter et de vouloir, ainsi qu'il y a des *Wunschanmutungen*, *Wunschvermutungen*, *Wunschzweifeln*, etc.[1]. On peut considérer que ceci est requis si la certitude primitive doit jouer le rôle fondateur que Husserl lui attribue, et cela constitue en tout état de cause une généralisation aussi plausible qu'importante.

Les phénoménologues ont ainsi identifié trois types de certitude primitive, non objective: (a) la certitude naïve, dont les modalisations relèvent de l'activité théorique, (b) la certitude affective et conative et (c) l'attitude pratique de compter pratiquement sur. À chacune de ces certitudes non objectives correspond un type distinct de certitude objective.

L'analyse de Husserl au sujet de la distinction entre certitudes subjective et objective suggère trois développements naturels.

Premièrement, puisque la certitude non naïve ou confirmée exhibe des degrés, il pourrait sembler naturel de soutenir que la certitude primitive n'en manifeste pour sa part aucun; Husserl ne me paraît cependant pas l'affirmer. Reiner fait valoir que, dans le cas du type de croyance le plus primitif, « les différences dans la certitude des croyances ne jouent aucun rôle »[2]. Cette thèse est cependant noyée dans une série d'élucubrations heideggerianesques qui compliquent passablement son évaluation. Il affirme ainsi que le type le plus fondamental de croyance possède des fondements ou justifications, mais que les croyances de ce type ne sont pas « critiques » et n'impliquent aucune considération (*Erwägung*) de leurs fondements.

Deuxièmement, la lecture de la liste de couples subjectif-objectif que donne Husserl suggère qu'il existe une distinction plus que verbale entre la croyance et la connaissance, d'une part, et la certitude, d'autre part. Le « corrélat » de la certitude subjective est « que *p* est certain ». Nous employons le même terme pour décrire l'état subjectif et sa contrepartie objective (*cf.* « Elle est triste que *p* » et « Il est triste que *p* »; « Il a honte de… » et « Il est honteux que *p* »). Mais les corrélats de la croyance et les objets de la connaissance ne sont pas décrits en employant ces mots. La croyance et la connaissance sont uniquement des états mentaux.

1. Husserl 1988, p. 325-327; *cf.* 1977, § 116-117.

2. Reiner 1934, p. 101. Newman (1956, chap. 6), suivi par d'autres philosophes oxoniens (Price 1996, p. 133 *sq.*), soutient que l'attitude de tenir pour acquis n'admet pas de degrés.

Troisièmement, cette distinction entre connaissance et croyance, d'un côté, et certitude, de l'autre, ne présuppose pas que la certitude objective ne puisse être analysée en termes subjectifs. Ainsi que nous l'avons vu (chapitre cinq), Meinong accorde, tout comme Husserl, beaucoup d'importance aux couples subjectif-objectif et nomme « approches récessives » les analyses de concepts ou propriétés apparemment non psychologiques en termes psychologiques. Par exemple, une approche récessive de la tristesse objective pourrait soutenir que le fait qu'il soit triste que *p* revient à ce qu'un état psychologique de tristesse que *p* soit approprié. Deux appellations plus récentes pour les approches récessives de la valeur sont les « théories de la patate chaude » (*buck-passing accounts*) et le « néo-sentimentalisme ». Meinong lui-même adopte une approche récessive de la certitude objective :

> Que 3 soit plus grand que 2 est [...] certain. Pourtant la certitude et l'incertitude sont sans aucun doute avant tout des propriétés des expériences de jugement [...]. Mais qu'est-ce que [...] l'intensité des jugements humains a à voir avec une relation entre nombres ? Manifestement rien, si ce n'est que cette relation est ainsi constituée que son obtention peut être correctement affirmée dans un jugement de certitude [...]. De cette façon, la propriété d'être certain est transférée au sein de l'objectif saisi, dans la mesure où l'on appelle également certitude la capacité à être jugé avec certitude de façon justifiée [...]. Ce qui vaut pour la certitude vaut bien sûr tout autant pour l'incertitude [1].

Même si Meinong a raison, il ne s'ensuit pas que « Il est certain que *p* » soit une dérelativisation de « Quelqu'un est certain que *p* », au contraire de « Il est connu/cru que *p* », qui est certainement une dérelativisation de « Quelqu'un sait/croit que *p* ».

Deux distinctions importantes dans *De la certitude* sont la distinction entre la certitude « subjective » et « objective » et la distinction apparente entre deux types de certitude objective. Au § 194, Wittgenstein écrit :

> Par le mot « certain » nous exprimons la conviction complète, l'absence du moindre doute, et par là nous cherchons à convaincre autrui. C'est là la certitude *subjective*.
>
> Mais quand quelque chose est-il objectivement certain ? Lorsqu'une erreur n'est pas possible. Mais de quel type de possibilité s'agit-il ? L'erreur ne doit-elle pas être *logiquement* exclue ?

1. Meinong 1972, § 6, p. 32-33. Sur les analyses « récessives », *cf.* Meinong 1968c, p. 596. Marty (1976, § 63) rejette l'affirmation de Meinong selon laquelle la certitude et l'incertitude peuvent être des propriétés des objectifs.

Un second type de certitude objective semble être mentionné au § 273 :

> Mais quand dit-on de quelque chose qu'il est certain ? Car on peut disputer si quelque chose *est* certain ; c'est-à-dire quand c'est quelque chose d'*objectivement* certain. Il y a d'innombrables propositions empiriques qui comptent comme certaines pour nous.

La certitude subjective est une attitude, et Wittgenstein semble suggérer qu'elle admet toujours des degrés. Pense-t-il cependant que « compter pour certain » admette des degrés ? La certitude objective, d'une sorte comme de l'autre, implique l'attribution d'un prédicat à une proposition. La certitude objective du premier type exclut logiquement l'erreur. Celle du second type est le résultat de débats ou est l'objet possible de débats, débats au sein desquels des raisons impérieuses (*zwingende*) et valables (*triftige*) sont invoquées (*ÜG*, § 271-272).

Quelle est la nature de notre relation aux certitudes objectives, primitives ? La réponse de Husserl, on l'a vu, est que la certitude primitive subjective est intentionnellement dirigée vers des certitudes objectives, et ce bien qu'elle ne les représente pas comme certaines. Puisque seules ces dernières sont factives, sa position semble être que, dans de nombreux cas de certitudes primitives subjectives, il y a *également* des certitudes objectives primitives. Les réponses données par Scheler, Ortega et Wittgenstein à notre question sont contenues dans leurs affirmations selon lesquelles nous comptons sur les certitudes primitives objectives ou qu'elles sont fermement établies pour nous, que certaines propositions ou certains états de choses comptent pour certains. Nos relations aux certitudes primitives impliquent des dispositions, plus précisément des dispositions comportementales. Mais si nous pensons que de telles dispositions sont aussi des états, alors une approche purement dispositionnelle est incomplète.

Certaines certitudes primitives émergent-elles sur la base de projets épistémiques – sur la base de projets épistémiques passés de la personne pour laquelle de telles certitudes sont primitives ou de la communauté à laquelle elle appartient ? Une certitude primitive peut-elle devenir l'objet d'un examen critique ? Si oui, la même proposition peut-elle être à la fois primitivement certaine à un moment et l'objet d'une évaluation épistémique à un autre ? Supposons que Pierre ait été dans sa jeunesse un chrétien dévot à qui il n'est jamais venu à l'esprit de se demander si Dieu existait. Il se retrouve soudain confronté à une défense de l'athéisme. La proposition (ou l'état de choses) qui lui semblait être une certitude primitive durant sa jeunesse est-elle la même que celle discutée dans la défense de l'athéisme ?

Toutes les croyances de base étaient auparavant des idées, suggère Ortega à un endroit (il le nie ailleurs), bien que la plupart de mes croyances de base n'aient jamais été mes propres idées :

> La personne qui croit possède la certitude [*certidumbre*] précisément parce qu'elle ne l'a pas forgée pour elle-même. La croyance est la certitude dans laquelle nous nous trouvons sans savoir comment ni par où nous y sommes entrés [1].

Les croyances, dit-il, sont des arrière-plans dont nous héritons [2]. Et Wittgenstein dit notoirement au § 138 de *De la certitude* que nous ne parvenons pas aux propositions charnières, aux certitudes, « comme au résultat d'une enquête ». Husserl se plaît à parler de la sédimentation (« *Sedimentierung* », « *Niederschlag* ») et de la « traditionalisation » des croyances, y compris des croyances scientifiques [3]. Au § 96 de son texte, Wittgenstein s'imagine décrire certaines propositions empiriques comme « solidifiées » (*erstarrt*) et mentionne sans l'endosser la possibilité que les propositions expérientielles « solidifiées » deviennent fluides, et inversement, ainsi que la possibilité que toutes les croyances aient d'abord été des croyances critiques. Il écrit ainsi aux § 210-211 :

> Bien des choses qui semblent fixées disparaissent de la circulation. [...] Peut-être ont-elles un jour fait l'objet de débats. Mais peut-être ont-elles, depuis des temps immémoriaux, appartenu à l'échafaudage de nos pensées.

Au § 159, il dit également : « Je crois avoir eu des arrière-grands-parents [...]. Cette croyance peut n'avoir jamais été exprimée ; et même la pensée que ce fut le cas n'avoir jamais été pensée » (cf. *ÜG*, § 87).

La certitude primitive n'appartient à aucune entreprise cognitive. La réalité, dit Ortega, est faite de certitudes primitives, mais « ce qui est évident [...] n'est pas la réalité pour nous ». La croyance, c'est-à-dire la croyance de base, « est ce qui n'est pas disputable [*das Unbestreitbare*] » [4]. De façon similaire, pour Wittgenstein, « Au fondement de la croyance bien fondée se trouve une croyance qui n'est pas fondée » (*ÜG*, § 253 ; *cf.* § 175 et 504). Dans les cas de connaissance et de croyance critique, comme nous l'avons noté, il est toujours légitime de demander « Comment *x* sait-il

1. Ortega 1986, II, IV, III.
2. Ortega 1937, p. 51 ; cf. *ÜG*, § 94.
3. Husserl 1962, § 36, p. 52. *Cf.* l'excellente analyse de Føllesdal (1988, p. 126-128).
4. Ortega 1937, p. 46 ; et 1943, p. 36. Selon Ortega, comme on va le voir, ce que nous croyons dans de tels cas demeure en dehors de toute entreprise cognitive pour la simple et bonne raison qu'il n'est pas un objet et ne peut donc pas être évident.

que *p?*», «Pourquoi *x* croit-il que *p?*». Mais il n'en va pas ainsi de la certitude primitive : «"Connaissance" et "certitude"» appartiennent à des *catégories* distinctes» (*ÜG*, § 308).

Dans une discussion des problèmes posés par les exemples tels que celui de Pierre, Danièle Moyal (2003) fait valoir que la phrase «Dieu existe» exprime une proposition primitivement certaine dans la jeunesse de Pierre et une autre, une proposition *Ersatz*, lorsqu'il y est confronté dans son adolescence pétrie de doutes. Une thèse alternative, la thèse du connecteur disparaissant, est que pendant sa jeunesse Pierre compte sur «Il est primitivement certain que Dieu existe», mais que plus tard l'objet de ses enquêtes est simplement ce qui est exprimé par la phrase enchâssée.

Wittgenstein se débat de façon peu concluante avec la relation entre les certitudes objective et non objective. D'un côté, «tous les termes psychologiques nous éloignent simplement de la chose principale» (*ÜG*, § 459). De l'autre, de nombreuses certitudes objectives comptent comme certaines pour nous (*gelten uns als gewiß*) (*ÜG*, § 273). Mais comment une telle «*Geltung*» *pour nous* doit-elle être comprise? Une réponse fidèle à l'esprit des phénoménologues est la suivante : la certitude primitive est réellement primitive lorsqu'il y a une certitude primitive pratique ou théorique et que la proposition ou l'état de choses qui est certain pour nous est également objectivement certain.

Mais alors pourquoi la combinaison de la certitude psychologique primitive que *p* et du fait primitivement certain que *p* ne serait-elle pas simplement un type de connaissance, de connaissance primitive? Selon la façon dont Husserl conçoit la connaissance, celle-ci implique une identification. La certitude primitive n'est donc jamais une forme de connaissance[1]. Une seconde difficulté possible pour l'approche de Husserl vient de la thèse selon laquelle les certitudes primitives ne sont pas, et ne peuvent être, justifiées. Car, à l'exception de la connaissance, ce qui ne peut être justifié ne peut avoir d'intentionalité, alors que Husserl estime que la certitude primitive subjective est intentionnelle. Cette difficulté n'est peut-être qu'apparente. Lorsque Husserl parle de justification, il a souvent à l'esprit ce que nous pouvons appeler une justification plus ou moins directe – une relation interne de justification, défaisable ou non, entre les actes et leurs contenus ou la contrepartie objective de cette relation (les motifs subjectifs par opposition aux raisons objectives). Cependant, comme l'a montré Føllesdal, de nombreux éléments plaident en faveur de la thèse selon

1. Husserl réfère de fait occasionnellement à la cognition primitive (Husserl 1954, § 12) mais ne dit pas clairement quelle est sa relation à l'identification.

laquelle l'épistémologie de Husserl est antifondationnaliste et accorde un rôle important à la justification qui provient de la cohérence. Une telle justification peut être qualifiée d'indirecte. Si cela est vrai, alors Husserl pourrait dire que bien que les certitudes primitives subjectives ne soient directement justifiées par aucun acte ou contenu, elles sont en fait indirectement justifiées par leur cohérence avec d'autres certitudes primitives ou critiques et avec les connaissances[1].

LES CERTITUDES PRIMITIVES NE SONT PAS DES DOUBLES

Quelle est la relation entre les croyances primitives et ce qui est cru ? La thèse selon laquelle les certitudes ne sont pas des doubles de ce qui est cru ou de ce qui est certain est attribuée à Wittgenstein, sans références, par Brand[2], qui avait peut-être simplement à l'esprit l'hostilité de Wittgenstein à l'égard des propositions et autres ombres du même type (*cf.* le chapitre cinq). Les croyances d'Ortega, cependant, contrairement aux pensées épisodiques, ne constituent en rien des doubles de la réalité :

> [...] c'est précisément parce qu'elles sont si radicales qu'elles sont indistinguables pour nous de la réalité elle-même – elles sont notre monde et notre être –, ainsi elles perdent le caractère d'idées, de pensées qui pourraient ne pas s'être produites en nous[3].

> [Les idées] présupposent toujours notre vie. Mais notre vie repose sur des idées en tant que croyances que nous ne créons pas[4].

Comme on l'a vu, Ortega soutient que nous sommes nos croyances (fondamentales). Mais il dit aussi que nous sommes *dans* nos croyances et mentionne l'idiome « être dans la croyance que »[5]. Ce qu'est censée être la relation entre être dans les croyances et être fait de croyances – un problème probablement du ressort de la méréologie existentielle – n'est pas clair.

Il y a une certitude, ou plutôt une forme de sûreté (*Sicherheit*), que Wittgenstein considère comme « (une) forme de vie » (*ÜG*, § 358). Cette manière de présenter les choses ne le satisfait cependant pas. Au sujet du fait que l'eau bout et ne gèle pas dans telles et telles circonstances,

1. Føllesdal 1988.
2. Brand 1975, p. 19-26.
3. Ortega 1986, p. 24 ; et 1937, p. 42.
4. Ortega 1937, p. 43.
5. Ortega 1986, I, i ; 1971, I ; et 1936, p. 283 *sq*.

Wittgenstein observe qu'il est scellé (*eingegossen*) dans la fondation (*Fundament*) de notre jeu de langage, qui est « là – comme notre vie » (*ÜG*, § 558-559). Cela contraste avec la description plus mentaliste d'Ortega :

> [Les croyances sont] silencieusement incluses [*eingeschlossen*] dans notre conscience ou pensée [...], elles forment la fondation [*Fundament*] de notre vie [1].

Être un objet revient à être un objet de quelque chose, par exemple un objet de pensée ou de l'acte de signifier que *p*. Les pensées sont les doubles de leurs objets. Ce que nous croyons, dit Ortega, n'est pas l'objet de nos pensées :

> Ces [...] croyances ne sont pas des pensées que nous avons à propos de quelque chose [...]. Ce que nous croyons n'est pas l'objet de la réflexion. Nous ne sommes pas explicitement conscients d'elles [...], nous n'avons pas d'idée (*Vorstellung*) d'elles [2].

Les croyances primitives sont dépourvues d'objet, dit Ortega, dans le sens où « tout ce sur quoi nous réfléchissons est *ipso facto* une réalité problématique pour nous » et

> [...] les croyances ne sont pas ce que nous en venons à posséder alors que nous essayons d'obtenir l'évidence, elles sont plutôt ce qui travaille en nous lorsque nous commençons à réfléchir sur quelque chose. C'est pourquoi nous ne sommes pas disposés à les exprimer comme des propositions, mais nous contentons d'y faire allusion [*anzuspielen*] comme à quelque chose qui est simplement réel pour nous [3].

Husserl remarque aussi la particularité des expressions verbales des certitudes naïves, mais ni lui ni Ortega ne sont aussi fascinés par ce phénomène que ne l'est Wittgenstein dans sa discussion de Moore (par exemple dans *ÜG*, § 6 et 136-137).

SYSTÈMES DE CERTITUDES PRIMITIVES *VS* SYSTÈMES DE CERTITUDES CRITIQUES

Quelles sont les relations entre les certitudes primitives ? Les réponses données par les phénoménologues et Wittgenstein à cette question accordent une large place à la notion de système. L'évidence, la

1. Ortega 1937, p. 44 et 45.
2. *Ibid.*, p. 42-43 et 45.
3. *Ibid.*, p. 43.

connaissance et les systèmes sont inséparables selon l'argument exposé par Husserl dans les Prolégomènes aux *Recherches Logiques* (§ 62-72). Comme le dit l'un de ses commentateurs, « l'évidence n'est totalement déterminée que dans le contexte d'un système » [1]. Un autre commentateur relève la tension, au sein de la phénoménologie, entre son analyse de la connaissance et l'exigence de systématicité, en particulier en ce qui concerne les relations de justification entre les parties d'un système : la première conduit au réalisme, la seconde à l'idéalisme [2]. La « *Systemgedanke* » est également omniprésente dans les réflexions de Wittgenstein [3] et connaît de nombreux développements.

Selon Ortega, nos certitudes primitives forment des systèmes, tout comme le font nos certitudes non primitives, les idées auxquelles nous adhérons. Dans chaque cas, le terme « système » a cependant une signification bien différente. Dans le premier, les systèmes sont formés de relations non logiques et ne constituent pas des doubles de la réalité. Dans le second, le système est fait de relations logiques et s'oppose au monde dont il est le double construit :

> La vérité des idées présuppose qu'elles soient les objets de nos questions ; la vérité se produit grâce aux preuves que nous tentons d'en fournir. Les idées ont besoin de critique comme les poumons ont besoin d'oxygène. Les idées durent et s'établissent en raison du soutien qu'elles reçoivent d'autres idées, qui reposent, à leur tour, sur d'autres idées encore, de telle sorte qu'elles s'assemblent toutes dans l'unité d'un système. Elles établissent un monde distinct et adjacent au monde réel [4].

Les croyances primitives ne forment par ailleurs pas un système au sens où le font les idées ou les croyances critiques :

> J'ai parlé [des croyances] comme de répertoires afin d'indiquer que la pluralité des croyances sur laquelle un individu, un peuple ou un âge reposent ne possède jamais une articulation totalement logique, c'est-à-dire ne forme pas un système d'idées [...]. Les croyances qui coexistent dans la vie humaine, la soutenant, la conduisant et la dirigeant, sont parfois incongrues, contradictoires, ou à tout le moins confuses [5].

Les trois derniers prédicats de la dernière phrase relèvent de ce qui est cru, du contenu de la croyance, alors que les trois premiers relèvent de sa

1. Reimer 1919, p. 291.
2. Winkler 1921, p. 76 *sq*.
3. *Cf.* Lange 1992.
4. Ortega 1937, p. 46.
5. Ortega 1936, p. 284 ; et 1971, p. 10.

fonction. De ce point de vue fonctionnel, les certitudes primitives forment effectivement un système, « le système de nos croyances réelles » :

> [...] les croyances, un simple répertoire incohérent dans la mesure où elles sont seulement des idées, constituent toujours un système dans la mesure où elles sont des croyances effectives ; en d'autres termes [...] bien qu'elles soient dépourvues d'articulation d'un point de vue logique ou strictement intellectuel, elles n'en possèdent pas moins une articulation vitale, elles fonctionnent comme des croyances reposant l'une sur l'autre, se combinant entre elles pour former un tout [...]. [E]lles se présentent toujours comme membres d'un organisme, d'une structure. Cela les conduit, entre autres choses, à toujours posséder leur architecture propre et à fonctionner hiérarchiquement. Dans chaque vie humaine, il y a des croyances qui sont premières, fondamentales, radicales et d'autres qui sont dérivées d'elles, soutenues par elles et secondaires par rapport à elles [1].

Pourquoi cet ordre ?

> Si les croyances par lesquelles nous vivons manquaient de structure, il en résulterait, puisqu'elles sont légion dans chaque vie individuelle, un pullulement hostile à toute idée d'ordre et par conséquent incompréhensible [2].

Wittgenstein considère lui aussi que les croyances non fondées forment un système – c'est là le dernier avatar du concept de système dans sa pensée :

> Non que je puisse décrire le système de ces convictions. Pourtant mes convictions forment de fait un système, une structure (*ÜG*, § 102).

> Tout test, toute confirmation ou infirmation d'une hypothèse se produit déjà dans un système. Et ce système n'est pas un point de départ plus ou moins arbitraire pour tous nos arguments : non, il appartient à l'essence de ce que nous appelons un argument. Le système n'est pas tant le point de départ de nos arguments que le milieu dans lequel ils vivent (*ÜG*, § 105 ; *cf.* § 603).

> Quand Moore dit qu'il sait ceci et cela, il énumère en réalité bon nombre de propositions empiriques que nous affirmons sans les vérifier spécialement ; c'est-à-dire des propositions qui jouent un rôle logique spécifique dans le système de nos propositions empiriques, [...] un rôle *similaire* dans le système de nos jugements empiriques (*ÜG*, § 136-137 ; *cf.* § 83, 136 et 213).

1. Ortega 1937, p. 45.
2. Ortega 1936, p. 284 ; et 1971, p. 11.

Lorsqu'un enfant acquiert un « système de ce qui est cru », la partie qui est « inébranlablement fixée » est « fixée à ce qui se tient autour d'elle » (*ÜG*, § 144).

Quel est alors le type de structure propre aux certitudes primitives? Dans certains cas, les relations entre certitudes primitives sont méréologiques (mais non existentielles) : ma certitude d'avoir deux mains est une partie de ma certitude d'avoir un corps qui est à son tour une partie de ma certitude que le monde existe. Mais ceci n'est bien sûr qu'une partie de la réponse à notre question.

DOUTES PRIMITIFS ET TROUS DANS LES SYSTÈMES

> La possibilité d'une solution appartient à l'essence du doute [1].

> Là où il n'y a pas de méthode logique pour trouver une solution, la question n'a pas de sens non plus. C'est seulement lorsqu'il y a une méthode de résolution qu'il y a un problème (*PB*, p. 172).

L'opposé de la croyance positive est la croyance négative (*Unglaube*, *disbelief*), l'opposé de la certitude que *p* est l'incertitude que *p*. Par suite, l'opposé de la certitude primitive est l'incertitude primitive, un phénomène au cœur de l'analyse d'Ortega. Malheureusement, de même qu'Ortega appelle souvent « croyances » les certitudes primitives, ce qui prête à confusion, il appelle typiquement « doutes » les incertitudes primitives. Mais le doute, tel qu'il est ordinairement compris, est un phénomène situé sur le continuum reliant la croyance critique positive à la croyance critique négative. Ortega est de temps en temps un peu plus circonspect et distingue entre le « vrai doute » et le doute intellectuel.

Les incertitudes primitives, de même que les certitudes primitives, forment un système, car elles constituent des trous dans les systèmes de croyances :

> La couche la plus fondamentale de notre vie, celle qui supporte et maintient toutes les autres, est formée par des croyances. Celles-ci sont donc la terre ferme sur la base de laquelle nous travaillons [...]. Mais au sein de ce domaine de croyances fondamentales s'ouvrent ici et là des trous béants de doutes [*agujeros*], tels des trappes. Il convient de souligner maintenant que le doute, le doute réel et non simplement le doute méthodique ou intellectuel, est un mode de croyance qui appartient à cette même couche fondamentale dans l'architecture de la vie. On est également *dans* le doute

1. Husserl 1954, § 21(d).

> [...]. Dès lors, les trous [*huecos*] dans nos croyances sont l'endroit vital où [...] interviennent les idées [...], la substitution d'un monde dans lequel l'ambiguïté disparaît à un monde de doute instable et ambigu[1].

Wittgenstein n'envisage qu'en passant la distinction entre le doute (ou l'incertitude) critique et le doute non fondé. Il pense peut-être à ce dernier lorsqu'il écrit que « [Mes] doutes forment un système » (*ÜG*, § 126). Dans les *Recherches*, il écrit aussi :

> Il peut aisément sembler que chaque doute révèle un trou [*Lücke*] existant dans les fondations ; de sorte que la compréhension sûre ne soit possible que si nous doutons d'abord de tout ce dont nous pouvons douter, et ôtons alors ces doutes (*PU*, § 87).

L'idée est peut-être ici simplement que les doutes critiques reposent sur des certitudes primitives ou non primitives. À un moment, Wittgenstein dit que la philosophie produit une « incertitude générale » (*BB*, 45). Peut-être aurait-il été prêt à dire, en 1950, qu'il ne s'agit pas là d'une incertitude critique[2].

Bien qu'il y ait un doute ou une incertitude primitive et une certitude primitive, il y a une asymétrie entre eux selon Ortega. En effet, si le doute conduit à l'activité cognitive, il ne peut pas en être le seul point de départ : « L'homme ne peut commencer par douter »[3]. Husserl et Wittgenstein sont d'accord sur ce point :

> [...] les questions que nous posons, ainsi que nos doutes, dépendent du fait que certaines propositions sont exemptes de doute, telles des charnières sur lesquelles tournent ces questions et ces doutes (*ÜG*, § 341).

L'année même où Husserl formule pour la première fois son approche de la certitude primitive, son élève Reinach indique brièvement qu'il y a une incertitude primitive :

> Toute perplexité [*Fassungslosigkeit*] implique une incertitude concernant les contenus de pensée en question. Il faut prendre garde à ne pas confondre cette incertitude avec le doute ou une autre attitude [*Stellungnahme*] que l'on peut adopter. Un doute peut être aussi certain qu'une conviction et une conviction aussi certaine qu'un doute. L'incertitude est une caractéristique particulière qui peut se produire à la fois comme coloration d'une attitude

1. Ortega 1986, I, III.
2. L'inquiétante étrangeté décrite par Freud ainsi que plusieurs autres états décrits par Gogol et Kafka constituent d'autres exemples d'incertitudes primitives.
3. *Ibid.*, II, IV.

que l'on adopte et comme attitude indépendante [*Einstellung*] d'un sujet précédant toute attitude, de doute ou non [1].

Peut-être est-ce parce que les descriptions majeures de la certitude primitive ont accordé si peu d'attention au phénomène opposé d'incertitude primitive qu'elles n'ont pas envisagé la possibilité selon laquelle, au sein du couple certitude-incertitude primitive (qu'elles soient subjectives, pratiques ou objectives), c'est l'incertitude primitive qui porte la culotte. Selon cette opinion, la certitude primitive est l'absence d'incertitude primitive, de même que la liberté est l'absence de contrainte, la santé l'absence de maladie et la correction grammaticale l'absence d'incorrection grammaticale [2]. Une telle opinion présente des similitudes avec l'idée que la familiarité est l'absence de surprise ou d'étrangeté, une idée désormais peu populaire en psychologie cognitive [3].

EXEMPLES PERCEPTIFS, PSYCHOLOGIQUES, MONDAINS, TERRIENS, NORMATIFS ET POLITIQUES

Même si les éléments précédents d'une approche générale de la certitude primitive forment un tout cohérent, une question distincte consiste à savoir s'il y a effectivement des certitudes primitives. Je vais

1. Reinach 1989c, p. 282.

2. Plus précisément, être en bonne santé, par exemple, c'est ne pas être malade tout en étant quelque chose qui, en vertu de sa nature, peut l'être.

3. L'analyse remarquable de la certitude primitive d'Ortega doit sans aucun doute beaucoup aux phénoménologues. Il semble cependant avoir développé ses principaux éléments en réfléchissant avant tout sur les travaux historiques de Dilthey. Dans un article publié en 1933 et 1934, Ortega entreprend de formuler les idées de Dilthey qui sont à ses yeux les plus importantes. La tâche, souligne-t-il, est malaisée car Dilthey lui-même ne parvint jamais à formuler ses idées (Ortega 1982, p. 152). C'est peut-être en raison de cela que la reconstruction d'Ortega cite rarement les écrits de Dilthey, et n'y réfère pas précisément. Dilthey a vu, quoique de manière vague selon Ortega, que si nous prenons une croyance ou une pensée et reconstruisons toute la chaine de motivation qui conduit quelqu'un à croire que quelque chose est le cas, nous parviendrons finalement à « un répertoire de convictions élémentaires [*convicciónes elementales*] [...]. Par exemple, toutes mes affirmations de connaissance au sujet des objets matériels portent en elles-mêmes, comme ingrédients, la conviction que le monde extérieur existe » (*ibid.*, p. 173-174). Ces convictions fondamentales sont des fils dans un entrelacs qui forme l'ensemble de mes connaissances concrètes, mais n'ont pas par elles-mêmes de motivation. Elles ne sont pas les conditions de possibilité de la connaissance et de la croyance, mais les conditions de leur actualité (*ibid.*, p. 173), elles sont enracinées dans les sentiments et la volonté (*ibid.*, p. 176), et constituent « la couche la plus profonde de notre subjectivité », un « sol mental » (*ibid.*, p. 195). Les réflexions d'Ortega sur la croyance ont peut-être été également motivées par la lecture de l'étude classique des croyances anciennes de Fustel de Coulanges, *La Cité antique*, un livre qu'Ortega connaissait bien.

maintenant considérer les principaux candidats avancés par les philosophes de la certitude primitive, chacun d'entre eux suggérant des modifications de l'approche générale donnée jusqu'ici.

Les certitudes primitives perceptives

Selon Leyendecker, ma relation à l'arrière-plan de ce que je perçois et aux objets à l'arrière-plan est un type de certitude qui n'implique aucun acte de cognition, aucune découverte ou prise de connaissance[1]. J'« ai » un arrière-plan ainsi que les objets en lui – qui sont « *mitgehabt* » – de la même façon que j'ai un corps, sans aucune découverte ou autre sorte de relation cognitive à cela. À cet égard, ma relation perceptive à l'arrière-plan de ce que je vois diffère de ma relation à ce que je vois, à ce qui occupe le premier plan.

Dans ses premières analyses complètes de la certitude primitive, Husserl se concentre sur les certitudes primitives perceptives de la perception externe, qui est appelée la « certitude empirique primitive »[2]. Les transitions mentionnées plus haut de la certitude naïve au doute, à la présomption ou à la certitude non naïve se produisent toutes au sein de l'expérience perceptive. Ces transitions ont toutes des contreparties, pense-t-il, dans la sphère du jugement et des différentes attitudes impliquant la pensée[3]. Alors que Leyendecker insiste sur la certitude primitive dans l'arrière-plan de la perception, Husserl fait valoir que la perception elle-même est la forme fondamentale de certitude naïve. Voir est, très souvent, naïvement certain. Husserl pense que l'expérience perceptive a un contenu non conceptuel. Au regard des terminologies ultérieures, il est peut-être regrettable qu'il fasse souvent référence à la perception antéprédicative en termes de croyance perceptive ou de visée perceptive (*Meinen*), puisque, selon ses formulations les plus précises[4], voir n'est ni juger ni vouloir dire. Les contenus perceptifs non conceptuels sont pour partie constitués par les relations actuelles et possibles de remplissement et de conflit dans lesquelles elles se trouvent[5]. Cet aspect de la théorie de Husserl peut paraître difficilement conciliable avec son affirmation selon laquelle la perception visuelle est souvent un cas de certitude primitive. On pourrait

1. *Kenntnisnehmen*, Leyendecker 1913, p. 31.
2. Husserl 1966, p. 47.
3. Sur la conviction perceptive non judicative, *cf.* Hazay 1913, qui développe des opinions de Meinong.
4. *Cf.* chap. VI, « Les composantes non-verbales du langage ».
5. *Cf.* Mulligan 1995.

penser en fait que l'acceptation de la certitude perceptive s'assortit mieux de la thèse selon laquelle la perception visuelle n'implique aucune sorte de contenu, conceptuel ou non, une thèse défendue par Linke[1].

La certitude primitive joue également un rôle très important au sein de l'analyse de la perception et de l'intuition antéprédicative proposée par Scheler. Cependant, nous avons vu que le fait de compter pratiquement sur quelque chose se situe selon lui entre la perception et la pensée, et que par conséquent la perception n'en relève pas. Dans chaque « acte » d'intuition externe, « l'existence de la nature comme sphère est certaine »[2]. Scheler fait une affirmation similaire au sujet de la relation entre différents types d'actes, d'une part, et les sphères du monde extérieur, du monde intérieur et du corps vécu, d'autre part. Cela ouvre la voie à une analyse intéressante des illusions et hallucinations perceptives. Lors d'une illusion, le sujet assigne un objet psychologique à la mauvaise sphère, bien qu'aucune erreur d'attribution conceptuelle ne soit commise. Par ailleurs, l'un des exemples les plus clairs donnés par Scheler de l'attitude de compter pratiquement sur quelque chose concerne l'arrière-plan de la perception :

> Appartiennent au « milieu » momentané non seulement la série des objets que je perçois[3] (soit par les sens soit par la présentation) alors que je marche dans la rue ou suis assis dans ma chambre, mais aussi tout ce dont l'existence ou la non-existence, l'être ainsi ou autrement est quelque chose sur quoi je compte pratiquement, par exemple les voitures et les personnes que j'évite (quand je suis perdu dans mes pensées ou que je fixe mon regard sur un homme au loin) [...]. Dans tous les domaines au sein desquels nous saisissons des objets (dans la perception [*Perzeption*] des objets présents et passés), nous avons la capacité de *prendre en compte pratiquement* les choses, qui implique une expérience de leur efficacité et de leurs changements indépendante de la sphère perceptive. C'est cette « prise en compte pratique » qui détermine dans l'expérience le fait que nous agissions de telle ou telle autre manière, et qui n'est elle-même « donnée » que dans les changements expérimentés de déterminations – mais non avant, comme une « raison » pour agir[4].

Bon nombre des propositions empiriques primitivement certaines dans *De la certitude* sont exprimées par des énoncés perceptifs traitant de parties

1. Linke 1929.
2. Scheler 1973, p. 253.
3. « *Perzipieren* », c'est-à-dire percevoir ou imaginer.
4. Scheler 1966, p. 154-155.

de l'environnement immédiat, en particulier les phrases démonstratives et indexicales[1] :

> C'est là une main (§ 1).
> Ceci est un livre (§ 17).
> Il y a une chaise là-bas (§ 173).
> Je suis assis dans ma chambre (§ 195).

Husserl est certainement d'avis que la perception visuelle, bien que souvent naïve et primitive, est régulièrement interrompue par des épisodes critiques et cognitifs dans lesquels nous nous demandons si ce qui a l'air d'être un lapin en est vraiment un, et commençons ainsi à penser et à évaluer des hypothèses. Mais même un partisan de la thèse selon laquelle les types les plus fondamentaux de perceptions visuelles sont simples et dénués de concepts peut rechigner à admettre que le voir simple est une sorte de certitude. Après tout «certain», contrairement à «voir», prend toujours une phrase comme complément. D'un autre côté, certains philosophes contemporains ont soutenu que la croyance (critique) est une relation à des états de choses, qui subsistent ou non, c'est-à-dire à des entités qui contiennent des objets, des propriétés et des relations, mais pas de concepts. De façon proche, des phénoménologues tels que Husserl, Reinach et Scheler pensent clairement que « *Erkennen* » porte sur un état de choses et n'a besoin d'impliquer aucune pensée. Il s'agit donc d'un type d'intuition dans lequel les propriétés sensorielles, les constances de différentes sortes et les relations formelles (différence numérique, similarité, être une partie de) aussi bien que les aspects de l'organisation sont directement donnés. Si cette approche est plausible, alors l'idée selon laquelle la certitude primitive perceptive est dirigée vers des états de choses sans nécessiter une quelconque conceptualisation l'est également. Comme le dit Husserl, « les perceptions externes, avant toute complexification sur la base de conceptualisations et de prédications, sont [...] des certitudes primitives et ce qui est certain est un [..] état de choses »[2].

1. *Cf.* Beermann 1999, p. 122 *sq.*
2. Husserl 1959, p. 364.

La certitude primitive en action

La manifestation la plus tangible de la certitude primitive se trouve dans les relations aux propositions ou aux états de choses contingents qui constituent l'action[1]. Voici ce qu'écrit Ortega :

> Le lecteur est à la maison et décide de sortir dans la rue pour une raison ou pour une autre. Qu'est-ce qui peut être appelé « penser » dans un tel comportement ? [...] Dans les cas les plus favorables il est conscient de ses motifs, de la décision qu'il a prise, de l'exécution des mouvements de sa marche, d'ouvrir la porte, de descendre les escaliers. Mais même dans ce cas il cherchera en vain une pensée quelconque selon laquelle la rue existe. La question de savoir s'il y a ou non une rue ne se pose à aucun moment pour le lecteur. Pourquoi cela ? On ne peut nier qu'afin de décider de sortir marcher dans la rue, il est important que la rue existe. Cela est en fait plus important que tout le reste, le présupposé de tout le reste [...]. Le lecteur comptait sur la rue quoiqu'il ne pensait pas à elle et parce qu'il ne pensait pas à elle[2].

> Les croyances sont ces choses que nous tenons pour absolument acquises même si nous ne pensons pas à elles [...] nous les prenons plutôt en compte dans notre comportement. Lorsque nous descendons la rue nous n'essayons jamais de marcher à travers les murs des immeubles ; nous évitons immédiatement de rentrer dans ces murs sans jamais avoir à penser « les murs sont impénétrables ». À chaque moment, notre vie est supportée par un large répertoire de croyances de ce type[3].

Dans la formulation de Wittgenstein :

> On ne peut faire d'expériences s'il n'y a rien qui soit hors de doute. Mais cela ne signifie pas que nous acceptions certaines présuppositions sur la base de la confiance. Quand j'écris une lettre et la poste, je prends pour acquis qu'elle va arriver – je m'y attends.
> Si je fais une expérience, je ne doute pas de l'existence du dispositif devant mes yeux. J'ai bien des doutes, mais pas celui-ci. Si je fais un calcul je crois, sans le moindre doute, que les figures sur le papier n'échangent pas leur place à leur gré et je fais aussi confiance à ma mémoire tout du long, sans la moindre réserve. Cette certitude est la même que celle de n'avoir jamais été sur la lune (*ÜG*, § 337).

1. La première discussion de la certitude en action par un des héritiers de Brentano est peut-être celle de Scheler (1971, p. 110 *sq.*)
2. Ortega 1986, I, I, p. 27-28 ; et 1937, p. 44.
3. Ortega 1986, II, I, p. 42.

Les certitudes primitives de l'action et de la perception sont-elles indépendantes l'une de l'autre ? Le réalisme critique incite les philosophes à penser que la perception est indépendante de l'action car elle est la conscience de « sense-data » à un moment donné. La thèse selon laquelle voir est toujours penser et conceptualiser oriente également les philosophes dans cette direction. Le réalisme critique comme l'opinion selon laquelle voir est penser sont rejetés par les phénoménologues et Wittgenstein (PI II, XI ; *ÜG*, § 90). Si la perception visuelle est typiquement directe et dépourvue de pensée, « rapide, stupide et fiable » dans les termes de Brunswik, l'élève de Bühler, alors il est plausible que les certitudes primitives de la perception et de l'action soient inséparables. Ainsi, lorsque Ortega décrit le fait de compter sur quelque chose comme « la présupposition décisive de notre action et pour ainsi dire son support ultime »[1] et que Wittgenstein écrit « J'agis avec une certitude totale » (*ÜG*, § 174), « action » et « agis » doivent être compris comme signifiant le couple action-perception.

Mes certitudes primitives au sujet de mes états mentaux

Quelle est ma relation à mes états, actes et activités psychologiques et mentaux ? La catégorie de la certitude primitive permet de modifier quelques-unes des réponses à ces questions considérées dans les chapitres trois et cinq. Ortega pense que les relations d'une personne à ses pensées épisodiques, sentiments et perceptions reviennent typiquement à compter sur eux. Dans de tels cas, la relation ne relève d'aucun type de relation cognitive, pas plus qu'elle n'implique une quelconque sorte de pensée critique, bien que l'attitude de compter sur puisse ouvrir la voie à la connaissance :

> Lorsque mes dents me font mal, le fait qu'elles le fassent n'est pas une connaissance [*saber*], une connaissance n'est pas une douleur, bien que le fait de la douleur implique sans aucun doute un ingrédient qui est l'existence de la douleur pour moi, le fait que je prenne conscience [*darme cuenta*] que je suis endolori dans le sens de devoir compter sur [*contar con*] cela. En plus de cette prise de conscience primaire sans laquelle la douleur dans mes dents ne serait pas douloureuse, je peux observer ou faire attention à cette douleur [...] en somme, la connaître dans le sens strict [...].

1. « *Grundpfeiler* », « *básico supuesto* » (Ortega 1937, p. 44).

> Il est toujours possible pour moi de convertir ce « compter sur » en une observation réelle[1].

L'affirmation d'Ortega au sujet des états psychologiques avait été faite par Leyendecker en 1913 :

> [...] dans des milliers de cas d'attitude cognitive ou comportementale [...] nous sommes immédiatement certains, sans aucune réflexion, que nous percevons et non simplement que nous imaginons ou rêvons[2].

Leyendecker pense que cela repose sur une caractéristique bien connue des « jugements psychologiques » :

> « Je me souviens qu'il avait une barbe », « Je pense à ce que je devrais lui écrire », « Je peux entendre l'horloge sonner ». Tous ces jugements ont un contenu psychologique qui n'est en aucune façon *jugé*, mais plutôt simplement *exprimé*. Le sens de ces jugements n'est pas du tout « que je viens de me souvenir » qu'il avait une barbe mais simplement qu'il avait une barbe. Afin d'exprimer le fait que je viens de m'en souvenir [...] aucune réflexion sur mes états conscients [...] n'est nécessaire[3].

La thèse est donc que les énoncés psychologiques expriment typiquement des états psychologiques qui possèdent la certitude primitive, bien qu'ils ne soient pas l'objet d'un jugement, ni n'expriment un quelconque jugement. Cette thèse va plus loin que la thèse de Meinong déjà analysée (*cf.* le chapitre cinq) et diffère également des variations déjà rencontrées sur le thème de mon rapport à mes « actes » mentaux comme n'étant pas un rapport à un objet (*cf.* le chapitre trois). En particulier, si Leyendecker et Ortega ont raison, nous n'avons pas dans les cas typiques une « connaissance sans observation » de nos actes mentaux, puisque la certitude primitive ne relève pas de la connaissance.

Dans sa première description de l'attitude de compter sur ses états mentaux, Ortega s'efforce de spécifier en quoi consiste le fait de compter sur quelque chose :

1. Ortega 1999, III, p. 51. Cette thèse est formulée dans des articles publiés en espagnol en 1931 et republiés sous le titre *¿ Qué es conocimiento ?* (1984, p. 54 *sq.*) ; c'est peut-être là la première fois qu'Ortega met en application ses thèses sur la certitude primitive. Elle se trouve aussi dans *Unas Lecciones de Metafísica*, qui fut écrit en 1932/1933 et publié en 1966. De façon similaire, mon moi n'est pas, selon Ortega, typiquement un objet de connaissance ou d'accointance mais quelque chose sur lequel je compte (*ibid.*).

2. Leyendecker 1913, p. 42-43.

3. Leyendecker 1913, p. 43.

> « Compter sur » est une action, un « faire », un caractère dynamique que la conscience *stricto sensu*, l'acte de remarquer, ne possède jamais [1].

Wittgenstein souligne lui aussi la nature dynamique de la certitude primitive : les certitudes primitives ne sont pas seulement fermement établies pour nous, elles sont comme une saisie immédiate, une préhension, qui correspond à quelque sûreté plutôt qu'à une quelconque connaissance (*ÜG*, § 510-511).

Brand [2] attribue à Wittgenstein la thèse selon laquelle chacun de nous se tient normalement dans une relation de certitude primitive à ses états et épisodes mentaux ou psychologiques. Il serait plus exact de dire que cette thèse est compatible avec une majeure partie de ce qu'écrit Wittgenstein sur nos relations à nos états mentaux avant (les réflexions qui constituent) *De la certitude*. Que nous supposions qu'il y ait *n* Wittgenstein, deux, trois ou quatre Wittgenstein correspondant aux transitions majeures de sa pensée, ou un seul Wittgenstein, il y a, bien sûr, toujours un *n* + 1-ième Wittgenstein. Il s'agit du Wittgenstein possible qui a retravaillé certaines de ses idées antérieures à la lumière de son analyse descriptive des croyances sans fondement. La position que Brand attribue à Wittgenstein mériterait plutôt d'être attribuée à ce *n* + 1-ième Wittgenstein. Avant *De la certitude*, Wittgenstein écrivait :

> « Je suis doué de conscience » – c'est là un énoncé au sujet duquel aucun doute n'est possible. Pourquoi cela ne dirait-il pas la même chose que « "Je suis doué de conscience" n'est pas une proposition » ? (*Z*, § 401)
>
> « Rien n'est aussi certain que le fait que je suis doué de conscience ». En ce cas, pourquoi ne devrais-je pas laisser ce sujet au repos ? Cette certitude est comme une force puissante dont le point d'application ne bouge pas, et qui par conséquent n'accomplit aucun travail (*Z*, § 402).

Il écrit également, comme nous l'avons déjà vu :

> « Mais pouvez-vous douter que vous vouliez-dire cela ? » – Non ; mais je ne peux pas d'avantage en être certain, le savoir (*PU*, § 679).
>
> En fait, s'il y a un sens à dire des autres qu'ils doutent que j'ai une douleur, il n'y en a pas à le dire à mon propos (*PU*, § 246).

1. Ortega 1984, § 55.
2. Brand 1975, § 17 ; *cf.* § 34, 95 et 268.

En 1952, il aurait peut-être dit que je jouis typiquement d'une certitude primitive à propos de ce que je veux dire ou de ma souffrance, de même qu'à propos de ce que vous voulez dire ou de votre souffrance.

Les certitudes de la terre et du monde

Nous avons relevé dans le premier chapitre un sens non philosophique du mot « réalisme » que Husserl et Wittgenstein utilisent afin de décrire leurs attitudes descriptives. Dans un (autre ?) sens du mot qui est toujours non philosophique (métaphysique), Husserl pense qu'il est un réaliste de la façon la plus forte qui soit :

> Il ne peut y avoir de réalisme plus fort que cela, si par ce mot on ne veut rien dire d'autre que : « Je suis certain d'être un être humain qui vit dans ce monde, etc., et je n'en doute pas le moins du monde ». Mais le grand problème est précisément de *comprendre* ce qui est ici si « évident » [1].

Et bien avant *De la certitude*, Wittgenstein remarquait : « ce que nous pouvons attendre avec certitude est essentiel à notre vie entière » (*BGM*, IV, § 52)[2].

Les certitudes de la perception et de l'action, ainsi que les certitudes fondées sur elles, devraient être distinguées des certitudes qui *prennent pour modèles* les certitudes de la perception, par exemple les propositions qui appartiennent à une image ou conception du monde (Welt*bild*, Welt*anschauung*). Wittgenstein écrit que « [M]on image du monde [...] est l'arrière-plan dont j'ai hérité » (*ÜG*, § 94), alors qu'Ortega observe que :

> Dans une large mesure [l'homme] a hérité [du monde] de ses ancêtres et ce monde continue de faire son œuvre sous la forme d'un système de croyances [3].

Husserl compare quant à lui la fonction des « sédimentations » qui ne sont pas « mortes » à la façon dont l'arrière-plan fonctionne dans la perception [4]. Et Ortega souligne que, lorsqu'il dit que les croyances forment la strate la plus fondamentale de nos vies et constituent la « terre ferme » sous-tendant nos activités, la métaphore a son origine dans l'une

1. Husserl 1962, p. 190-191.

2. Hartmann (1931, p. 20; et 1935, § 30[b]) décrit la caractéristique commune à tous ces « actes » dirigés vers le futur tels que s'attendre à, le fait d'être prêt à, de se réjouir de comme des actes de compter sur, relevant d'un type spécial de certitude.

3. Ortega 1937, p. 51.

4. Husserl 1962, § 40, p. 152.

de nos croyances les plus fondamentales, celle selon laquelle la terre est ferme[1]. Wittgenstein exploite la même veine :

> L'existence de la terre est plutôt une partie de l'*image* totale qui forme pour moi le point de départ de la croyance (*ÜG*, § 209).

À cette étape de sa pensée, dire qu'« un système est pour ainsi dire un monde » (*PB*, 178) serait faire une affirmation au sujet des systèmes de certitudes primitives.

L'affirmation selon laquelle le monde est un arrière-plan permet de clarifier l'affirmation selon laquelle il n'y a pas de double dans le cas des certitudes primitives. Même dans le cas des croyances perceptives critiques, l'arrière-plan perceptif n'est pas quelque chose qui nous permet de distinguer la réalité de l'apparence. La distinction entre réalité et apparence s'applique en premier lieu à ce que nous voyons (ou semblons voir) au premier plan.

La croyance fondamentale dans le monde (*Welt-Glaube als Urdoxa*) est présupposée par tous les doutes et les refus, dit Husserl. Dans le cas des croyances ordinaires, nous savons comment distinguer l'apparence de la réalité. Mais pas dans le cas de nos croyances dans le monde[2] : « Le monde n'est pas une hypothèse » à la manière des hypothèses scientifiques[3]. La *Lebenswelt* est le « fondement » (*Boden*) de toute praxis théorique et extra-théorique. Enfin, « vivre est vivre continuellement dans la certitude que le monde existe » (*In-WeltGewissheit-Leben*)[4]. On l'a vu, l'affirmation minimale à laquelle est tenu un ami de la certitude primitive est que les certitudes primitives ne sont pas directement justifiées par d'autres états ou attitudes ou par leurs contenus (par opposition à la justification indirecte via la cohérence). La question de savoir si ce qui est primitivement certain pour quelqu'un à un certain moment est le résultat ou la sédimentation de ses accomplissements cognitifs passés demeure cependant ouverte. Contrairement à Ortega, Husserl rejette souvent l'affirmation plus forte selon laquelle les certitudes primitives ne peuvent pas justifier quoi que ce soit. Il en appelle ainsi à l'étude de

1. Ortega 1986, p. 34.
2. Husserl 1959, p. 54.
3. Husserl 1962, p. 265. La phénoménologie transcendantale n'est pas un fondationalisme cartésien (*ibid.*, p. 193).
4. *Ibid.*, § 37.

> [...] la façon dont le *Lebenswelt* fonctionne de façon continue comme un sous-sol, de la façon dont ses validités pré-logiques variées *fondent* les vérités logiques et théoriques [1].

Husserl pense-t-il ici à la justification indirecte en terme de cohérence plutôt qu'à la justification directe ou à une toute autre sorte de fondation? La réponse à cette question demeure incertaine.

Si les certitudes visuelles naïves ne sont pas justifiées et ne justifient pas, quelle analyse doit être donnée du cas où, lorsqu'on me demande s'il pleut alors que je reviens d'une promenade, je réponds par l'affirmative et à la question « Comment le sais-tu? », je réponds « J'ai vu qu'il pleuvait »? On peut penser que les certitudes visuelles naïves que j'avais sur la pluie deviennent des certitudes critiques lorsque je réponds à la question. La seule alternative est d'abandonner l'affirmation selon laquelle les certitudes visuelles primitives ne peuvent justifier quoi que ce soit.

Husserl dit que son analyse de la certitude naïve primitive a besoin d'être complétée par des analyses d'autres types de certitudes naïves non perceptives, par exemple celles de la mémoire et du jugement, et par des analyses des certitudes empiriques et essentielles [2]. Il serait peut-être fidèle à l'esprit de son approche de dire que toute certitude primitive est soit perceptive soit intuitive, ou alors hérite de certaines des caractéristiques de l'une des deux. Une partie du programme de Husserl est menée à bien dans les détails par Ortega, qui envisage un certain nombre de certitudes primitives normatives et axiologiques. Nous avons cependant remarqué qu'Ortega ne comprenait pas la certitude primitive exactement comme Husserl ou Scheler, dans la mesure où le philosophe espagnol nie à celle-ci toute forme d'intentionalité.

Les certitudes normatives et axiologiques vs *La normativité des certitudes*

Les exemples putatifs de certitudes primitives envisagés jusqu'ici sont des certitudes au sujet de ce qui n'est ni normatif ni axiologique. Cela vaut également pour les certitudes pratiques de Scheler. Bien que, comme on l'a vu, celles-ci concernent des états de choses contenant des biens, les états de choses eux-mêmes ne sont pas des « *Wertverhalte* ». Mais il y a également, pensent Ortega et Scheler, des certitudes primitives qui portent sur ce qui est normatif et axiologique.

1. *Ibid.*, p. 127, nous soulignons; *cf.* 1954, § 10; et Føllesdal 1988, p. 126 *sq.*
2. Husserl 1954, § 66 et 76; 1977, § 103; et 1966, p. 48.

D'aucuns ont soutenu que les certitudes primitives wittgensteiniennes étaient normatives[1]. Cette approche est-elle compatible avec la distinction apparemment bien établie entre les certitudes au sujet de ce qui est normatif et les certitudes au sujet de ce qui ne l'est pas, entre la certitude de Pierre selon laquelle Dieu existe et sa certitude qu'il devrait aller à la messe le dimanche ou que le mot « transsubstantiation » peut être utilisé pour référer à la transsubstantiation ? C'est là une idée qui est peut-être encouragée par l'absence, chez Wittgenstein, de toute discussion des certitudes de type éthique ou politique. Wittgenstein est tenté par l'idée que les propositions empiriques peuvent être transformées en normes de représentation (*ÜG*, § 319) mais, étant donné ses vues au sujet des normes et des valeurs, ce que signifierait la transformation d'une proposition normative éthique ou politique en une norme de représentation est loin d'être clair. Il y a au moins deux objections à la thèse selon laquelle les certitudes primitives sont des normes. Premièrement, aucune attitude ou disposition psychologique ou mentale n'est une norme, pas plus que ne l'est l'attitude ou la disposition de compter pratiquement sur quelque chose. Deuxièmement, les propositions dominées par les connecteurs et les prédicats de certitude et d'incertitude objective ne manifestent pas la même multiplicité logique que les propositions dominées par les connecteurs et prédicats déontiques et axiologiques. Les partisans de la thèse en question répliqueront sans doute que les propositions charnières fonctionnent ou sont traitées comme des normes, ou qu'elles ont le statut de normes : des normes épistémiques ou de représentation. Cela revient à nier que la description de notre rapport aux normes doit bien souvent faire appel à la certitude primitive et rend le fait que notre rapport aux normes politiques et éthiques ne ressemble en rien à notre rapport aux normes épistémiques difficile à expliquer. Nos réactions à une certitude primitive politique ébranlée tendent à être bien plus fortes que nos réactions à l'effondrement d'une certitude primitive syntaxique, sémantique, ou épistémologique.

Tout au long de ses derniers écrits, Ortega discute un certain nombre d'exemples historiques de croyances fondamentales au sujet de ce qui est normatif et axiologique, tels que l'histoire de la croyance en la raison, de la croyance en la science, et de la fin de la croyance romaine au droit[2]. Son

1. *Cf.* Wright 1985, III ; Wright 2004 ; Kober 1993, p. 198 *sq.* ; et Perissinotto 1992. Kober soutient que les certitudes wittgensteiniennes ne sont pas prescriptives, mais constituent néanmoins des « normes épistémiques » (p. 208). En 1943, Gehlen distingue (1993, § 36) les « certitudes irrationnelles » normatives et non normatives.

2. Ortega 1985 ; et 1986a, p. 134 *sq.*

analyse du rôle joué par les valeurs et normes cognitives comme certitudes primitives est à l'origine des analyses de la bêtise dans ses écrits les plus populaires[1]. Son intérêt pour ces sujets provenait dans une large mesure de sa conviction que l'histoire et la sociologie devraient commencer par étudier les certitudes primitives. C'est sans aucun doute cet aspect de l'œuvre d'Ortega que Collingwood[2] avait à l'esprit en louant le caractère «étonnamment original» de l'article du philosophe espagnol intitulé «L'histoire comme système». Comme Ortega, Collingwood pense que les historiens négligent systématiquement les présuppositions qui constituent les conceptions du monde.

Les règles et les normes, cognitives, conventionnelles, sociales, éthiques et politiques, fait valoir Ortega, ne sont normalement pas les objets d'entreprises épistémiques. Selon lui, les habitudes ainsi que ce qu'il appelle les «usages» (*usos*) linguistiques et non linguistiques ont invariablement été mal compris, car on n'a pas remarqué qu'ils étaient des certitudes primitives. Si elle est correcte, la thèse d'Ortega est d'une grande importance pour toute analyse de ce que c'est que de suivre et d'enfreindre une règle, ainsi que pour toute analyse de ce qu'il appelle «la nature liante» ou la «*vigencia*» des règles et des usages. On fait parfois référence à ce phénomène en parlant de la façon dont les règles obligent à s'y soustraire, nous poussent et nous tirent, jouissent d'une force normative. S'il y a des règles qui ont le statut de certitudes primitives, alors il est faux de dire que ces règles sont connues et le scepticisme à cet égard, bien que correct, doit être complété par une théorie positive de notre relation non épistémique à ces règles.

Les règles, normes et habitudes ne sont pas simplement primitivement certaines; elles ont également une certitude primitive *collective* et constituent ainsi le pouvoir social[3]. «Tout usage [...] est essentiellement ancien» et «consiste dans une forme de vie»[4]. Il est fondamentalement erroné de comprendre les usages, en particulier «l'immense système des usages verbaux» qu'est un langage, en termes de régularités ou de

1. Il distingue à cet égard les croyances des pseudo-croyances (Ortega 1936, IX) et les croyances vivantes des croyances mortes, une distinction qu'il fait remonter à Mill, *On Liberty*, chap. II (Ortega 1971, I; 1936, p. 287; 1971, I-VII; 1999 IV, V, VIII et XIV; et 2001, III, VI).

2. Collingwood 1937, p. 45.

3. Ortega 1985a, p. 105 *sq.*; *cf.* Ortega 1971; et 1996.

4. Ortega 1996, p. 215.

fréquences comportementales ; il y a de nombreux types de mouvements qui sont très fréquents mais ne correspondent pas aux usages[1] :

> quelque chose n'est pas un usage parce qu'il est fréquent, à l'inverse, nous le faisons fréquemment parce qu'il est un usage[2].
>
> Le fait que quelque chose est un usage ne dépend pas de l'adhésion des individus, c'est un usage précisément parce qu'il s'impose aux individus[3].

Le rejet par Ortega de ce qui a été appelé le « régularisme » au sujet des règles est combiné avec le rejet de la thèse selon laquelle ce qui rend une règle liante est le fait qu'une communauté y adhère, ce qui a été appelé le « communautarianisme », une position également rejettée par Ahlman, comme nous l'avons vu au chapitre cinq. La nature liante des usages

> ne consiste pas dans l'adhésion des individus, aussi nombreux soient-ils [...]. Quelque chose est un usage parce qu'il s'impose aux individus [...]. Le caractère socialement liant [des usages] ne se présente pas à nous comme quelque chose qui dépend de notre adhésion individuelle. Il est au contraire indifférent à notre adhésion, il est là, nous devons *compter sur* lui[4].

Puisque les usages sont primitivement certains, nous ne les comprenons pas, ils sont inintelligibles ; bien que nous comprenions ce que nous avons à faire, nous nous conformons à un usage, parce que cet usage est *ce qui se fait*[5].

Dans *De la certitude*, Wittgenstein semble accepter que les relations sémantiques soient primitivement certaines (cf. *ÜG*, § 369, 446, 455, 456, 506, 515 et 519). Cependant, les règles syntaxiques et pragmatiques (concernant ce qui nous met en droit d'asserter ceci ou cela) sont – à la différence des règles sémantiques, comme, par exemple, « il est incorrect d'appeler un canard un "lapin" » – des candidats encore plus plausibles au rôle de certitudes primitives, ne serait-ce que parce qu'elles sont bien plus difficiles à formuler que ne le sont les règles sémantiques pour le locuteur ordinaire. Le $n+1$-ième Wittgenstein aurait peut-être admis la thèse selon laquelle les règles linguistiques sont normalement primitivement certaines. Au sein de la tradition qui remonte à Brentano et Marty, c'est en premier lieu Ahlman, nous l'avons vu (*cf.* le chapitre cinq), qui développe

1. Ortega 1996, p. 194 et 198.
2. *Ibid.*, p. 200.
3. *Ibid.*, p. 267.
4. *Ibid.*, p. 267 et 268 ; *cf.* 1936, p. 289.
5. Ortega 1996, p. 192.

l'idée que les relations sémantiques, syntaxiques et pragmatiques sont normatives. L'innovation d'Ortega au sein de cette tradition consiste à soutenir que les normes linguistiques sont des certitudes primitives.

L'un des exemples donnés par Scheler en 1913 de ce sur quoi nous comptons pratiquement est l'ensemble des lois, au sens de règles plutôt que de lois de la nature. Nous obéissons et désobéissons aux règles, qu'elles soient légales, éthiques, ou esthétiques. Bien que nous n'en n'ayons aucune perception ou connaissance, nous les reconnaissons pratiquement. Notre (dés)obéissance est dans cette mesure une obéissance ou désobéissance « pratique » aux règles :

> [...] il existe une obéissance (et aussi une désobéissance) « pratique » à l'égard de lois (qui ne « gouvernent » pas le comportement en tant qu'évènement naturel à la manière des lois naturelles, comme si ce comportement avait lieu « selon » celles-ci de façon objective).

Quel est notre rapport aux règles que nous suivons ou enfreignons ? Elles

> ne sont pas données comme des lois [...] dans la forme d'une perception ou d'une (re)présentation, ou dans la forme d'un « savoir de » [...], [elles sont] bien plutôt *vécues dans* l'exécution de l'action comme respectées [*erfüllt*] ou comme violées [*verletzt*], et sont données d'abord dans ces expériences[1].

Comme il le dira plus tard :

> À chaque fois que nous inférons par exemple selon une loi d'inférence, sans inférer « à partir » d'elle, que nous obéissons à une règle esthétique (comme l'artiste productif), sans en aucune façon avoir cette règle formulée telle une proposition à l'esprit, des intuitions essentielles entrent en fonction sans pour autant se tenir explicitement devant l'esprit. C'est seulement dans l'expérience de l'incorrection, de la déviation d'une loi, dont nous ne sommes pas conscients comme d'une loi, que nous avons une conscience inchoative que quelque intuition nous dirigeait et nous guidait[2].

Wittgenstein est d'accord avec la thèse négative de Scheler selon laquelle nous avons typiquement un rapport non cognitif et non théorique aux règles que nous suivons ou enfreignons. Dans un passage central des *Recherches*, il observe :

> [...] il y a une saisie [*Auffassung*] d'une règle qui *n'est pas* une *interprétation* [*Deutung*] mais qui se manifeste [*sich äußert*] dans ce que

1. Scheler, 1966, p. 155 ; *cf.* p. 565.
2. Scheler 1954, p. 446.

> nous appelons « obéir à une règle » et « aller à son encontre » dans les cas où elles s'applique [*Anwendung*] actuellement (*PU*, § 201).

Contrairement à Scheler, Wittgenstein ne dit pas que cette façon de saisir une règle est donnée ou expérimentée, mais qu'elle est manifestée. Cependant, tous deux s'accordent sur le fait que la saisie d'une règle est manifestée ou donnée uniquement dans les cas particuliers où la règle est suivie ou enfreinte. En 1952, Wittgenstein aurait peut-être été d'accord avec Scheler pour dire que cette saisie est une forme pratique de compter sur quelque chose. Celui-ci donne l'exemple suivant de ce que c'est que compter sur des règles :

> Il appartient à l'essence du « crime » que celui qui enfreint les lois s'expérimente lui-même comme le faisant au cours de son action tout en comptant *de façon pratique* sur ces lois dans son propre cas et dans le cas des autres, sans devoir avoir la moindre connaissance d'elles, ni avoir « pensé » à elles. D'un autre côté, celui qui connaît les lois et les enfreint tout de même n'est définitivement pas un « criminel ». Le simple « briseur » ou « ennemi » d'un système de lois n'est pas un « criminel », car il ne lui accorde aucune reconnaissance [*Anerkennung*] pratique. Le criminel, bien qu'il n'ait pas nécessairement à reconnaître la loi dans un acte spécial de « reconnaissance », *expérimente* cependant les lois comme *effectives* dans sa volonté et son action, et donc « *les reconnaît pratiquement* » (il s'attend ainsi « tout naturellement » à ce que les autres suivent la loi, et cela sans faire l'expérience d'un acte d'« attente » particulier). Il est un criminel parce qu'il se soulève contre ce qu'il expérimente en lui-même comme exerçant une domination effective, et c'est ce *conflit expérimenté* qui fait de lui un criminel en non un simple « briseur » des lois [1].

« Il y a une dimension *d'aveuglement*, pense Scheler, dans la compulsion [*Nötigung*] du devoir, une dimension qui lui appartient essentiellement » et ce qui vaut pour le devoir vaut également pour les normes déontiques en général [2]. Elles manifestent également une dimension d'aveuglement. Il serait donc dans l'esprit de l'analyse de Scheler de dire que nous suivons les règles aveuglément, parce que et dans la mesure où nous comptons pratiquement sur elles.

Les normes et les règles concernant ce que nous devons et ne devons pas faire, pensent les phénoménologues, sont partiellement fondées dans

1. Scheler 1966, p. 156. Scheler relève que l'histoire du héros de *Michael Kohlhaas* de Kleist est celle de sa transition du statut de criminel apparent à celui d'ennemi du système légal.

2. *Ibid.*, p. 201 et 202 ; cf. *PU* § 219.

les valeurs, si tant est qu'elles soient fondées. Et, dans la mesure où elles sont ainsi fondées, elles ne sont pas aveugles. Les intuitions essentielles auxquelles réfère Scheler dans l'avant-dernier passage cité sont ainsi supposées être des intuitions de relations entre des valeurs. Quelles valeurs, pour autant qu'il en existe, pourraient sous-tendre les règles et normes linguistiques ? Peut-être la valeur que nous attachons à la forme de vie dont le langage est une partie. Scheler défend une version bien plus forte de cette thèse : « Partout où il y a une communauté, les *formes* de vie ont une valeur intrinsèque » ; la « révérence » est l'attitude appropriée à l'égard des valeurs d'une forme de vie[1]. Mais les certitudes primitives ne sont pas fondées. Cependant, si elles forment des systèmes, il est possible de faire valoir que les règles et normes primitivement certaines dépendent des certitudes axiologiques sans pour autant être justifiées par elles, ou même qu'elles sont indirectement justifiées à travers leur cohérence avec ce qui les rend possibles.

Nous avons déjà noté que, pour Husserl, certaines vérités essentielles pourraient être primitivement certaines. Nombre des phrases qui expriment selon lui des vérités essentielles analytiques ou synthétiques sont traitées comme des propositions grammaticales ou des expressions de règles par Wittgenstein. Or les certitudes primitives sur ce qui n'est pas contingent peuvent s'avérer être « incomplètes », avoir des trous. Supposons que la règle de l'addition soit primitivement certaine pour Pierre relativement à un certain éventail de nombres. Si une situation se produit dans laquelle il doit appliquer la règle à de nouveaux nombres, il pourrait bien se retrouver dans un état d'incertitude primitive. Et, si Ortega a raison de dire qu'il y a des failles dans les systèmes de certitudes au sujet de ce qui est contingent, on devrait également s'attendre à trouver des failles dans les systèmes de certitudes primitives concernant ce qui ne l'est pas.

Une certitude primitive axiologique discutée par Ortega est la valeur de la légitimité politique[2]. Lorsque la « croyance collective » selon laquelle une forme d'organisation politique est légitime s'effondre « alors la légitimité s'affaiblit et se désintègre »[3]. Le contenu des croyances portant sur la légitimité a la forme suivante :

> l'autorité de *x* est légitime parce que *x* est monarchique/libéral démocratique/aristocratique etc. parce que *p*.

1. Scheler 1955, p. 141.
2. Ortega 1989, p. 139 *sq.* et 174 ; 2000 ; et 1998, p. 111-118.
3. Ortega 1989, p. 147.

Le contenu de « *p* » est, bien sûr, variable et peu faire référence à des procédures, des résultats, Dieu, des élites, l'histoire, ainsi qu'à beaucoup d'autres choses. La thèse d'Ortega peut alors être formulée comme suit :

> l'autorité de *x* est légitime seulement s'il est primitivement certain que (*x* est légitime parce que *x* est monarchique/libéral démocratique/aristocratique etc. parce que *p*).

Ortega écrit ainsi :

> Quelque chose est légitime d'un point de vue légal – le roi, le sénat, le consul – si son exercice du pouvoir est fondé sur la croyance compacte qui protège chaque nation selon laquelle il a de fait le droit d'exercer ce pouvoir [1].

Ainsi comprise, la thèse d'Ortega semble exprimer une idée souvent soutenue dans la tradition de la pensée politique, depuis Burke jusqu'aux économistes et philosophes autrichiens tels que Hayek. En fait, Ortega considère qu'il développe

> La suggestion perspicace de Hume selon laquelle le thème de l'histoire consiste à démontrer comment la souveraineté de l'opinion publique, loin d'être une aspiration utopique, est ce qui s'est en réalité produit toujours et partout dans les sociétés humaines [2].

Cette tradition est opposée à la thèse rationaliste ou constructiviste (dans les termes de Hayek), bien plus populaire, selon laquelle la légitimité politique doit, et donc peut être l'objet d'une large et permanente discussion critique. Constant a dit un jour qu'« il y a quelque chose de miraculeux dans la conscience de la légitimité » (*De l'esprit de conquête*). Si Ortega a raison, le mystère disparaît une fois que nous voyons que la légitimité doit être primitivement certaine. Les « grandes peurs » décrites par les historiens de l'illégitimité tels que Guglielmo Ferrero et par Ortega constitueraient alors d'excellents exemples d'incertitudes primitives. Ce dernier comprend la certitude politique primitive en termes de compter sur. Mais on peut penser que celle-ci implique également un élément affectif, par exemple la confiance. Si c'est bien le cas, la certitude politique primitive

1. *Ibid.*

2. Ortega 2000, p 145. Comme Hayek, Ortega attache une grande importance au gradualisme juridique anglais et à la *common law* (Ortega 1989, p. 182 *sq.* et 284 *sq.*).

constitue également un bon exemple des certitudes primitives affectives de Husserl[1].

Wittgenstein affirme que les règles nous guident et Bühler que les structures linguistiques font de même. Selon Scheler et Ortega, nous comptons sur les règles. D'après Ortega, les règles sont primitivement certaines. Une bonne philosophie des règles devrait peut-être combiner ces idées : nous comptons sur les règles parce que et dans la mesure où elles nous guident[2]. Une légère modification de cette description est suggérée par Husserl en 1914 :

> Reconnais cela comme une règle. Suis cette règle, cela ne veut pas dire, agis de telle sorte que ton comportement soit en accord avec la règle [*der Regel gemäss*], que donc l'observation comparative de tes actes révèle qu'ils sont tous du même type général, comme les processus naturels tombent sous une loi naturelle. Cela veut plutôt dire : agis de telle sorte que tu te laisses guider par la règle [*von der Regel leiten lässt*], que tu y obéisses[3].

Hacker et Baker sont presque d'accord : plutôt que de dire qu'une personne suit une règle, qu'elle est guidée par une règle, il est préférable de dire qu'elle s'oriente en référence à une règle[4]. Cependant, suivre une règle ou s'orienter en référence à une règle est analogue, mais pas identique, au fait d'y obéir (*PU*, § 206).

La couche la plus profonde que le philosophe peut dévoiler, pense le Husserl allemand et transcendental, est la conscience pure. Comme le dit Winkler, la conscience pure est pour Husserl quelque chose de « final » qui « ne peut être brisé [...]. C'est là le fond solide qui donne un but à tout creusement sous la surface »[5]. Ortega, nous l'avons vu, n'est pas d'accord :

1. Tous les amis de la certitude primitive tendent à glisser vers un discours sur la confiance, la croyance – et même la foi – en leurs descriptions de la certitude. La confiance et la défiance sont cependant des attitudes affectives envers des personnes, d'autres êtres animés, ou envers des états tels que la mémoire. Ce sont des formes de croyance en quelque chose. On peut cependant croire en des personnes comme en des non-personnes : par exemple en l'État, en l'« *American Way of Life* », en la déconstruction ou en la science. Tout comme croire quelqu'un, c'est le croire digne de confiance, croire en quelque chose, lorsque ce n'est pas simplement la croyance qu'il existe, c'est croire qu'il a quelque valeur positive. Sur la confiance et la croyance, *cf.* Reiner 1934 ; Schottländer 1957 ; et Mulligan 2003.

2. Husserl note le lien entre les indications qui nous guident et la certitude non critique dans ses *Recherches* (*LU* I, § 3).

3. Husserl 1988, p. 27 ; *cf.* p. 34. Sur les critiques husserlienne et frégéenne des tentatives d'expliquer le sens et la signification des expressions formelles, mathématiques et logiques, à travers les règles, *cf.* Mulligan 2004a.

4. « [G]uides himself by reference to a rule » (Hacker & Baker 1988, p. 45).

5. Winkler 1921, p. 6.

ce sur quoi nous comptons, les règles en particulier, « constituent la couche de base, qui se trouve au plus profond de l'architecture de notre vie »[1]. Peut-être Wittgenstein serait-il tombé d'accord sur le fait que le roc dur sur lequel tourne sa bêche (*PU*, § 217) est ce sur quoi nous comptons[2].

1. Ortega 1936, p. 288

2. Winkler poursuit en considérant la comparaison avec le creusement comme inappropriée à la thèse de Husserl. Le philosophe doit plutôt chercher à se concentrer sur ce qui est en fait à portée de main, ce à quoi il est devenu aveugle (Winkler 1921, p. 6). Ortega est parfois d'accord (Ortega 1936, p. 285). Et Wittgenstein également; si rien n'est caché, les bêches sont superflues.

CONCLUSION

Notre point de départ se résumait aux deux questions suivantes : sur quels points les descriptions de Wittgenstein et celles des héritiers de Brentano s'accordent-elles et sur quels points ne le font-elles pas ? Ses descriptions sont-elles préférables à celles de ses prédécesseurs et contemporains austro-allemands ?

Entre les descriptions du vouloir dire, de la volonté, des émotions et du souvenir, des couleurs, des certitudes, des règles et des fonctions des mots données par Wittgenstein et les héritiers de Brentano, nous avons à maintes reprises constaté qu'il y avait plus que des ressemblances de famille. Ces similarités coexistent avec une conception profondément différente du statut des descriptions fournies. Wittgenstein présente les siennes comme des remarques au sujet des règles pour l'emploi des mots, alors que les philosophes austro-allemands considèrent souvent des phrases identiques ou comparables comme l'expression de vérités nécessaires ou essentielles. Les règles identifiées par Wittgenstein correspondent bien souvent à des thèses qui, selon ses prédécesseurs, forment des systèmes de vérités. Pour le dire autrement, chacun des systèmes théoriques proposés pourrait être considéré comme un système de règles au sein duquel les règles identifiés par Wittgenstein occupent une place. Cette dernière suggestion ouvre la voie à un projet qui diffère de ceux de Wittgenstein et de ses prédécesseurs : le projet d'une description méthodique de différents systèmes de règles.

Ce n'est pas là le projet de Wittgenstein. D'abord, ses rappels et descriptions ont pour but de mettre un terme aux confusions du philosophe. Ensuite, si Wittgenstein a raison, la diversité de nos règles – une conséquence de la diversité de nos usages linguistiques – est incompatible avec l'existence d'une grande systématicité sur le plan des règles. Cependant, comme nous avons pu le constater, il arrive à Wittgenstein de se prêter à des descriptions qui ne sont pas « atomiques », mais ont un air de systématicité, par exemple dans ses *Remarques sur les couleurs* (de même que dans ses taxinomies des expériences et des concepts psychologiques (*BPP* I, § 314-16; et II, § 63 et 148)). Si l'on excepte quelques remarques de Marty, Ahlman, Bühler et Ortega, ce projet n'est pas non plus celui de la philosophie austro-allemande. Mais il n'est pas sans intérêt de constater qu'il n'est pas non plus incompatible avec les buts que se fixent les philosophes de cette tradition. Dans l'Introduction, j'ai indiqué un point de vue qui généralise la philosophie esquissée par Husserl dans les Prolégomènes à ses *Recherches logiques* au sujet du rapport entre normes et vérités logiques. Selon cette philosophie, les règles logiques, ou plus exactement les propositions déontiques qui les expriment, sont partiellement justifiées par des vérités logiques. Selon la généralisation en question, ce qui vaut pour les règles et normes logiques vaut également pour certains autres types de règles. S'il ne faut pas dire du vouloir dire que c'est un « processus », c'est en partie parce que le vouloir dire n'en est pas un, et ainsi de suite pour les autres exemples que nous avons examinés.

Les descriptions de Wittgenstein sont-elles préférables à celles de ses prédécesseurs et contemporains austro-allemands? Dans l'Introduction, j'ai posé cette question et supposé qu'elle pouvait recevoir une réponse avant de considérer les points de vue diamétralement opposés de Wittgenstein et de ses prédécesseurs au sujet des deux questions suivantes : y a-t-il des vérités non contingentes au sujet du vouloir dire, des couleurs, de la certitude, etc., qui forment des systèmes? Ou alors les phrases qui semblent exprimer de telles vérités ne fonctionnent-elles que comme des règles? S'il est légitime d'écarter provisoirement ces deux questions, la stratégie suivante semble être prometteuse. Prenez n'importe laquelle des descriptions austro-allemandes considérées dans les chapitres précédents. Chacune d'entre-elles renferme certaines thèses descriptives qui peuvent être traduites dans le langage de la description des règles. Traduisez ainsi dans le langage des descriptions des règles les thèses de Reinach au sujet du vouloir dire, de Meinong au sujet des couleurs réduites, de Katz au sujet des couleurs non réduites, d'Ortega au sujet des certitudes et incertitudes primitives, de Scheler ou Ortega au sujet de la nature de ce que c'est que de compter sur des règles ou des états de choses, etc. Les résultats ne sont-ils pas aussi plausibles que les descriptions wittgensteiniennes? La réponse est trivialement positive lorsque les descriptions de Wittgenstein et la traduction de celles de ses prédécesseurs dans le langage des règles sont identiques. Mais n'est-elle pas également positive dans ces nombreux cas où les descriptions très riches des philosophes austro-allemands ne trouvent qu'une contrepartie partielle dans les écrits de Wittgenstein? La réponse à cette question dépend non seulement de la plausibilité des corrections et précisions que j'ai apportées aux descriptions austro-allemandes dans ce livre, mais aussi d'autres évaluations encore. Si la réponse à cette question est positive, les questions qui doivent ensuite être abordées sont les suivantes. Premièrement, si plusieurs règles concernent un domaine donné (celui des champs des mots, des phénomènes conatifs, des couleurs, ou des certitudes), forment-elles un système ? Dans le cas où elles en forment un, la meilleure explication de son existence ne doit-elle pas faire référence à un système de connexions nécessaires entre les phénomènes eux-mêmes qui sont à leur tour expliquées par l'essence de ces phénomènes ? Ce livre n'apporte pas plus de réponses à ces deux questions qu'il n'en a présupposées [1].

Certains lecteurs de Wittgenstein sont fascinés par son rapport à ses « sources ». Dans ce livre, rien n'a été affirmé ou présupposé au sujet des « sources » de Wittgenstein, si ce n'est ce qu'il affirme lui-même à ce sujet [2]. Il me semble que le rapport complexe de Wittgenstein à ses « sources » se comprend mieux si l'on garde à l'esprit l'importance extraordinaire que revêt pour lui le phénomène de la signification secondaire – une obsession partagée de façon différente par plusieurs des grands sages ou « médecins du temps » de l'Autriche-Hongrie (Otto Weininger, Karl Kraus, Robert Musil, Adolf Loos) [3]. Son ami Ludwig Hänsel, un élève de Meinong, écrit de Wittgenstein qu'il n'a connu personne chez qui la vie et l'écriture étaient si étroitement liées [4]. Cette écriture, « le travail sur [*an*] la philosophie, dit Wittgenstein, est plutôt un travail sur soi-même » [5]. Dans cette écriture, forme et contenu sont en principe inséparables, de même que cette écriture et cette vie sont inséparables de la thérapie des tentations à l'origine de la philosophie. Pourquoi un homme animé par un tel projet s'intéresserait-il à ses « sources » ?

1. Pour une remarquable défense contemporaine de l'idée que la nécessité métaphysique découle des essences des objets, *cf.* Fine 1994.

2. Sur Wittgenstein et ses « sources », *cf.* Ouelbani 2010.

3. *Cf.* Engelmann 1970.

4. Hänsel 1957, p. 357.

5. Wittgenstein 1984c, p. 472

BIBLIOGRAPHIE

AHLMAN E., 1926, *Das Normative Moment im Bedeutungsbegriff*, Helsingfors, Suomalaisen Tiedeakatemian Toimituksia, Annales Academiae Scientiarum Fennicae, B, XVIII, Helsinki.

– 1934, « Zur sprachtheorie » (Recension d'A. Pentillä et U. Saarnio 1934), *Anzeiger der Finnisch-Ugrischen Forschungen*, 23, p. 257-265.

ANSCOMBE G.E.M., 1959, *An Introduction to Wittgenstein's* Tractatus, Londres, Hutchinson.

– 1995, « Cambridge Philosophers II : Ludwig Wittgenstein », *Philosophy*, 70 (273), p. 395-407.

– 2000 (1957), *Intention*, Cambridge (MA), Harvard University Press; 2002, *L'intention*, trad. fr. M. Maurice et C. Michon, Paris, Gallimard.

BAKER G.P. et HACKER P.M.S., 1988, *Analytical Commentary on the Philosophical Investigations*, vol. 2, *Wittgenstein. Rules, Grammar and Necessity*, Oxford, Basil Blackwell.

BASSENGE Fr., 1930, *Das Versprechen. Ein Beitrag zur Philosophie der Sittlichkeit und des Rechts*, Berlin, Junker und Dünnhaupt.

– 1930a, « Hexis und Akt. Eine phänomenologische Skizze », *Philosophischer Anzeiger*, 4, p. 163-168.

BEERMANN W., 1999, *Die Radikalisierung der Sprachspiel-Philosophie. Wittgensteins These in* Über Gewißheit *und ihre aktuelle Bedeutung*, Würzburg, Königshausen & Neumann.

BERGER C.P., 1994, « Wittgensteins Kritik an Hänsels Aufsatz "Wertgefühl und Wert" », *in* I. SOMAVILLA, A. UNTERKIRCHER, C.P. BERGER (Hrsg.), 1994, *Ludwig Hänsel-Ludwig Wittgenstein. Eine Freundschaft. Briefe. Aufsätze. Kommentare*, Innsbruck, Haymon Verlag, Brenner-Studien, 14, p. 339-354.

BERGMANN G., 1988, « Erinnerungen an den Wiener Kreis. Brief an Otto Neurath » (avec une introduction par R. Grossmann), *in* F. STADLER (Hrsg.), 1988, *Vertriebene Vernunft, II. Emigration und Exil österreichischer Wissenschaftler*, Vienne et Munich, Jugend und Volk, p. 171-180.

– 2003, « The Ontology of Edmund Husserl », *in* G. BERGMANN, 2003, *Collected Works*, vol. 2, Francfort, Ontos Verlag, p. 145-176.

BERGMANN H., 1908, *Untersuchungen zum Problem der Evidenz der inneren Wahrnehmung*, Halle, Niemeyer.

BEYER Chr., 2008, « Noematic Sinn. General Meaning-Function or Propositional Content? », *in* F. MATTENS (ed.), 2008, *Meaning and Langage: Phenomenological Perspectives*, Dordrecht, Springer, p. 75-88.

BINSWANGER L., 1965 (1922), *Einführung in die Probleme der allgemeinen Psychologie*, Amsterdam, E.J. Bonset.

BLEI Fr., 1912, « Kritische Prolegomena », *in* Fr. BLEI, 1912, *Vermischte Schriften*, vol. 6 (*Der Dichter und das Leben. Ein Buch Kritik*), Munich et Leipzig, Georg Müller.

BLUMENFELD W., 1933, *Sinn und Unsinn. Eine Studie*, Munich, Ernst Reinhardt.

BONINO G., 2008, *The Arrow and the Point. Russell and Wittgenstein's* Tractatus, Francfort, Ontos.

BOUVERESSE J., 1987, *La Force de la Règle. Wittgenstein et l'invention de la nécessité*, Paris, Éditions de Minuit.

– 1997, *Dire et ne rien dire. L'illogisme, l'impossibilité et le non-sens*, Nîmes, Jacqueline Chambon.

– 2007, *Satire et prophétie : les voix de Karl Kraus*, Marseille, Agone.

BRAND G., 1975, *Die grundlegenden Texte von Ludwig Wittgenstein*, Francfort, Suhrkamp.

BRENTANO Fr., 1929, *Über die Zukunft der Philosophie*, Leipzig, Meiner.

– 1971 (1911), *Psychologie vom empirischen Standpunkt*, vol. II (*Von der Klassifikation der psychischen Phänomene*), Hamburg, Meiner; 2008, *Psychologie du point de vue empirique*, trad. fr. M. de Gandillac, revue par J.-Fr. Courtine, Paris, Vrin.

– 1973 (1874), *Psychologie vom empirischen Standpunkt*, vol. I, Hamburg, Meiner; 2008, *Psychologie du point de vue empirique*, trad. fr. M. de Gandillac, revue par J.-Fr. Courtine, Paris, Vrin.

– 1982, *Deskriptive Psychologie*, Hamburg, Meiner

– 2001, *Logik* (éd. du printemps 2011), éd. de R. Rollinger, URL: http://gandalf.uib.no/Brentano/texts/el/logik/norm/.

BÜHLER K., 1908, Compte rendu d'*Erscheinungen und psychische Funktionen* de Carl Stumpf, *Archiv für die Geschichte der Psychologie*, 11, p. 1-5.

– 1909, Compte rendu des *Untersuchungen zur Grundlegung der allgemeinen Grammatik und Sprachphilosophie* (I. Band, Halle 1908) d'Anton Marty, *Göttingische gelehrte Anzeigen*, 171(12), p. 947-979.

– 1909a, « Ueber das Sprachverständnis vom Standpunkt der Normalpsychologie aus », *Bericht über den dritten Kongress für experimentelle Psychologie*, Leipzig, Barth, p. 94-130.

– 1918, « Kritische Musterung der neueren Theorien des Satzes », *Indogermanisches Jahrbuch*, 6, p. 1-20.

– 1918a, *Die geistige Entwicklung des Kindes*, Iéna, Fischer.

– 1922, *Die Erscheinungsweisen der Farben (Handbuch der Psychologie. Erster Teil. Die Struktur der Wahrnehmungen)*, Iéna, Fischer.

– 1926, « Die Krise der Psychologie », *Kant-Studien*, 31, p. 455-526.
– 1928, « Die Symbolik der Sprache », *Kant-Studien*, 33, p. 405-409.
– 1929 (1927), *Die Krise der Psychologie*, Iéna, Fischer.
– 1929a, « Die “Neue Psychologie” Koffkas », *Zeitschrift für Psychologie*, 99, p. 145-159.
– 1930, *Die geistige Entwicklung des Kindes*, 6e éd., Iéna, Fischer.
– 1933, *Ausdruckstheorie*, Iéna, Fischer.
– 1976 (1933), *Die Axiomatik der Sprachwissenschaften*, Francfort, Vittorio Klostermann.
– 1999 (1934). *Sprachtheorie. Die Darstellungsfunktion der Sprache*, Stuttgart, Lucius & Lucius ; 2009, *Théorie du langage : la fonction représentationnelle*, trad. fr. D. Samain, Marseille, Agone.
CASATI R., 1989, « Wittgenstein and Psychology : The Case of Transparency », *in* P. WEINGARTNER, G. SCHURZ (eds), 1989, *Reports of the 13th International Wittgenstein-Symposium 1988, Philosophy and Natural Science : Borderline Questions*, Vienne, Hölder-Pichler-Tempsky, p. 251-254.
CENTRONE St., 2010, *Logic and Philosophy of Mathematics in the Early Husserl*, Dordrecht, Springer.
CESALLI L., 2009, « Anton Martys philosophische Stellung in der Österreichischen Tradition », *Brentano Studien*, 12, p. 121-181.
– 2009a, « *Zweck* vs. *Leistung* : les deux fonctionnalismes de Marty et Bühler », *Verbum*, 31 (1-2) (*Karl Bühler : une pensée du langage*), p. 45-64.
– 2012, « Anton Marty's Intentionalist Theory of Meaning », *in* D. FISETTE, G. FRÉCHETTE (eds), 2012, *Themes from Brentano*, Amsterdam, Rodopi, à paraître.
CHISHOLM R., 1988, « What are Wittgenstein's *Remarks on Color* about ? », *Akten des 12. Internationalen Wittgenstein-Symposiums 1987*, Vienne, Hölder-Pichler-Tempsky, p. 290-295.
COMBÈS M., 1969, *Le Concept de concept formel*, Publications de la Faculté des Lettres et Sciences humaines de Toulouse, Série A, Tome 8, Toulouse, Association des Publications de la Faculté des Lettres et Sciences humaines de Toulouse.
CONRAD-MARTIUS H., 1929, « Farben. Ein Kapitel aus der Realontologie », *Festschrift. Edmund Husserl zum 70. Geburtstag gewidmet*, Halle, Niemeyer.
– 1951, « Vorwort », *in* A. Reinach, 1951, *Was ist Phänomenologie ?*, Munich, Kösel Verlag, p. 5-17.
COLLINGWOOD R.G., 1937, « Review of Ortega, *History as System* », *English Historical Review*, 42, p. 141-146.
COMETTI J.-P. et MULLIGAN K., 2001 (éd.), *La Philosophie autrichienne de Bolzano à Musil. Histoire et Actualité*, Paris, Vrin.
DEMPE H., 1930, *Was ist Sprache ? Eine sprachphilosophische Untersuchung im Anschluss an die Sprachtheorie Karl Bühlers*, Weimar, Hermann Böhlau.
– 1935, « Die Darstellungstheorie der Sprache. Randbemerkungen zur *Sprachtheorie* Karl Bühlers », *Indogermanische Forschungen*, 53, p. 245-266.

DILTHEY W., 1927 (1910), *Der Aufbau der geschichtlichen Welt in den Geisteswissenschaften*, *in* W. DILTHEY, 1927, *Gesammelte Schriften*, vol. 7, Leipzig et Berlin, Teubner; 1988, *L'édification du monde historique dans les sciences de l'esprit*, trad. fr. S. Mesure, Paris, Cerf.

DRURY M., 1984, « Some Notes on Conversations with Wittgenstein. Conversations with Wittgenstein », *in* R. Rhees (ed.), 1984, *Recollections of Wittgenstein*, Oxford, Oxford University Press, p. 76-171.

DUMMETT M., 1991, « Frege and Wittgenstein », *in* M. DUMMETT, 1991, *Frege and other Philosophers*, Oxford, Clarendon Press, p. 237-248.

EHRENFELS Chr. von, 1982 (1897), « System der Werttheorie I », *in* Chr. von EHRENFELS, 1982, *Philosophische Schriften, Band 1: Werttheorie*, éd. de R. Fabian, Munich, Philosophia Verlag, p. 201-405.

– 1988 (1887), « Über Fühlen und Wollen », *in* Chr. Von EHRENFELS, 1982, *Philosophische Schriften, Band 3 : Psychologie, Ethik, Erkenntnistheorie*, éd. de R. Fabian, Munich, Philosophia Verlag, p. 15-97.

ENGELMANN P., 1970, *Ludwig Wittgenstein: Briefe und Begegnungen*, éd. Br. McGuinness, Vienne et Munich, R. Oldenbourg; 2010, *Lettres, rencontres, souvenirs*, trad. fr. Fr. Latraverse, Paris, L'éclat.

ESCHBACH A., 1984, « Verstehen und Interpretation. Karl Bühler's synchytische Begriffe und Ludwig Wittgensteins Familienähnlichkeiten », *in* A. ESCHBACH (Hrsg.), 1984, *Bühler-Studien*, vol. 2, Francfort, Suhrkamp, p. 175-206.

FAVRHOLDT D., 1964, *An Interpretation and Critique of Wittgenstein's* Tractatus, Copenhague, Munksgaard.

FINE K., 1994, « Essence and Modality », *in* J. TOMBERLIN (ed.), 1994, *Philosophical Perspectives*, 8, p. 1-16.

FOGELIN R., 2009, *Taking Wittgenstein at his Word. A Textual Study*, Princeton, Oxford, Princeton University Press.

FØLLESDAL D., 1988, « Husserl on Evidence and Justification », *in* R. SOKOLOWSKI (ed.), 1988, *Edmund Husserl and the Phenomenological Tradition : Essays in Phenomenology*, Washington, Catholic University of America Press, p. 107-129.

FREGE G., 1966 (1918-1919), « Der Gedanke », *in* G. FREGE, 1966 (1918-1923), *Logische Untersuchungen*, éd. de G. Patzig, Göttingen, Vandenhoeck & Ruprecht, p. 30-53; 1971, « La pensée », trad. fr. Cl. Imbert, *in* G. FREGE, 1971, *Écrits logiques et philosophiques*, Paris, Seuil, p. 170-195.

– 1975 (1892), « Über Sinn und Bedeutung », *Funktion, Begriff, Bedeutung. Fünf logische Studien*, éd. de G. Patzig, Göttingen, Vandenhoeck & Ruprecht, p. 40-65; 1971, « Sens et dénotation », trad. fr. Cl. Imbert, *in* G. FREGE, 1971, *Écrits logiques et philosophiques*, Paris, Seuil, p. 102-126.

FRIEDRICH J., 2009, « Présentation », *in* K. BÜHLER, 2009, *Théorie du langage : la fonction représentationnelle*, trad. fr. D. Samain, Marseille, Agone, p. 21-58.

FUNKE O., 1927, *Studien zur Geschichte der Sprachphilosophie*, Berne, Francke.

GALLINGER A., 1912, *Das Problem der objektiven Möglichkeit. Eine Bedetungsanalyse*, Leipzig, Barth.

GARDIES J.-L., 1975, *Esquisse d'une grammaire pure*, Paris, Vrin.

GARVER N., 1965, « Varieties of Use and Mention », *Philosophy and Phenomenological Research*, 26(2), p. 230-238.

GEACH P., 1981, *Logic Matters*, Oxford, Basil Blackwell.

GEHLEN A., 1993 (1940), *Der Mensch. Seine Natur und Stellung in der Welt*, *in* A. GEHLEN, 1993, *Gesamtausgabe*, vol. 3, éd. de K.-S. Rehberg, Francfort, Klostermann.

GEIGER M., 1913, « Beiträge zur Phänomenologie des ästhetischen Genusses », *Jahrbuch für Philosophie und phänomenologische Forschung*, 1(2), p. 567-684.

– 1933, « Alexander Pfänders methodische Stellung », in *Neue Münchener Philosophische Abhandlungen* (Pfänder Festschrift), éd. de E. Heller et F. Löw, Leipzig, Barth, p. 1-16.

– 1976, *Die Bedeutung der Kunst. Zugänge zu einer materialen Wertästhetik, Gesammelte, aus dem Nachlaß ergänzte Schriften zur Ästhetik*, éd. de K. Berger et W. Henckmann, Munich, Wilhelm Fink.

GLOCK H.-J., 2004, « All Kinds of Nonsense », *in* E. AMMERELLER, E. FISHER (eds), 2004, *Wittgenstein at Work: Method in the* Philosophical Investigations, Londres, Routledge, p. 221-245.

GOMPERZ H., 1905-1908, *Weltanschauungslehre. Ein Versuch die Hauptprobleme der allgemeinen theoretischen Philosophie geschichtlich zu entwickeln und sachlich zu bearbeiten*, vol. 2 (1908) : Noologie, Erste Hälfte : Einleitung und Semasiologie, vol. I (1905), Iéna, Eugen Diderichs.

– 1915 (1904), *Die Lebensauffassung der griechischen Philosophen und das Ideal der inneren Freiheit*, Iéna, Eugen Diederichs.

– 1941, « The Meanings of "Meaning" », *Philosophy of Science*, 8(2), p. 157-183.

HACKER P.M.S., 1994, *Wittgenstein. Mind and Will. An Analytical Commentary on Wittgenstein's* Philosophical Investigations, vol. 4, Oxford, Basil Blackwell.

– 2004, « Of the Ontology of Belief », *in* M. SIEBEL, M. TEXTOR (Hrsg.), 2004, *Semantik und Ontologie. Beiträge zur philosophischen Forschung*, Francfort, Ontos, p. 185-222.

– 2012, « Wittgenstein on Grammar, Theses and Dogmatism », *Philosophical Investigations*, 35(1), p. 1-17.

HÄNSEL L., 1957, *Begegnungen und Auseinandersetzungen mit Denkern und Dichtern der Neuzeit*, Vienne et Munich, Österreichischer Bundesverlag.

HAMPSHIRE S., 1960, *Thought and Action*, Londres, Chatto & Windus.

HARDIN C.L., 1988, *Color for Philosophers. Unweaving the Rainbow*, Indianopolis, Hackett.

HARK M. ter, 1990, *Beyond the Inner and the Outer. Wittgenstein's Philosophy of Psychology*, Dordrecht, Kluwer.

HARTMANN N., 1931, *Zum Problem der Realitätsgegebenheit*, Philosophische Vorträge veröffentlicht von der Kant-Gesellschaft, Berlin, Pan-Verlagsgesellschaft.

– 1935 *Zur Grundlegung der Ontologie*, Berlin, de Gruyter.

– 1962 (1926), *Ethik*, Berlin, de Gruyter.
– 1962a (1933), *Das Problem des geistigen Seins*, Berlin, de Gruyter.
– 1965 (1921), *Grundzüge einer Metaphysik der Erkenntnis*, Berlin, de Gruyter; 1945-1946, *Principes d'une métaphysique de la connaissance*, trad. fr. R. Vancourt, 2 vols., Paris, Aubier.
HAZAY O., 1913, « Gegenstandstheoretische Betrachtungen über Wahrnehmung und ihr Verhältnis zu anderen Gegenständen der Psychologie », *Zeitschrift für Psychologie*, 67, p. 214-260.
HEINEMANN F., 1934, « Goethe's phenomenological method », *Philosophy*, 9, p. 67-81.
HEINRICH E., 1910, *Untersuchungen zur Lehre vom Begriff* [Thèse], Göttingen, Kaestner.
HERING E., 1920 (1905-1907), *Grundzüge der Lehre vom Lichtsinn*, Berlin, Julius Springer.
HILDEBRAND D. von., 1916, « Die Idee der sittlichen Handlung », *Jahrbuch für Philosophie und phänomenologische Forschung*, 3, p. 126-251.
HILMY S., 1987, *The Later Wittgenstein. The Emergence of a New Philosophical Method*, Oxford, Blackwell.
HINTIKKA J., « On Wittgenstein's "Solipsism" », *Mind*, 67, p. 88-91.
HINTIKKA M.B. et HINTIKKA J., 1986, *Investigating Wittgenstein*, Oxford, Basil Blackwell; 1991, *Investigations sur Wittgenstein*, trad. fr. M. Jawerbaum et Y. Pesztat, Liège, Mardaga.
HOCHBERG H., 1971 (1955), « Facts, Possibilities, and Essences in the *Tractatus* », *in* E.D. KLEMKE (ed.), *Essays on Wittgenstein*, Urbana, University of Illinois Press, p. 485-533.
HOCHSTETTER-PREYER A., 1916, *Das Beschreiben. Eine logische Untersuchung zur positivistischen Methodenlehre*, Halle, Niemeyer, coll. « Abhandlungen zur Philosophie und ihrer Geschichte », vol. 49.
HÖFLER A., 1896, « Zur Analyse der Vorstellungen von Abstand und Richtung », *Zeitschrift für Psychologie und Physiologie der Sinnesorgane*, 10, p. 223-234.
– 1897, *Psychologie*, Vienne et Prague, Tempsky.
– 1911, « Zwei Modelle schematischer Farbenkörper und die vermutliche Gestalt des psychologischen Farbenkörpers », *Zeitschrift für Psychologie*, 58, p. 356-371.
– 1912, « Gestalt und Beziehung – Gestalt und Anschauung », *Zeitschrift für Psychologie*, 60, p. 161-228.
– 1921, « Naturwissenschaft und Philosophie. Vier Studien zum Gestaltungsgesetz. Studien II: Tongestalten und lebende Gestalten », *Sitzungsberichte der Akademie der Wissenschaften in Wien*, Philosophisch-historische Klasse, 196(1), p. 3-94.
– 1922, *Logik*, 2e éd. augm., Vienne, Hölder-Pichler-Tempsky.
– 1930, *Psychologie*, 1er vol. (seul vol. publié), 2e éd. d'A. Wenzl, Vienne et Leipzig, Hölder-Pichler-Tempsky.
— et MEINONG A. von, 1890, *Logik*, Vienne, Tempsky; 2e éd., 1922.

HOFMANN H., 1913, « Untersuchungen über den Empfindungsbegriff », *Archiv für Psychologie*, 26, p. 1-136.

HÖNIGSWALD R., 1965, *Die Grundlagen der Denkpsychologie. Studien und Analysen*, Darmstadt, Wissenschaftliche Buchgesellschaft.

HOVEN M.J. van den, 1990, « Wittgenstein and Ortega y Gasset on Certainty », *in* R. HALLER, J. BRANDL (Hrsg.), 1990, *Wittgenstein–Eine Neubewertung, III, Akten des 14. Internationalen Wittgenstein-Symposiums*, Vienne, Hölder-Pichler-Tempsky, p. 273-276.

HUSSERL E., 1950, *Cartesianische Meditationen und Pariser Vorträge*, Husserliana I, éd. de St. Strasser, La Haye, Nijhoff; 1994, *Méditations cartésiennes et Les conférences de Paris*, trad. fr. M.B. de Launay, Paris, P.U.F.

– 1952, *Ideen zu einer reinen Phänomenologie und phänomenologischen Philosophie, vol. 2, Phänomenologische Untersuchungen zur Konstitution*, Husserliana IV, éd. de M. Biemel, La Haye, Nijhoff; 1996, *Idées directrices pour une phénoménologie et une philosophie phénoménologique pures, vol. 2, Recherches phénoménologiques pour la constitution*, trad. fr. É. Escoubas, Paris, P.U.F.

– 1954, *Erfahrung und Urteil. Untersuchungen zur Genealogie der Logik*, Hambourg, Claassen ; 1991 (1970), *Expérience et jugement. Recherches en vue d'une généalogie de la logique*, 2e éd., trad. fr. D. Souche-Dagues, Paris, P.U.F.

– 1959, *Erste Philosophie II*, Husserliana VIII, éd. de R. Boehm, La Haye, Nijhoff; 1990, *Philosophie première*, vol. 2, 2e éd., trad. fr. A.L. Kelkel, Paris, P.U.F.

– 1962, *Die Krisis der europäischen Wissenschaften und die transzendentale Phänomenologie*, Husserliana VI, éd. de W. Biemel, La Haye, Nijhoff; 1989 (1976), *La crise des sciences européennes et la phénoménologie transcendantale*, trad. fr. G. Granel, Paris, Gallimard.

– 1965 (1911), *Philosophie als strenge Wissenschaft*, Francfort, Klostermann ; 1998 (1989), *La philosophie comme science rigoureuse*, 3e éd., trad. fr. M.B. de Launay, Paris, P.U.F.

– 1966, *Analysen zur passiven Synthesis. Aus Vorlesungs-und Forschungsmanuskripten (1918-1926)*, Husserliana XI, éd. de M. Fleischer, La Haye, Nijhoff; 1998, *De la synthèse passive : logique transcendantale et constitutions originaires*, trad. fr. Br. Bégout et J. Kessler, Grenoble, Jérome Millon.

– 1970, *Philosophie der Arithmetik. Mit ergänzenden Texten (1890-1901)*, Husserliana XII, éd. de L. Eley, La Haye, Nijhoff; 1972, *Philosophie de l'arithmétique : recherches psychologiques et logiques*, trad. fr. J. English, Paris, P.U.F.

– 1973, *Ding und Raum. Vorlesungen 1907*, Husserliana XVI, éd. d'U. Claesges, La Haye, Nijhoff; 1989, *Chose et espace : leçons de 1907*, trad. fr. J.-Fr. Lavigne, Paris, P.U.F.

– 1973a *Die Idee der Phänomenologie. Fünf Vorlesungen*, Husserliana II, éd. de W. Biemel, La Haye, Nijhoff; 1993 (1970), *L'idée de la phénoménologie : cinq leçons*, 5e éd., trad. A. Lowit, Paris, P.U.F.

– 1974, *Formale und transzendentale Logik. Versuch einer Kritik der logischen Vernunft. Mit ergänzenden Texten*, Husserliana XVII, éd. de P. Janssen, La Haye, Nijhoff; 2002 (1957), *Logique formelle et logique transcendantale. Essai d'une critique de la raison logique*, 5ᵉ éd., trad. fr. S. Bachelard, Paris, P.U.F.

– 1975, *Logische Untersuchungen, vol. I, Prolegomena zur reinen Logik*, Husserliana XVIII, éd. d'E. Holenstein, La Haye, Nijhoff; 2002 (1959), *Recherches logiques. Tome 1. Prolégomènes à la logique pure*, 5ᵉ éd., trad. fr. H. Elie, A. L. Kelkel et R. Schérer, Paris, P.U.F.

– 1977 (1913), *Ideen zu einer reinen Phänomenologie und phänomenologischen Philosophie. Erstes Buch: Allgemeine Einführung in die reine Phänomenologie*, Husserliana III-1, éd. de K. Schuhmann, La Haye, Nijhoff; 1950, *Idées directrices pour une phénoménologie et une philosophie phénoménologique pure. Tome premier: Introduction à la phénoménologie pure*, trad. fr. P. Ricœur, Paris, Gallimard.

– 1979, *Aufsätze und Rezensionen (1890-1910)*, Husserliana XXII, éd. de B. Rang, La Haye, Nijhoff.

– 1980, *Vorlesungen zur Phänomenologie des inneren Zeitbewusstseins*, 2ᵉ éd., Tübingen, Niemeyer.

– 1983, *Studien zur Arithmetik und Geometrie. Texte aus dem Nachlass (1886-1901)*, Husserliana XXI, éd. d'I. Strohmeyer, La Haye, Nijhoff.

– 1984, *Logische Untersuchungen, vol. II, part. 1*, Husserliana XIX, 1, La Haye, Nijhoff; 2002 (1961), *Recherches logiques. vol. 2, part. 1, Recherches pour la phénoménologie et la théorie de la connaissance*, 4ᵉ éd., trad. fr. H. Elie, A. L. Kelkel et R. Schérer, Paris, P.U.F.

– 1984a *Logische Untersuchungen, vol. II, part. 2*, Husserliana XIX, 2, La Haye, Nijhoff; 2002 (1962), *Recherches logiques. vol. 2, part. 2, Recherches pour la phénoménologie et la théorie de la connaissance*, 5ᵉ éd., trad. fr. H. Elie, A. L. Kelkel et R. Schérer, Paris, P.U.F.

– 1988, *Vorlesungen über Ethik und Wertlehre 1908-1914*, Husserliana XXVIII, éd. d'U. Melle, Dordrecht, Boston et Londres, Kluwer; 2009, *Leçons sur l'éthique et la théorie de la valeur (1908-1914)*, trad. fr. Ph. Ducat, P. Lang et C. Lobo, Paris, P.U.F.

– 1996, *Logik und allgemeine Wissenschaftstheorie. Vorlesungen 1917/18. Mit ergänzenden Texten aus der ersten Fassung 1910/11*, Husserliana XXX, éd. d'U. Panzer, La Haye, Kluwer.

– 2001, *Logik. Vorlesung 1902/03*, Husserliana, Materialienband II, éd. d'E. Schuhmann, Dordrecht, Kluwer.

– 2005, *Logische Untersuchungen. Ergänzungsband Zweiter Teil*, Husserliana XX, 2, Dordrecht, Springer.

INNIS R., 1988, « The Thread of Subjectivity : Philosophical Remarks on Bühler's Language Theory », *in* A. Eschbach (éd.), 1988, *Karl Bühler's Theory of Language*, Amsterdam, John Benjamins, p. 77-106.

JAMES W., 1952 (1890), *The Principles of Psychology*, Chicago, Encyclopædia Britannica.

KARDOS L., 1934, *Ding und Schatten: eine experimentelle Untersuchung über die Grundlagen des Farbensehens,* in *Zeitschrift für Psychologie*, Ergänzungsband, 23, Leipzig, Barth.

KARELITZKI A., 1914, *Urteil und Anerkennung. (Ein Beitrag zur Phänomenologie der Erkenntnis)* [Thèse], Munich, Parchim.

KATZ D., 1911, *Die Erscheinungsweisen der Farben und ihre Beinflussung durch die individuelle Erfahrung*, in Zeitschrift für Psychologie, Ergänzungsband 7, Leipzig, Barth; 2e éd. révisée : 1930, *Der Aufbau der Farbwelt*, Leipzig, Barth; 2002 (1935), *The World of Colour*, trad. angl. partielle R.B. MacLeod et C.W. Fox, Londres, Routledge; Londres, Kegan & Paul, pour l'édition de 1935.

KERN I., 1964, *Husserl und Kant. Eine Untersuchung über Husserls Verhältnis zu Kant und zum Neukantianismus*, La Haye, Nijhoff.

KOBER M., 1993, *Gewißheit als Norm. Wittgensteins erkenntnistheoretische Untersuchungen in* Über Gewißheit, Berlin, de Gruyter.

KÖHLER W., 1924, « Gestaltprobleme und Anfänge einer Gestalttheorie », *Jahresbericht über die gesamte Physiologie und experimentelle Pharmakologie*, 3 (Bericht über das Jahr 1922), p. 512-39.

– 1971 (1930), « Human perception » (initialement publié en français), *in* W. KÖHLER, 1971, *The selected papers of Wolfgang Koehler*, éd. et trad. angl. de M. Henle, New York, Liveright, p. 142-167; 1930, « La Perception humaine », *Journal de Psychologie*, 27, p. 5-30.

KOZÁK J.B., 1936, « Das Wesen der geistigen Intention : das transzendierende Meinen », *Philosophia*, p. 25-52.

KRAUS K., 1986 (1910), « Heine und die Folgen », *in* K. KRAUS, 1986, *Heine und die Folgen. Schriften zur Literatur*, Stuttgart, Reclam, p. 35-62.

KRAUS O., 1934 (1928), « Geisteswissenschaft und Philosophie », *in* O. KRAUS, 1934, *Wege und Abwege der Philosophie*, Prague, I.G. Calve'sche Universitätsbuchhandlung-Buchhandlung Robert Lerche, p. 7-36.

KRIES J. von, 1899, « Zur Psychologie der Urteile », *Vierteljahrsschrift für wissenschaftliche Philosophie*, 23, p. 1-48.

– 1916, *Logik : Grundzüge einer kritischen und formalen Urteilslehre*, Tübingen, Mohr.

– 1923, *Allgemeine Sinnesphysiologie*, Leipzig, F.C.W. Vogel.

KRUG J., 1929, « Zur Sprachtheorie », *in* E. BRUNSWIK *et al.* (Hrsg.), 1929, *Beiträge zur Problemgeschichte der Psychologie. Festschrift zu Karl Bühler's 50. Geburtstag*, Iéna, Fischer, p. 225-258.

LANDGREBE L., 1936, « Geist und Transzendenz des Bewusstseins. Korreferat zu dem Vortrag von J.B. Kozák über "Das Wesen des menschlichen Geistes" », *Philosophia*, 1, p. 53-66.

LANGE E.M., 1992, *Wittgenstein und Schopenhauer*, Cuxhaven, Junghans.

LEYENDECKER H., 1913, *Zur Phänomenologie der Täuschungen. I. Teil* (partiellement publié), Halle, Niemeyer.

LINKE P. 1929 *Grundfragen der Wahrnehmungslehre*, Munich, Verlag von Ernst Reinhardt.

LIPPS H., 1933, *Untersuchungen zu einer hermeneutischen Logik*, Francfort, Klostermann; 2004, *Recherches pour une logique herméneutique*, trad. fr. St. Kristensen, Paris, Vrin.

– 1940 « Goethes Farbenlehre », *Jahrbuch des Freien Deutschen Hochstifts 1936-40*, p. 123-38.

MARION M., 1998, *Wittgenstein, Finitism and the Foundations of Mathematics*, Oxford, Clarendon Press.

– 2000, « Operations and Numbers in the *Tractatus* », *Wittgenstein Studies*, 2, p. 105-123.

MARTINAK E., 1901, *Psychologische Untersuchungen zur Bedeutungslehre*, Leipzig, Barth.

MARTY A., 1916, *Raum und Zeit*, Halle, Niemeyer.

– 1916a (1892), « Anzeige von William James'Werk : *The Principles of Psychology* », *in* A. MARTY, 1916, *Gesammelte Schriften*, I, 1, éd. de J. Eisenmeier, A. Kastil et O. Kraus, Halle, Niemeyer, p. 105-156.

– 1976 (1908), *Untersuchungen zur Grundlegung der allgemeinen Grammatik und Sprachphilosophie*, vol. I (seul volume publié), Hildesheim et New York, Olms.

MAURY A., 1977, *The Concepts of* Sinn *and* Gegenstand *in Wittgenstein's* Tractatus, *Acta Philosophica Fennica*, 29(4), Amsterdam, North-Holland.

MAYER-HILLEBRAND Fr., 1955, « Franz Brentanos Lehre von den Fiktionen der Sprache », *Innsbrucker Beiträge zur Kulturwissenschaft*, 3, p. 13-18.

MEINONG A. von, 1902, *Über Annahmen*, Leipzig, Verlag von Johann Ambrosius Barth.

– 1965 *Philosophenbriefe. Aus der wissenschaftlichen Korrespondenz von Alexius Meinong*, éd. de R. Kindinger, Graz, Akademische Druck- u. Verlagsanstalt.

– 1968, *Gesamtausgabe, III, Abhandlungen zur Werttheorie,* éd. de R. Haller et R. Kindinger, Graz, Akademische Druck- u. Verlagsanstalt.

– 1968a (1894), « Psychologisch-ethische Untersuchungen zur Werth-Theorie », *in* A. VON MEINONG, 1968, *Gesamtausgabe, III, Abhandlungen zur Werttheorie*, éd. de R. Haller et R. Kindinger, Graz, Akademische Druck- u. Verlagsanstalt, p. 1-244.

– 1968b (1916), « Ueber emotionale Präsentation », *in* A. VON MEINONG, 1968, *Gesamtausgabe, Band 3, Abhandlungen zur Werttheorie*, éd. de R. Haller et R. Kindinger, Graz, Akademische Druck- u. Verlagsanstalt, p. 283-467.

– 1968c (1923), « Zur Grundlegung der allgemeinen Werttheorie », *in* A. VON MEINONG, 1968, *Gesamtausgabe, Band 3, Abhandlungen zur Werttheorie*, éd. de R. Haller et R. Kindinger, Graz, Akademische Druck- u. Verlagsanstalt, p. 471-656.

– 1969 (1903), « Bemerkungen über den Farbenkörper und das Mischungsgesetz », *in* A. VON MEINONG, 1969, *Gesamtausgabe, I, Abhandlugen zur Psychologie*, éd. de R. Haller et R. Kindinger, Graz, Akademische Druck- u. Verlagsanstalt, p. 495-576.

– 1971 (1882), « Hume-Studien II. Zur Relationstheorie », *in* A. VON MEINONG, 1971, *Gesamtausgabe, II, Abhandlugen zur Erkenntnistheorie und Gegenstandstheorie*, éd. de R. Haller, Graz, Akademische Druck- und. Verlagsanstalt, p. 1-183.

– 1971a (1899), « Ueber Gegenstände höherer Ordnung und deren Verhältnis zur inneren Wahrnehmung », *Gesamtausgabe, II, Abhandlugen zur Erkenntnistheorie und Gegenstandstheorie*, éd. de R. Haller, Graz, Akademische Druck- und. Verlagsanstalt, p. 377-480; 2007, « Sur les objets d'ordre supérieur et leur rapport à la perception interne », trad. fr. G. Fréchette, *in* D. FISETTE et G. FRÉCHETTE (éds.), 2007, *À l'école de Brentano. De Würzbourg à Vienne*, Paris, Vrin, p. 261-341.

– 1972 (1915), *Über Möglichkeit und Wahrscheinlichkeit. Beiträge zur Gegenstandtheorie und Erkenntnistheorie*, éd. de R.M. Chisholm, *in* A. VON MEINONG, 1972, Gesamtausgabe, VI, Über Möglichkeit und Wahrschenlichkeit, Graz, Akademische Druck- u. Verlagsanstalt.

– 1973 (1906), « Ueber die Erfahrungsgrundlagen unseres Wissens », *in* A. VON MEINONG, 1973, *Gesamtausgabe, V, Über philosophische Wissenschaft und andere Werke*, éd. de R. Chisholm, Graz, Akademische Druck- u. Verlagsanstalt, p. 369-481.

– 1973a (1907), « Über die Stellung der Gegenstandstheorie im System der Wissenschaften », *in* A. VON MEINONG, 1973, *Gesamtausgabe, V, Über philosophische Wissenschaft...und andere Werke*, éd. de R. Chisholm Graz, Akademische Druck- u. Verlagsanstalt, p. 197-365.

– 1977 (1902, 2e éd. de 1910), *Über Annahmen*, *in* A. VON MEINONG, 1977, *Gesamtausgabe, IV, Über Annahmen*, éd. de R. Haller, Graz, Akademische Druck- u. Verlagsanstalt.

MERTENS P., 1927, *Zur Phänomenologie des Glaubens*, Fulda, Druck der Fuldaer Actiendruckerei.

MESSER A., 1928, *Empfindung und Denken*, Leipzig, Quelle & Meyer.

MONNOYER J.-M., 1995, *Wittgenstein et l'image logique de la proposition visuelle : le cas particulier de l'application aux couleurs* [Thèse], Paris, Université Paris 1.

MOORE G., 1993, « Wittgenstein's Lectures in 1930-33 », *in* J. KLAGGE, A. NORDMANN (eds), 1993, *Ludwig Wittgenstein. Philosophical Occasions 1912-1951*, Indianapolis et Cambridge, Hackett, p. 46-114.

MOYAL D., 2003, *Wittgenstein's* On Certainty [Thèse], Genève, Université de Genève.

MULHALL St., 2007, *Wittgenstein's Private Language. Grammar, Nonsense, and Imagination in* Philosophical Investigations, *§ 243-315*, Oxford, Clarendon Press.

MULLIGAN K., 1980, « Structure and Rules in Wittgenstein and Husserl », *in* R. HALLER, W. GRASSL (eds), 1980, *Language, Logic and Philosophy. Proceedings of the IV. International Wittgenstein Symposium*, Vienne, Hölder-Pichler-Tempsky p. 461-464.

– 1985, « "Wie die Sachen sich zueinander verhalten" inside and outside the Tractatus », *Teoria*, 2 (*Wittgenstein and Contemporary Philosophy*, éd. de Br. McGuinness et A. Gargani), p. 145-174.

– 1987, « Promisings and other Social Acts : their Constituents and Structures », *in* K. MULLIGAN (ed.), 1987, *Speech Act and Sachverhalt : Reinach and the Foundations of Realist Phenomenology*, Dordrecht, Nijhoff, p. 29-90.

– 1988, « Seeing as and Assimilative Perception », *Brentano Studien*, 1, p. 129-152.

– 1990, « Criteria and Indication », *in* R. HALLER, J. BRANDL (eds), 1990, *Wittgenstein – Towards a Reevaluation, Proceedings of the Kirchberg Wittgenstein Centenary Celebration, 1989*, Vienne, Hölder-Pichler-Tempsky, p. 94-105.

– 1990a, « Marty's Philosophical Grammar », *in* K. MULLIGAN (ed.), 1990, *Mind, Meaning and Metaphysics : the Philosophy and Theory of Language of Anton Marty*, Dordrecht, Kluwer, p. 11-28.

– 1991, « Colours, Corners and Complexity : Meinong and Wittgenstein on some Internal Relations », *in* B.C. VAN FRAASSEN, B. SKYRMS, W. SPOHN (eds), 1991, *Existence and Explanation : Essays in Honor of Karel Lambert*, Dordrecht, Kluwer, p. 77-101.

– 1993, « Description's Objects : Austrian Variations », *in* Br. GARRETT, K. MULLIGAN (eds), *Themes from Wittgenstein*, in *Working Papers in Philosophy*, 4, RSSS, Philosophy Program, Research School of Social Sciences, Australian National University, Canberra, p. 62-85.

– 1993a, « Proposizione, stato di cose ed altri concetti formali nel pensiero di Wittgenstein e Husserl », *L'uomo, un segno*, 1 (*Wittgenstein contemporaneo*, éd. d'A.G. Gargani), p. 41-65.

– 1995 « Perception », *in* B. SMITH B., D.W. SMITH (eds), 1995, *Husserl. Cambridge Companions to Philosophy*, Cambridge, Cambridge University Press, p. 168-238.

– 1997, « The Essence of Language : Wittgenstein's Builders and Bühler's Bricks », *Revue de Métaphysique et Morale*, 2, p. 193-216 ; 2004, « L'essence du langage, les maçons de Wittgenstein et les briques de Bühler », *Histoire, Épistémologie, Langage*, 2, supplément électronique, URL : http://htl.linguistic.jussieu.fr/dosHEL.htm.

– 1997a, « How Perception Fixes Reference », *in* A. BURRI A. (ed.), 1997, *Sprache und Denken/Language and Thought*, Berlin et New York, de Gruyter, p. 122-138.

– 2001, « De la philosophie autrichienne et de sa place », *in* J.-P. COMETTI et K. MULLIGAN (éd.), 2001, *La philosophie autrichienne de Bolzano à Musil. Histoire et actualité*, Paris, Vrin, p. 8-25.

– 2002, « Getting Geist – Certainty, Rules and Us », *in* M. OUELBANI (éd.), 2002, *Cinquantenaire Ludwig Wittgenstein*, Tunis, Publications de l'Université de Tunis, p. 35-62.

– 2003, « Seeing, Certainty and Acquaintance », *in* H. FOSSHEIM, T.M. LARSEN, J.R. SAGENG (eds), 2003, *Proceedings of the 2000 Melbu Conference on Non-Conceptual Content, Non-Conceptual Aspects of Experience*, Oslo, Unipub, p. 27-44.

– 2004, « Brentano on the Mind », *in* D. JACQUETTE (ed.), 2004, *The Cambridge Companion to Brentano*, Cambridge, Cambridge University Press, p. 66-97.

– 2004a, « Essence and Modality. The Quintessence of Husserl's Theory », *in* M. SIEBEL, M. TEXTOR (Hrsg.), 2004, *Semantik und Ontologie. Beiträge zur philosophischen Forschung*, Francfort, Ontos, p. 387-418.

– 2006, « Soil, Sediment and Certainty », *in* M. TEXTOR (ed.), 2006, *The Austrian Contribution to Analytic Philosophy*, Londres, Routledge, p. 89-129.

– 2006a, « Ascent, Propositions and other Formal Objects », *Grazer Philosophische Studien*, 72, p. 29-48.

– 2009, « Tractarian Beginnings and Endings. Worlds, Values, Facts and Subjects », *in* G. PRIMIERO, S. RAHMAN (eds), 2009, *Acts of Knowledge: History, Philosophy and Logic. Essays Dedicated to Göran Sundholm*, Londres, College Publications, p. 151-168.

– 2009a, « Truth and the truth-maker principle in 1921 », *in* E.J. LOWE, A. RAMI (eds), *Truth and Truth-Making*, Chesham, Acumen, p. 39-58.

– 2011, « Wittgenstein et ses prédecesseurs austro-allemands : Conférences Hugues Leblanc 2010 », *Philosophiques*, 38 (1), p. 5-69.

– 2011a, « On Meaning Something and Meanings », *Grazer Philosophische Studien*, 82 (Themes from Early Analytic Philosophy. Essays in Honour of Wolfgang Künne, éd. de B. Schnieder et al.), p. 255-284.

– 2012, « Acceptance, Acknowledgment, Affirmation, Agreement, Assertion, Belief, Certainty, Conviction, Denial, Judgment, Refusal & Rejection », *in* M. TEXTOR (ed.), 2012, *Judgement and Truth in Early Analytic Philosophy and Phenomenology*, Londres, Palgrave Macmillan, à paraître.

MULLIGAN K. et SMITH B., 1985, « Franz Brentano on the Ontology of Mind » (Compte rendu critique de l'édition par R.M. Chisholm et W. Baumgartner de la « Deskriptive Psychologie » de Fr. Brentano), *Philosophy and Phenomenological Research*, 45(4), p. 627-644.

— et SMITH B., 1986, « A Husserlian Theory of Indexicality », *Grazer Philosophische Studien*, 28 (*Chisholm Festschrift*), p. 133-163.

MUSIL R., 1983, *Prosa und Stücke*, éd. d'A. Frisé, Reinbek, Rowohlt.

– 1983a, *Essays und Reden*, éd. d'A. Frisé, Reinbek, Rowohlt.

NEWMAN J., 1956, *An Essay in Aid of a Grammar of Assent*, New York, Doubleday.

NI L., 1999, *Seinsglaube in der Phänomenologie Edmund Husserls*, Dordrecht, Kluwer.

PERISSINOTTO L., 1992, *Logica e immagine del mondo : studio su* Über Gewissheit *di L. Wittgenstein*, Milan, Guerini studio.

PRICE H.H., 1996, *Belief*, Bristol, Thoemmes.

NEHRING A., 1963, *Sprachzeichen und Sprechakte*, Heidelberg, Carl Winter Universitätsverlag.

NERLICH B., 1996, « Sprachliche Darstellung als Prozess : die Pragmatisierung eines Begriffs von Kant bis Bühler », *Zeitschrift für Semiotik*, 18(4), p. 423-440.

– 1998 « Linguistic representation as "Darstellung" : from Bernhardi to Buhler », *Il cannocchiale : rivista di studi filosofici*, 1, p. 193-223.

OGDEN C.K. et I.A. RICHARDS, 1972 (1923), *The Meaning of Meaning. A Study of the Influence of Language upon Thought and of the Science of Symbolism*, Londres, Routledge & Kegan Paul.

ORTEGA Y GASSET J., 1936, « History as a System », trad. angl. W.C. Atkinson, *in* R. KLIBANSKY, H.J. PATON (eds), 1971, *Philosophy and History. Essays presented to Ernst Cassirer*, Oxford, Clarendon Press, p. 283-322 ; trad. angl. d'Ortega 1971.

– 1937, « Von der Lebensfunktion der Ideen », *Europäische Revue 13*, 1937, p. 40-51, trad. all. partielle d'Ortega 1986.

– 1943, « Von der Geschichte als System », *in* J. ORTEGA Y GASSET, 1943, *Geschichte als System und Über das Römische Imperium*, Stuttgart et Berlin, Deutsche Verlags-Anstalt, p. 7-86 ; trad. allemande d'Ortega 1971.

– 1971 « Historia como Sistema », *in* J. ORTEGA Y GASSET, 1971, *Historia como Sistema*, Madrid, Espasa-Calpe, p. 9-69.

– 1982, « Guillermo Dilthey y la idea de la vida », *in* J. ORTEGA Y GASSET, 1982, *Goethe-Dilthey*, Madrid, Alianza, p. 141-202.

– 1984, *¿ Que es conocimiento ?*, Madrid, Alianza.

– 1985, « Un capítulo sobre la cuestión de como muere una creencia », *in* J. ORTEGA Y GASSET, 1985, *Las Atlántidas y Del Imperio Romano*, Madrid, Alianza.

– 1985a, *Europa y la Idea de Nación*, Madrid, Alianza.

– 1986 (1940), « Ideas y Creencias », *in* J. ORTEGA Y GASSET, 1986, *Ideas y Creencias (y otros Ensayos de Filosofía)*, Madrid, Alianza, p. 23-57 ; 1989, « Idées et croyances », trad. fr. Y. Lorvellec et Chr. Pierre, *in* J. ORTEGA Y GASSET, 1989, *Œuvres complètes II : Aurore de la raison historique*, Paris, Klincksiek, p. 13-79.

– 1986a, « Sobre la volatilización de una fe », *in* J. ORTEGA Y GASSET, 1986, *Mirabeau o el político*, Madrid, Alianza.

– 1989, *Una Interpretación de la Historia Universal*, Madrid, Alianza.

– 1996, *El Hombre y la Gente*, Madrid, Alianza ; 2008, *L'homme et les gens*, trad. fr. A. Bossières *et al.*, Paris, Éditions rue d'Ulm.

– 1998 (1925), « Sobre el fascismo », *in* J. ORTEGA Y GASSET, 1998, *El Espectador*, Madrid, Biblioteca Edaf, p. 105-118.

– 1999 (1933), *Unas lecciones de metafísica*, Madrid, Alianza ; 1988, *Leçons de métaphysique*, trad. fr. Y. Lorvellec et Chr. Pierre, *in* J. ORTEGA Y GASSET, 1989, *Œuvres complètes I : Qu'est-ce que la philosophie ? – Leçons de métaphysique*, Paris, Klincksiek, p. 217-363.

– 2000 (1939), *La Rebelión de las masas*, Madrid, Alianza; 2010, *La révolte des masses*, Paris, Les Belles Lettres.

– 2001, *¿ Que es filosofía ?*, Madrid, Alianza; 1988, *Qu'est-ce que la philosophie ?*, trad. Y. Lorvellec et Chr. Pierre, *in* J. ORTEGA Y GASSET, 1989, *Œuvres complètes I : Qu'est-ce que la philosophie ? – Leçons de métaphysique*, Paris, Klincksiek, p. 21-209.

ORTNER H., 1983, « Wittgenstein und Bühler. Kritik der cartesianischen Sprachauffassung », *Mitteilungen aus dem Brenner-Archiv*, 2, p. 34-49.

OUELBANI M., 2010, « Wittgenstein, ses prédécesseurs et ses contemporains » *in* A. REBOUL (éd.), *Philosophical papers dedicated to Kevin Mulligan*, Genève. URL : http://www.philosophie.ch/kevin/festschrift/.

PALÁGYI M., 1908, *Naturphilosophische Vorlesungen über die Grundprobleme des Bewusstseins und des Lebens*, Charlottenburg, Verlag von Otto Günther.

PFÄNDER A., 1900, *Die Phänomenologie des Wollens*, Leipzig, Barth.

PLOURDE J., 2003, « Nécessité, phénoménologie et essence dans les *Recherches Logiques* », *in* D. FISETTE et S. LAPOINTE S. (éd.), 2003, *Aux origines de la phénoménologie. Husserl et le contexte des Recherches logiques*, Paris et Québec, Vrin et Presses de l'Université Laval, p. 125-148.

– 2004, *Nécessité, possibilité et impossibilité dans le* Tractatus logico-philosophicus. *Essai d'une reconstruction de la théorie wittgensteinienne des modalités* [Thèse], Genève, Université de Genève.

RANG B., 1990, *Husserls Phänomenologie der materiellen Natur*, Francfort, Klostermann.

REHBOCK T., 1995, *Goethe und die « Rettung der Phänomene » Philosophische Kritik des naturwissenschaftlichen Weltbilds am Beispiel der Farbenlehre*, Constance, Verlag am Hockgraben.

REIMER W., 1919, « Der phänomenologische Evidenzbegriff », *Kant-Studien*, 23, p. 269-301.

REINACH A., 1989, *Sämtliche Werke. Textkritische Ausgabe in 2 Bänden, I, Die Werke*, éd. de B. Smith et K. Schumann, Munich, Philosophia.

– 1989a (1913), « Die apriorischen Grundlagen des bürgerlichen Rechtes », *in* A. REINACH, 1989, *Sämtliche Werke. Textkritische Ausgabe in 2 Bänden, I, Die Werke*, éd. de B. Smith et K. Schumann, Munich, Philosophia, p. 141-278; 2004, *Les fondements a priori du droit civil*, trad. fr. R. de Calan, Paris, Vrin.

– 1989b, « Über Phänomenologie », *in* A. REINACH, 1989, *Sämtliche Werke. Textkritische Ausgabe in 2 Bänden, I, Die Werke*, éd. de B. Smith et K. Schumann, Munich, Philosophia, p. 531-550; 1989, « De la phénoménologie », trad. fr. Ph. Secretan, *Philosophie*, 21, p. 37-66.

– 1989c, « Die Überlegung; ihre ethische und rechtliche Bedeutung », *in* A. REINACH, 1989, *Sämtliche Werke. Textkritische Ausgabe in 2 Bänden, I, Die Werke*, éd. de B. Smith et K. Schumann, Munich, Philosophia, p. 279-311.

– 1989d (1911), « Zur Theorie des negativen Urteils », *in* A. REINACH, 1989, *Sämtliche Werke. Textkritische Ausgabe in 2 Bänden, I, Die Werke*, éd. de B. Smith et K. Schumann, Munich, Philosophia, p. 95-140; 1996, « La théorie du jugement négatif », trad. fr. M.B. de Launay, *Revue de métaphysique et de morale*, 96(3), p. 384-436.

REINER H., 1934, *Das Phänomen des Glaubens*, Halle, Niemeyer.

RHEES R. (éd.), 1984, *Recollections of Wittgenstein*, Oxford University Press.

ROTHHAUPT J.G.F., 1996, *Farbthemen in Wittgensteins Gesamtnachlass*, Weinheim, Beltz Athenäum.

RUSSELL B., 1911, « Le réalisme analytique », *Bulletin de la société française de philosophie*, 11, p. 53-61.

– 1951, *An Inquiry into Meaning and Truth*, Londres, George Allen & Unwin; 1959, *Signification et vérité*, trad. Ph. Devaux, Paris, Flammarion.

– 1990 (1918, 1924), *The Philosophy of Logical Atomism*, La Salle (Ilinois), Open Court; 1989, *La philosophie de l'atomisme logique*, trad. fr. J.-M. Roy, *in* B. RUSSELL, 1989, *Écrits de logique philosophique*, Paris, P.U.F., p. 337-442.

SARTRE J.-P., 1949, *L'Être et le Néant. Essai d'ontologie phénoménologique*, Paris, Gallimard.

SCHÄCHTER J., 1931, *Kritische Darstellung von N. Hartmanns* Grundzüge einer Metaphysik der Erkenntnis [Thèse], Vienne.

– 1978 (1935), *Prolegomena zu einer kritischen Grammatik*, Stuttgart, Reclam.

SCHAPP W., 1976 (1910), *Beiträge zur Philosophie der Wahrnehmung*, Wiesbaden, B. Heymann.

SCHELER M., 1911, « Über Selbsttäuschungen », *Zeitschrift für Pathopsychologie*, 1(1), p. 87-163.

– 1913, *Zur Phänomenologie und Theorie der Sympathiegefühle und von Liebe und Hass*, Halle, Niemeyer; cet ouvrage constitue la première édition de Scheler 1973.

– 1954 (1921), *Vom Ewigen im Menschen*, *in* M. SCHELER, 1954, *Gesammelte Werke*, vol. 5, Berne, Francke.

– 1955 (1913), *Vom Umsturz der Werte*, *in* M. SCHELER, 1955, *Gesammelte Werke*, vol. 3, Berne, Francke.

– 1957, « Lehre von den drei Tatsachen », *in* M. SCHELER, 1957, *Schriften aus dem Nachlass*, vol. 1 (*Gesammelte Werke*, vol. 10), Bern, Francke, p. 431-502.

– 1957a, « Glauben als Aktart », *in* M. SCHELER, 1957, *Schriften aus dem Nachlass*, vol. 1 (*Gesammelte Werke*, vol. 10), Bern, Francke, p. 241-250.

– 1960 (1926), *Die Wissensformen und die Gesellschaft*, *in* M. SCHELER, *Gesammelte Werke*, vol. 8, Berne, Francke.

– 1966 (1913-1916), *Der Formalismus in der Ethik und die materiale Wertethik. Neuer Versuch der Grundlegung eines ethischen Personalismus*, *in* M. SCHELER, 1966, *Gesammelte Werke*, vol. 2, Berne, Francke; 1965, *Le formalisme en éthique et l'éthique matériale des valeurs : essai nouveau pour fonder un personnalisme éthique*, trad. fr. M. de Gandillac, Paris, Gallimard.

– 1971 (1899), *Beiträge zur Feststellung der Beziehung zwischen den logischen und ethischen Prinzipien, Frühe Schriften*, *in* M. SCHELER, 1971, *Gesammelte Werke*, vol. 1, Bern, Francke, p. 9-159.

– 1973 (1923), *Wesen und Formen der Sympathie*, *in* M. SCHELER, 1973, *Gesammelte Werke*, vol. 7, Berne, Francke; 2003, *Nature et formes de la sympathie : contribution a l'étude des lois de la vie affective*, trad. fr. M. Lefebre, Paris, Payot.

– 1976, *Späte Schriften*, *in* M. SCHELER, 1976, *Gesammelte Werke*, vol. 9, Berne, Francke.

– 1982, *Politisch-Pädagogische Schriften*, *in* M. SCHELER, 1982, *Gesammelte Werke*, vol. 4, Bern, Francke.

SCHOTTLÄNDER R., 1957, *Theorie des Vertrauens*, Berlin, de Gruyter.

SCHULTZE O., 1906-1908, « Einige Hauptgesichtspunkte der Beschreibung in der Elementarpsychologie », *Archiv für die gesamte Psychologie*, 8(3-4), p. 241-284 et 11(2), p. 147-207.

SIMONS P., 1985, « Wittgenstein and the Semantics of Combination », *in* R. CHISHOLM (éd.), 1985, *Akten des 9. Internationalen Wittgenstein Symposiums*, Vienne, Hölder-Pichler-Tempsky, p. 446-449.

– 1992, *Philosophy and Logic in Central Europe from Bolzano to Tarski. Selected Essays*, Dordrecht, Kluwer.

– 1992a, « Wittgenstein, Schlick and the A Priori », *in* P. SIMONS, 1992, *Philosophy and Logic in Central Europe from Bolzano to Tarski. Selected Essays*, Dordrecht, Kluwer, p. 361-376.

SMITH B. (éd.), 1982, *Parts and Moments. Studies in Logic and Formal Ontology*, Munich, Philosophia.

– (éd.), 1988, *Foundations of Gestalt Theory*, Munich, Philosophia.

– 1994, *Austrian Philosophy. The Legacy of Franz Brentano*, Chicago, Open Court.

STEBBING S., 1968, « Moore's Influence », *in* P. SCHILPP (ed.), 1968, *The Philosophy of G. E. Moore*, La Salle (Illinois), Open Court, p. 515-532.

STENIUS E., 1960, *Wittgenstein's* Tractatus. *A Critical Exposition of its Main Lines of Thought*, Oxford, Oxford University Press.

STUMPF C., 1917, « Die Attribute der Gesichtsempfindung », *Abhandlungen der königlich preussischen Akademie der Wissenschaften*, 8, p. 1-88.

TOCCAFONDI F., 1995, *I Linguaggi della Psiche. Teoria della Mente, della Percezione e del Comportamento da Würzburg a Vienna*, Milan, Guerini.

TUGENDHAT E., 1970, « The Meaning of "Bedeutung" in Frege », *Analysis*, 30, p. 177-189.

TWARDOWSKI K., 1999, « On Actions and Products », *in* J. BRANDL, J. WOLEŃSKI (eds), 1999, *Kazimierz Twardowski : On Actions, Products and other topics in Philosophy*, p. 103-132; 2007, « Fonctions et formations. Quelques remarques aux confins de la psychologie, de la grammaire et de la logique », trad. fr. L. Joumier et J. Plourde, *in* D. FISETTE et G. FRÉCHETTE (éd.), 2007, *À l'école de Brentano. De Würzbourg à Vienne*, Paris, Vrin, p. 343-385.

VENDLER Z., 1974, « Verbs and Times », *in* Z. VENDLER, 1974, *Linguistics in Philosophy*, Ithaca (NY) et Londres, Cornell University Press, p. 97-121.

WAISMANN Fr., 1965, *The Principles of Linguistic Philosophy*, Londres, Macmillan.

WALTHER G., 1923, « Ein Beitrag zur Ontologie der sozialen Gemeinschaften mit einem Anhang zur Phänomenologie der sozialen Gemeinschaften », *Jahrbuch für Philosophie*, 6, p. 1-158.

WEININGER O., 1921 (1903) *Geschlecht und Charakter. Eine prinzipielle Untersuchung*, Vienne, Leipzig, Wilhelm Braumüller; 2012, *Sexe et caractère*, trad. fr. D. Renaud, Lausanne, L'Âge d'homme.

WESTPHAL J., 1977, « The Complexity of Quality », *Philosophy*, 59.

– 1991, *Colour. Some philosophical problems from Wittgenstein*, Oxford, Blackwell.

WINKLER R., 1921, *Phänomenologie und Religion. Ein Beitrag zu den Prinzipienfragen der Religionsphilosophie*, Tübingen, Mohr.

WITASEK St., 1904, *Grundzüge der allgemeinen Ästhetik*, Leipzig, Barth.

– 1907, *Grundlinien der Psychologie*, Leipzig, Meiner.

WITTGENSTEIN L., 1966, *Lectures and Conversations on Aesthetics, Psychology and Religious Belief*, éd. de C. Barrett, Oxford, Blackwell.

– 1969, « Briefe an Ludwig von Ficker », éd. de G.H. von Wright, *Brenner-Studien*, 1.

– 1971, *Philosophische Untersuchungen*, Francfort, Suhrkamp; 2001 *Philosophische Untersuchungen. Kritisch-genetische Edition*, éd. de J. Schulte, Francfort, Suhrkamp, Wissenschaftliche Buchgesellschaft.

– 1972, *The Blue and the Brown Books*, Oxford, Basil Blackwell; 1996, *Le cahier bleu et le cahier brun*, trad. fr. M. Goldberg et J. Sackur, Paris, Gallimard.

– 1972a, *Über Gewissheit. On Certainty*, éd. de G.E.M. Anscombe et G.H. von Wright, New York, Harper & Row; 2006, *De la certitude*, trad. fr. Danièle Moyal-Sharrock, Paris, Gallimard.

– 1973, *Philosophische Grammatik*, Frankfurt, Suhrkamp; 1980, *Grammaire philosophique*, trad. fr. M.-A. Lescourret, Paris, Gallimard.

– 1976, *Wittgenstein's Lectures on the Foundations of Mathematics*, éd. de C. Diamond, Ithaca, Cornell University Press; 1983, *Remarques sur les fondements des mathématiques*, trad. fr. M.-A. Lescourret, Paris, Gallimard.

– 1977, *Philosophische Untersuchungen*, Frankfurt, Suhrkamp; 2005, *Recherches philosophiques*, trad. fr. Fr. Dastur *et al.*, Paris, Gallimard.

– 1977a, *Bemerkungen über die Farben*, éd. de G.E.M. Anscombe, Berkeley, University of California Press ; *Remarques sur les couleurs*, trad. fr. G. Granel, Mauzevin, T.E.R., 1984.

– 1979, *Notebooks 1914-1916*, 2e éd. (bilingue), Oxford et Chicago, Blackwell et The University of Chicago Press; 1997, *Carnets, 1914-1916*, trad. fr. G.-G. Granger, Paris, Gallimard.

– 1980, *Wittgenstein's Lectures. Cambridge 1930-32*, éd. de D. Lee, Oxford, Blackwell; 1988, *Les cours de Cambridge, 1930-1932*, trad. fr. E. Rigal, Mauzevin, T.E.R.

– 1980a, « Eine Philosophische Betrachtung (Das Braune Buch) », *Das Blaue Buch. Eine philosophische Betrachtung (Das Braune Buch)*, Frankfurt, Suhrkamp, p. 117-282.

– 1980b, *Briefe*, éd. de B.F. McGuinness et G.H. von Wright, Frankfurt, Suhrkamp.

– 1982 *Wittgenstein's Lectures. Cambridge, 1932-35*, éd. d'A. Ambrose, Oxford, Blackwell; 1992, *Les cours de Cambridge, 1930-1932*, trad. fr. E. Rigal, Mauzevin, T.E.R.

– 1984, *Bemerkungen über die Philosophie der Psychologie*, 2 vols, *in* L. WITTGENSTEIN, 1984, *Bemerkungen über die Philosophie der Psychologie*, Francfort, Suhrkamp, p. 7-346; 1989-1994, *Remarques sur la philosophie de la psychologie*, trad. fr. G. Granel, 2 vols., Mauzevin, T.E.R.

– 1984a, *Wittgenstein und der Wiener Kreis*, *in* L. WITTGENSTEIN, 1984, *Werkausgabe*, vol. 3, Francfort, Suhrkamp; 1991, *Wittgenstein et le Cercle de Vienne*, trad. fr. G. Granel, Mauzevin, T.E.R.

– 1984b, *Bemerkungen über die Grundlagen der Mathematik*, éd. de G.E.M. Anscombe, R. Rhees et G.H. von Wright, *in* L. WITTGENSTEIN, 1984, *Werkausgabe*, vol. 6, Francfort, Suhrkamp; 1983, *Remarques sur les fondements des mathématiques*, trad. fr. M.-A. Lescourret, Paris, Gallimard.

– 1984c, « Vermischte Bemerkungen », *in* L. WITTGENSTEIN, 1984, *Werkausgabe*, vol. 8 (*Bemerkungen über die Farben. Über Gewissheit. Zettel. Vermischte Bemerkungen*), Francfort, Suhrkamp, p. 445-573; 2002, *Remarques melées*, trad. fr. G. Granel, Paris, Flammarion.

– 1984d, « Letzte Schriften über die Philosophie der Psychologie », *in* L. WITTGENSTEIN, 1984, *Werkausgabe*, vol. 7, Francfort, Suhrkamp, p. 347-488.

– 1988 (1967), *Zettel*, éd. de G.E.M. Anscombe et G.H. von Wright, Oxford, Blackwell; 2008, *Fiches*, trad. fr. J.-P. Cometti et E. Rigal, Paris, Gallimard.

– 1988a, *Wittgenstein's Lectures on Philosophical Psychology 1946-7*, éd. de P. Geach, K. Shah et A. Jackson, New York, Harvester.

– 1992 *Letzte Schriften über die Philosophie der Psychologie*, vol. 2 (*Das Innere und das Äussere : 1949-1951*), éd. de G.H. von Wright et H. Nyman, Oxford, Basil Blackwell.

– 1993, *Ludwig Wittgenstein. Philosophical Occasions 1912-1951*, éd. de J. Klagge et A. Nordmann, Indianapolis et Cambridge, Hackett.

– 1993a, « Notes for Lectures on "Private Experience" and "Sense Data" », *in* L. WITTGENSTEIN, 1993, *Ludwig Wittgenstein. Philosophical Occasions 1912-1951*, éd. de J. Klagge et A. Nordmann, Indianapolis et Cambridge, Hackett, p. 202-288.

– 1993b, « The Language of Sense Data and Private Experience » (Notes prises par R. Rhees), *in* L. WITTGENSTEIN, 1993, *Ludwig Wittgenstein. Philosophical Occasions 1912-1951*, éd. de J. Klagge et A. Nordmann, Indianapolis et Cambridge, Hackett, p. 290-367.

– 1993c « Some Remarks on Logical Form », *in* L. WITTGENSTEIN, 1993, *Ludwig Wittgenstein. Philosophical Occasions 1912-1951*, éd. de J. Klagge et A. Nordmann, Indianapolis et Cambridge, Hackett, p. 29-35; 1985, *Quelques remarques sur la forme logique*, trad. fr. E. Rigal, Mauzevin, T.E.R.

– 1998 (1921), *Logisch-philosophische Abhandlung. Tractatus logico-philosophicus, Kritische Edition*, éd. de Br. McGuinnes et J. Schulte, Francfort, Suhrkamp; 2001, *Tractatus logico-philosophicus*, trad. fr. G.-G. Granger, Gallimard, Paris.

– 2005, *The Big Typescript. TS 213*, éd. et trad. angl. de C.G. Luckhardt et M.A.E. Aue, Oxford, Blackwell Publishing.

WOLEŃSKI J., 2012, *L'école de Lvov-Varsovie. Philosophie et Logique en Pologne (1895-1939)*, trad. fr. A.C. Zielinska, Paris, Vrin.

WOLF K., 1932, « Darstellungsfelder in der Sprache », *in* G. KAFKA (éd.), 1932, *Bericht über den XII. Kongress der deutschen Gesellschaft für Psychologie in Hamburg vom 12-16. April 1931*, Iéna, Fischer, p. 449-453.

WRIGHT C., 1985, « Facts and Certainties », *Proceedings of the British Academy*, 71, p. 429-472.

– 2004, « Wittgensteinian Certainties », *in* D. MCMANUS (ed.), 2004, *Wittgenstein and Scepticism*, Londres, Routledge.

ZINDLER K., 1899, « Uber die räumliche Abbildung des Kontinuums der Farbenempfindungen », *Zeitschrift für Psychologie*, 20, p. 225-293.

TABLE DES MATIÈRES

2027946Z - dépôt légal : novembre 2012 - date d'impression : novembre 2012